古典文獻研究輯刊

三八編

潘美月・杜潔祥 主編

第 1 冊

《三八編》總目

編 輯 部 編

金蓉鏡及其批校章宗源《隋經籍志考證》研究

黃 湟 凱 著

國家圖書館出版品預行編目資料

金蓉鏡及其批校章宗源《隋經籍志考證》研究／黃湟凱 著 --
初版 -- 新北市：花木蘭文化事業有限公司，2024〔民 113〕
目 4+286 面；19×26 公分
（古典文獻研究輯刊 三八編；第 1 冊）
ISBN 978-626-344-704-2（精裝）
1.CST：金蓉鏡 2.CST：（清）章宗源 3.CST：隋經籍志考證
4.CST：目錄學 5.CST：研究考訂
011.08   112022568

ISBN-978-626-344-704-2

9 786263 447042

古典文獻研究輯刊
三八編 第 一 冊   ISBN：978-626-344-704-2

金蓉鏡及其批校章宗源《隋經籍志考證》研究

作　　者	黃湟凱
主　　編	潘美月、杜潔祥
總 編 輯	杜潔祥
副總編輯	楊嘉樂
編輯主任	許郁翎
編　　輯	潘玟靜、蔡正宣　美術編輯　陳逸婷
出　　版	花木蘭文化事業有限公司
發 行 人	高小娟
聯絡地址	235 新北市中和區中安街七二號十三樓
	電話：02-2923-1455／傳真：02-2923-1452
網　　址	http://www.huamulan.tw 信箱 service@huamulans.com
印　　刷	普羅文化出版廣告事業
初　　版	2024 年 3 月
定　　價	三八編 60 冊（精裝）新台幣 156,000 元

《三八編》總目

編輯部　編

《古典文獻研究輯刊》三八編　書目

佛教文獻研究專輯

古籍整理與研究

專題文獻研究專輯

出土文獻研究專輯

域外漢學研究專輯

名家論文集專輯

《古典文獻研究輯刊》三八編
各書作者簡介・提要

第一冊　金蓉鏡及其批校章宗源《隋經籍志考證》研究

作者簡介

　　黃湟凱，1990 年生，國立新竹教育大學中國語文學系學士、國立臺灣師範大學國文學系碩士，碩士論文「金蓉鏡及其批校章宗源《隋經籍志考證》研究」是作者在中國古典文獻學、圖書資訊學領域初次嘗試的研究成果。工作經驗遍及公立圖書館、史學研究機構與政府檔案管理單位，現職國家電影及視聽文化中心圖書館館員，期許未來能在特藏管理機構發揮所長。

提　要

　　本文以國立臺灣師範大學圖書館藏章宗源著、金蓉鏡批校《隋經籍志考證》為研究對象，進而處理兩項議題，其一：考證金蓉鏡的生平行事與學術特質；其二，分析金蓉鏡批校《隋經籍志考證》在目錄學史上的價值與地位。

　　金蓉鏡的生平行事貢獻，並不表現在為官生涯上，而是在參與地方事務、維護地方利益上。學術著述方面四部均有，且有刻印叢書；學術特質方面，值得重視者有二：方志學與金石學。方志學方面，重視古今地方文史的考察，除修訂過去的志書，更應在新撰的志書體例上求取進步。金石學方面，著重金石作為出土文獻、可用於考證傳世文獻的作用。個人藏書方面，種類不乏精鈔善本，且大方捐贈藏書以建立圖書館，為藏書家中所罕見者。

　　《隋經籍志考證》中金蓉鏡的批校（下稱「金批」）可從批校內容，以及引用文獻二方面來考察。批校內容部分又可分為增補與逐改二方面，增補方面有輯錄佚文、流傳梳理、增補書目、異同辨析四項；逐改方面指出了章宗源其書的諸多訛誤，可做為校勘使用。其批校思想與一般目錄學著作針對單一文獻向外考察的做法不同，可能源自於高似孫「聚類相從」的模式，加上金蓉鏡本身「採摭遺文」的基調，著重性質或內容近似之文獻的關係。

　　引用文獻方面，金批利用了一百一十種文獻，無論就橫向類別、或是縱向時間的跨度上都非常廣泛。外部根據時間、地理因素，內部基於行文、卷數差異，推測在版本上，金批可能使用了《文瀾閣四庫全書》與《徑山藏》，其餘則有叢書本、輯佚本等種類。至於文獻的利用方式，是以正史類、時間上近隋的文獻，逐漸向外擴展，並旁及小說、雜史等非正式紀錄。

　　其價值與缺失，由於金批並非以成為架構完整、體例嚴謹的著作為目的，故偶有理解錯誤、引據瑕疵、批校重出等缺失。理解錯誤多表現在句讀的誤讀，引據瑕疵則是引據不明，批校重出則是因文字重出導致互相矛盾之處。

　　本文藉由考證金蓉鏡之生平，及分析金蓉鏡批校《隋經籍志考證》之價值，期望能夠對延展目錄學研究史的時間下限，並試圖對資訊工程「主題搜索」、圖書資訊「館藏推廣」二方面，達到啟發的作用。

第二冊　碩堂輯佚札叢續編

作者簡介

　　何廣棪，字碩堂，號弘齋。廣東省鶴山縣人。早歲畢業香港新亞研究所，獲文學博士學位。絡繹任教珠海學院、清華學院、遠東學院、樹仁大學幾廿載。一九九三年東渡臺灣，受聘華梵大學東方人文思想研究所。初任教授，後兼所長。除授課多門外，另指導研究生撰作博、碩士論文，通過而獲學位者近百人。

　　在臺期間，榮獲中華民國教育部頒發「教授證書」；行政院頒發「教授任職滿二十年服務成績優良，依獎章條例之規定，特頒給二等服務獎章」；又以《陳振孫之經學及其〈直齋書錄解題〉經錄考證》一書參賽，榮獲中華文化復興總會頒發「一九九九年度中正文化獎」。

　　二零零九年八月，年近古稀，依例榮休返回香江，惟仍服務母校新亞研

究所。一度出任教務長與《新亞學報》編輯委員。未幾又被香港大學饒宗頤學術館敦聘為「榮譽研究員」，以迄於茲。

平素勤於治學與著述，出版著作主要有《宋詞賞心錄校評》、《李清照研究》、《李易安集繫年校箋》、《李清照改嫁問題資料彙編》、《陳振孫研究六種合編》、《碩堂文存》一至六編、《何廣棪論學雜著》、《何廣棪論學雜著續編》、《碩堂輯佚札叢》等，現又梓行《碩堂輯佚札叢續編》，凡收相關論文卅篇。

何教授研究陳振孫凡廿八年，著成專書六種，六百一十餘萬言；鑽研甚富，多所創穫，論其業績，庶可凌駕陳樂素、喬衍琯二老輩而上之，曷勝榮藉。

提　要

我國歷史悠久，學人著作富贍。然書有五厄，多遭散佚，殊可惋也！斯固有待後人不斷輯佚，方謀其重現。

學術研究成果，常有待新資料之獲得，輯佚亦蒐求新資料一法也。本書撰人何廣棪教授夙好輯佚，三年前曾將其歷年就輯佚所得資料，用以研成新成果，選取其中卅二篇論文，結集為《碩堂輯佚札叢》。其書編理之次序，一遵佚文撰人年齒長幼安排，計有陳振孫、范濱、勞乃宣、簡朝亮、葉德輝、黃克強、梁啟超、陳垣、葉恭綽、楊樹達、錢玄同、陳寅恪、董作賓、錢穆、傅斯年、李滄萍、俞平伯、羅香林、曉雲法師、張舜徽諸位，下及余少颿、阮廷焯之蒐輯近代粵佚詞，近年又一依前法，輯得佚著三十篇，分別為陳振孫、黃丕烈、黃堯圃、何焯、楊守敬、葉德輝、陳垣、陳寅恪、王伯祥、劉復、錢穆、李璜、俞平伯、王韶生、涂公遂、羅香林等所撰。以上諸位學者皆學術界翹楚也。

就前所述，吾人既深悉學術研究有待新資料之發現，始可作新研究；而有新研究，方有新成果。本書撰人學問淵贍，博涉多通，就此可推知本書既經撰人精心撰就，則其公之於世，必對學術研究有卓新之貢獻。治學諸君望垂注焉。

第三、四冊　阮刻《尚書注疏》圈字彙校考正

作者簡介

張劍，男，1992 年生，江蘇鹽城人，山東財經大學文學與新聞傳播學院講師，主要學術興趣：《十三經注疏》文獻、日藏漢籍、唐代文史。2010～2018

年就讀於揚州大學社會發展學院，獲得歷史學學士、碩士學位，2018～2022 年就讀於山東大學儒學高等研究院，獲得文學博士學位。先後在《經學文獻研究集刊》《圖書館雜誌》《周易研究》《版本目錄學研究》等刊物發表論文十餘篇。

　　孔祥軍，男，江蘇揚州人，文學碩士，歷史學博士，揚州大學社會發展學院教授，日本北海道大學訪問學者。主持國家社科基金項目「阮刻『五經』注疏圈字彙校考正集成研究」「清人地理考據文獻集成研究」、國家社科基金後期資助項目「《周禮》鄭注彙校」、教育部社科基金項目「清人經解地理考據整理與研究」、教育部後期資助項目「阮刻《毛詩注疏》圈字彙校考正」等多項科研項目。在《清史研究》《中國經學》《域外漢籍研究集刊》《古典文獻研究》等學術刊物發表論文八十多篇。正式出版《毛詩傳箋》點校整理本（中華書局「中國古典文學基本叢書」），以及《阮刻〈周禮注疏〉校考（外二種）》《阮刻〈周易注疏〉圈字彙校考正》《清人經解地理考據研究》《出土簡牘與中古史研究》《阮刻〈毛詩注疏〉圈字彙校考正》等專著八部，相關學術成果曾獲江蘇省第十六屆、第十四屆哲學社會科學優秀成果二等獎。目前主要從事經學文獻整理與研究、中古史研究。

提　要

　　本書是對阮刻《尚書注疏》圈字進行彙校考正。所謂圈字，是指阮本正文文字旁往往有小圈標注，皆阮元《十三經注疏校勘記·尚書注疏校勘記》認定文本可疑之處。阮本為保持底本文字原貌，不在正文加以改動，遂畫圈標注，而於卷末所附盧宣旬摘錄《校勘記》中以相應校記釋之。所謂彙校，乃從經、注、疏、釋文，四個層面展開：以言經文，所據者則有唐石經、宋刊白文本，以及唐宋各類經注本寫本、刻本以及注疏本之經文；以言注文，所據者則有唐人寫本、日藏古本、宋元刻經注本、宋刻魏了翁《尚書要義》、宋元刻經注附釋文本以及宋元以來各類注疏本之孔《傳》；以言孔穎達《疏》，所據者則有宋刻單疏本《尚書正義》、宋刻魏了翁《尚書要義》以及宋元以來各類注疏本之孔《疏》；以言釋文，所據者有宋元以來各類經注附釋文本、注疏合刻本所附釋文以及宋刻遞修本《經典釋文》。阮元《校勘記》因眾多善本無由得見，致其在彙校與考正方面的價值大打折扣。今引用學界最新發現若干珍本，並直接使用唐人寫本以及眾多日藏古本，充分發揮其價值，分卷彙校阮本圈字之處，參考前人校勘成果，考正校語，重定是非，從而為釐正文字，特別是今日重新整理《尚書注疏》提供重要參考。

第五、六冊　版本學傳習錄

作者簡介

　　曹之（1944 年 10 月 4 日～2021 年 11 月 1 日），河南滎陽人。生前長期擔任武漢大學信息管理學院教授、博士生導師。代表作有《中國印刷術的起源》、《中國古籍版本學》。《中國古籍版本學》1995 年獲教育部全國高校優秀教材一等獎，1997 年獲國家級教學成果獎二等獎；《中國印刷術的起源》1998 年獲教育部第二屆人文社會科學研究成果獎二等獎；《中國古籍編撰史》獲 2003 年教育部第三屆人文社科研究成果獎二等獎。主編《中國圖書文化史叢書》。曹先生精心營造了一個「大文獻學」體系，培養了眾多的弟子，開創了一個以實證為特色的文獻學流派。

　　司馬朝軍，上海社會科學院歷史研究所研究員，曹門第一個博士研究生，志在光大師說。

提　要

　　本書建立了中國古籍版本學的完整體系，全面論述了中國古籍版本學的基本理論。其中，古籍版本學史、寫本源流、雕版起源、考訂一書版本源流等內容尤富新意。本書分概論、源流、鑒定三編，大體上根據曹之先生《中國古籍版本學》並加以濃縮、修改，刪去了部分章節，也增補了若干內容。附錄司馬朝軍所擬增訂版《中國古籍善本書目》標書論證方案。這部分內容也是對前面主幹的補充與拓展。

　　本書為司馬朝軍教授主編的「文獻學傳習錄」中的一種，可供高等學校文科各專業使用，也是古籍整理、圖書館學、出版發行等專業人員以及文史愛好者的必備參考書。

第七、八冊　文獻學傳習錄

作者簡介

　　司馬朝軍，武漢大學管理學博士，復旦大學中國語言文學博士後，武漢大學珞珈特聘教授。現任上海社會科學院歷史研究所研究員。曾任教育部人文社會科學重點研究基地武漢大學中國傳統文化研究中心專職研究員、武漢大學四庫學研究中心主任、國學院專職教授、歷史學院兼職教授、信息管理

學院專職教授，擔任經學、專門史、文獻學三個方向博士生導師。擔任《文澂閣四庫全書》總編纂、《司馬氏志》主編、《傳統中國研究集刊》主編。著有「四庫學」系列著作，另外還著有辨偽學系列、目錄學系列、文獻學系列、國學系列著作。

主編：司馬朝軍

副主編：童子希、胡蓉

參編：王獻松、曾志平、張婷、鄧燦、王朋飛

提　要

本書為司馬朝軍教授主編的「文獻學傳習錄」系列作品之一。從文獻的版本、目錄、校勘、校理、收藏及檢索等方面全面介紹文獻學的基礎知識。除了介紹紙質文獻的檢索，還介紹電子文獻的檢索。突出基礎性與實用性。對象預設為文史類的本科生及具有中等以上文化程度的文史愛好者。

第九、十、十一、十二冊　《伊川易傳》大義通釋

作者簡介

程強，余祖籍運漕，自高祖始輾轉至塔崗，後復遷至陶廠。祖父於光緒七年生於塔崗，民國三十年在陶廠南關口去世，停喪那日，鬼子正好入侵老鎮。父程理訓，民國十七年生，淳孝敦善，縫紉手藝人，一生嗜煙嗜茶，晚年又稍染小賭，1988 年 6 月 6 日去世。母李德珍，民國二十五年生於陶廠竹園李小莊，1953 年嫁給父親，年近九十，雖不識字，但一生通達，為女中丈夫。

余於 1971 年 3 月 22 日生，農曆辛亥二月廿六，初小就讀於當地，在運漕、含城念完高中。十六歲醉心於馬列，浸研三四載。高中輟學，輾轉於生意場。兩載後就讀於本地師範，後在鄉下任教十一年，期間多留意舊學，然駁雜不專，泛覽而已。2006 年，入安大，專攻儒學，三年後進上師繼之。畢業後，在黔地行教九年，始悟入道進學之門徑。2021 年底來蜀，落土涼州西昌學院。

余所篤信者：述而不作，信而好古，斯文若興，捨此豈可得乎？

提　要

易有三聖，而後始能成經。

伏羲仰觀俯察，近取諸身，遠取諸物，畫三以象天地人，成經卦八：乾父坤母、六子之道成，易道之始軔也。

文王拘羑里，憂思惕懼，推演易道，首推乾坤，以定上下，繼之咸恒，以正男女，配之以卦辭，聖人之情繫焉。周公克紹父志，增益之以爻辭，成三百八十四之變，曲盡萬物之化，事變而吉凶顯，易道之中繼也。

孔子晚而喜易，行則在橐，居則衽席，韋編三絕，翼之以十，大贊乾健、坤順之德，君子居位處正，行健晦隱，與時消息，憂思以成其德。自此而始，《易》由卜筮之術變而為君子修德進業之道，易道之大成也。

中州程頤，直追孔聖於千載之下，專力於繫辭，闊略於象數，大贊天道人倫，於切己之身心日用皆多加留意，故能深切著明，思之不遠矣。伊川之傳，不尚玄遠，談天道必見諸於人事，論人事必順乎於天道，體用一源，顯微無間；其所立論，語語精到，句句篤實，無毫髮遺恨。伊川追宗文王、周公，紹述夫子，斷之以己意，使《易》成德於己，非株守訓詁耳！光大尚辭之易，使易一歸於正，夫子之後，伊川一人而已。

余生於伊川之後又千餘載，幼年便聞長輩吟誦二程之祖訓：「理學自中州，聲名垂大雅」，欣然嚮慕久矣！惜乎身處陋巷，困學無聞，雖欲求之，蒙然不知何由也！蹉跎四十餘載，始自悟進學之門徑。

今余欲紹續此道，追述伊川，光大尚辭之易，剔除西學之雜糅，復正斯土之絕學，不敢有作，以期無違於先賢，以盡綿薄，則無恨於此生。

第十三冊　宋代職官日記研究

作者簡介

陳可，女，1986 年生，吉林省吉林市人。華南師範大學文學博士，北華大學教師，澳門科技大學訪問學者。研究方向為宋代文學，近年來在中文核心期刊及國內外發表學術論文數篇，包括《直言與曲筆：宋代宰相日錄敘述策略述論》《「濯足」書寫的唐宋轉型》《互詮：近古「濯足」表述的語義與圖釋》《霍松林先生的宋學研究》等。

提　要

宋代職官日記是宋代日記的重要組成部分，又是個體利益取向下的事功型文本。文體形態與官方史著極為類似，但本質差別在於「我」在文本「內層」的確立，即史官依據官方意識形態進行著錄，而職官日記書寫者的「一身」之則上疊加著官方與私人的雙重立場。高階職官（宰相）與帝王間的互

動一般以帝王為絕對核心，同時也包含著隱性的博弈與互馭，特定時期甚至
會出現「權相逆襲」的情形，這一切由政治、倫理與文學的諸種特性交錯構
成。複雜的朝堂環境下，宰相通過隱晦、婉曲的敘述手段，緩釋黨爭帶來的
壓力與困境；運用適當的細節描寫與邏輯推演，擴大政治對手的結黨嫌疑；
同時逢迎、獻忠於實際上的掌權者，以在政治漩渦中保自身無虞。宋代宰相
通過日記書寫鑄就人格面具，以「太極話術」應對朝局危機；一邊製造允正、
理性的敘述語境，一邊又藉言外之意輸送個體意義；其為官的心理走勢經過
了從獲取帝王同理心到同情感的轉化；通過導演文本層面的獨角戲和省略主
語，適度消解仕途困境；甚至是在看似尋常的生理記錄中，暗藏著對朝堂局
勢的監測與判斷。政權交替的敏感時期，職官日記的政治敘事之下往往隱藏
著深刻的權力制衡；對親歷事件的記錄法則並非以「信」為先，而是依據朝
堂局勢和自身立場，分別以「利」與「訓」為原則對文本進行細節修著和價
值排序。

第十四、十五冊　文天祥研究資料集·朝鮮編

作者簡介

　　孫衛國，男，湖南衡東人。南開大學歷史學博士、香港科技大學哲學博
士，現為南開大學歷史學院教授。先後為高麗大學、哈佛燕京學社、香港城
市大學、臺灣大學、國際日本文化研究中心、北京大學等訪問學者或客座教
授。主要研究近世東亞文化交流史、中韓關係史、中國史學史、明清史。刊
有《大明旗號與小中華意識：朝鮮王朝尊周思明問題研究（1637～1800）》《從
「尊明」到「奉清」：朝鮮王朝對清意識的嬗變（1627～1910）》《「再造藩邦」
之師：萬曆抗倭援朝明軍將士群體研究》《王世貞史學研究》《明清時期中國
史學對朝鮮的影響》等專著；譯著《中華人民共和國的明清史研究》（魏斐德
等著）、《世鑒：中國傳統史學》（伍祖安與王晴佳著）等；整理編著《鄭天挺
明史講義》《鄭天挺歷史地理學講義》《鄭天挺文集》《鄭天挺先生學行錄》等。
在海內外發表中外文論文百餘篇。

提　要

　　文天祥是中國歷史上的忠義人物，在朝鮮王朝亦備受推崇，留下了豐富
的資料。本書分為四篇：以正祖大王《御定宋史筌·文天祥傳》和洪啟禧所

編《文山先生詳傳》列為第一編。第二編朝鮮王朝官修史書中文天祥資料，包括《朝鮮王朝實錄》《承政院日記》《日省錄》等史籍中文天祥資料；第三編朝鮮王朝私修中國史書中文天祥資料，如李恆老《宋元華東史合編綱目》、金宇顒《續資治通鑑綱目》、林象鼎《林氏歷代史統》、申應朝編《綱目集要》等。第二、三編按照編年順序排列。第四編為朝鮮王朝有關文天祥的詩文資料，共六類：以文天祥為對象之吟詠詩歌、文章、史傳；以與文天祥相關之人物、事件、地理為中心之詩文；拜謁崇祀文天祥廟宇之詩文；以相當篇幅提及文天祥之詩文；讀文天祥集有感而作之詩文；模仿文天祥詩文之作品，如《集杜詩》、以文天祥詩韻為韻之詩歌等，全都收錄。此書系統而全面包括朝鮮王朝有關文天祥的資料，對中國學術界文天祥研究，宋、元史研究以及中韓關係史研究，皆有所補益。

第十六、十七冊　年羹堯案史料輯錄

作者簡介

蔡宗虎，甘肅省平涼市人，二〇〇〇年畢業於哈爾濱工業大學，獲工學學士學位，二〇〇五年畢業於西安交通大學，獲工學碩士學位，史地愛好者。

提　要

年羹堯為康熙雍正兩朝之名臣，隸雍親王即後世之清世宗漢軍鑲黃旗，其妹為清世宗之寵妃，年羹堯繼妻亦為宗室之女，年羹堯生於康熙十八年，康熙三十九年中進士，康熙四十八年三十歲出為主政一方之四川巡撫，此後長期主政四川。康熙晚年清聖祖第十四子允禵統軍統一西藏，年羹堯時為四川總督，備軍備餉甚得清聖祖之褒獎，康熙六十年任職川陝總督，總管皇十四子撫遠大將軍允禵軍需後勤以備統一準噶爾蒙古之戰爭，因清聖祖之駕崩而中止。清世宗繼位之初任用其協助宗室延信控制西北允禵之大軍，繼之代延信為撫遠大將軍，平定青海羅卜藏丹津之亂。年羹堯文為進士，武為大將軍，有文武之材，然此人亦非忠主廉潔恭謹之善類，攬權施勢，培植私人，打擊異己，侵蝕錢糧，勒索賄賂，冒濫軍功，濫殺無辜，縱兵害民，把持鹽運肥己不一而足。康熙晚年諸皇子爭嫡，年羹堯首鼠兩端，隸雍親王之漢軍鑲黃旗與雍親王有郎舅之戚卻暗中交通雍親王之政敵胤祉（允祉）、胤禛（允禵）、胤禩（允禩），此為清世宗所忌，清世宗繼位之初尚任用其協助延信控

制允禵之軍，繼之平羅卜藏丹津之叛，亂平，即鼓動群臣曝其罪而勒令自盡。年羹堯膺巨功而邀罹殺生之禍，歷為歷史學家爭論之題，史料為史家立論之據，自民國年間故宮博物院始行刊印其之奏摺於《掌故叢編》《文獻叢刊》，至西元一九八九年—一九九八年中國第一歷史檔案館刊行、翻譯《雍正朝漢文硃批奏摺彙編》《雍正朝滿文硃批奏摺全譯》，中有臺北故宮博物院刊行之《年羹堯奏摺專輯》《宮中檔雍正朝奏摺》以及大陸地區季永海等人編譯之《年羹堯滿漢奏摺譯編》，年羹堯及年羹堯案之史料陸續刊行，輯者將散見諸書之史料彙輯一書，於翻譯異寫之滿蒙藏人士稍加註解，以為歷史研究者取資。

第十八、十九、二十冊　年羹堯滿漢奏摺全輯——平定青海羅卜藏丹津之亂史料之一

作者簡介

　　蔡宗虎，甘肅省平涼市人，二〇〇〇年畢業於哈爾濱工業大學，獲工學學士學位，二〇〇五年畢業於西安交通大學，獲工學碩士學位，史地愛好者。

提　要

　　年羹堯為康熙雍正兩朝之名臣，隸雍親王即後世之清世宗漢軍鑲黃旗，其妹為清世宗之寵妃，年羹堯繼妻亦為宗室之女。年羹堯生於康熙十八年，康熙三十九年中進士，康熙四十八年三十歲出為主政一方之四川巡撫，此後長期主政四川。康熙五十九年清聖祖第十四子胤禎（允禵）統軍統一西藏，年羹堯時為四川總督，備軍備餉甚得清聖祖之褒獎，康熙六十年任職川陝總督，總管皇十四子撫遠大將軍胤禎（允禵）軍需後勤以備統一準噶爾蒙古之戰爭，因清聖祖之駕崩而中止。清世宗繼位之初任用其協助宗室延信控制西北胤禎（允禵）之大軍，繼之代延信為撫遠大將軍，平定青海羅卜藏丹津之亂。年羹堯文為進士，武為大將軍，有文武之材，然此人亦非忠主廉潔恭謹之善類，攬權施勢，培植私人，打擊異己，侵蝕錢糧，勒索賄賂，冒濫軍功，濫殺無辜，縱兵害民，把持鹽運肥己不一而足。康熙晚年諸子爭嫡，年羹堯首鼠兩端，隸雍親王之漢軍鑲黃旗與雍親王有郎舅之戚卻暗中交通雍親王之政敵胤祉（允祉）、胤禎（允禵）、胤禛（允禛），此為清世宗所忌，清世宗繼位之初尚任用其協助延信控制胤禎（允禵）之軍，繼之平羅卜藏丹津之叛，亂平，即鼓動群臣曝其罪而勒令自盡。年羹堯於西南西北任軍政高職十多年，

其之奏摺於西南西北均為重要之史料，亦為清世宗繼統鬥爭之重要史料，自民國年間故宮博物院始行刊印其之奏摺於《掌故叢編》《文獻叢編》，至西元一九八九年一九九八年中國第一歷史檔案館刊行、翻譯《雍正朝漢文硃批奏摺彙編》《雍正朝滿文硃批奏摺全譯》，中有臺北故宮博物院刊行之《年羹堯奏摺專輯》《宮中檔雍正朝奏摺》以及大陸地區季永海等人編譯之《年羹堯滿漢奏摺譯編》，年羹堯之奏摺散見諸書，影印排印不一，翻檢不便，且諸書刊行已久，搜羅不易，輯者將散見諸書年羹堯之滿漢奏摺匯輯一書，於翻譯異寫之滿蒙藏人士稍加註解，以為歷史研究者取資。

第二一、二一冊　《有泰駐藏日記》校理

作者簡介

　　王雙梅（1978 年 12 月～），內蒙古民族大學文學與新聞傳播學院教授，文學博士。研究方向是中國古代文學、民族文學。主持國家社科項目「元兩都文學活動研究」、國家「十四五」重點圖書出版規劃項目「《有泰駐藏日記》校理」。發表《草原文化對元代詩學的影響》等論文二十餘篇，出版專著《元代上都文化與文學研究》《元代上都文學文獻題注》等。

提　要

　　《有泰駐藏日記》是清末蒙八旗有泰任職駐藏大臣期間的日常所記，所涉往返京藏沿途和藏地社會文化面廣，於清末內政外交、歷史古蹟、自然地理、生產生活、天氣物候、宗教祭祀、往來官吏等多有記述，內容宏富、生動詳實，總三十餘萬字，是現今所知駐藏大臣唯一完整的日記。對研究清末西藏治理、藏地文化、社會狀況等極具史料價值、文化價值和社會價值。本次校理以現存國家圖書館槀本《有泰文集》（第 13～29 冊）為底本，參校吳豐培《有泰駐藏日記》抄本。吳豐培的注以校勘記方式標注。

第二三冊　隋唐五代樂府詩題名的文獻考察

作者簡介

　　郭麗，陝西寶雞人，文學博士，現為首都師範大學文學院副教授、碩士生導師。兼任中國唐代文學學會副秘書長、常務理事，樂府學會理事，唐詩

之路研究會理事,《唐代文學研究年鑑》編委、副主編,《唐代文學研究》編委。著有《唐代教育與文學》《漢唐樂府學典籍研究》《樂府續集‧宋遼金元卷》《樂府文獻考論》《樂府詩史話》等。在《文學評論》《音樂研究》等期刊發表論文 60 餘篇。主持國家社科基金項目、教育部人文社科基金項目、北京市社科基金項目等 10 餘項。論著曾獲南開大學優秀博士學位論文獎、天津市優秀博士學位論文獎、上海古籍出版社典籍學術類十大好書、第二十三屆華東地區古籍優秀圖書獎一等獎等。

提　要

樂府詩與其他詩歌不同的顯著特徵就是有相對固定的題名,題名也因此成為認定一首樂府詩的首要標誌。題名中包含著該題樂府詩的音樂特色、表演特點、文學特徵等諸多信息。隋唐五代時期是樂府詩發展的重要階段,這一時期的樂府詩題名不僅數量豐富,而且在流傳過程中還存在變異、衍生、消失、再造等複雜情形,對其進行全面考察和系統清理是一項很有必要的工作。

本書以全面考察隋唐五代的樂府詩題名為職事。凡見於《樂府詩集》和其他史料記載者,無論有無歌辭,均在考察範圍之列。同時,努力考定所見樂府詩題名的創制或首出時間,並對各代題名分《樂府詩集》已收和未收,有辭和無辭,確考和待考等諸種情形作出量化統計,以期盡可能清晰地呈現隋唐五代時期樂府詩題名的存在樣貌。

本書通過考察得出如下結論:《樂府詩集》已收隋代題名 79 題,其中確考有辭題名 75 題,確考無辭題名 1 題,待考有辭題名 3 題;《樂府詩集》未收而見於其他史料記載的隋代題名 43 題,均題存辭佚。《樂府詩集》已收唐代題名 745 題,其中確考有辭題名 730 題,待考有辭題名 15 題;《樂府詩集》未收而見於其他史料記載的唐代題名 635 題,其中有辭題名 115 題,無辭題名 515 題,另有疑似題名 5 題。《樂府詩集》已收五代題名 9 題,題辭均存;《樂府詩集》未收而見於其他史料記載的五代題名 32 題,均題存辭佚。

第二四冊　于湖詞彙校與研究

作者簡介

吳娟,北京大學文學博士,北京外國語大學中國語言文學學院講師。主要從事文學文獻學、古籍版本學研究,主持「2022 年度全國高校古籍整理項

目」一項，在《清華大學學報（哲學與社會科學版）》、《蘇州大學學報（哲學與社會科學版）》、《圖書館雜誌》、《民俗研究》等專業刊物上發表學術論文十餘篇。獲北京外國語大學第六屆青年教師教學基本功大賽一等獎。

提　要

　　張孝祥是南宋著名詞人，與張元幹並稱為「南渡初期詞壇雙璧」。因孝祥號于湖，後人習稱其詞為「于湖詞」。現今存世的于湖詞有 222 首，以張孝祥文集、詞集為主要載體。其版本有宋嘉泰本《于湖居士文集》、宋乾道本《于湖先生長短句》、宋《中興以來絕妙詞選》、明崇禎張時行本《張于湖集》四個系統，又多見選集、詞話等文學文獻稱引，可謂版本複雜、異文叢出。學界雖已存在《全宋詞》、《張孝祥詞校箋》、《于湖居士文集》、《張孝祥集編年校注》等多個于湖詞整理本，但已有整理本校記簡略，不能全面反映于湖詞的歷代異文，且偶有誤收、漏收等問題，故還有重新整理的必要。此外，圍繞于湖詞版本、校勘、詞韻等問題，學界已有研究亦有未盡之處。本書分整理與研究兩部分對于湖詞展開綜合研究，整理部分廣校眾本、備列異同，訂正前人之失；研究部分則在前人研究基礎上全面系統的梳理于湖詞的版本源流、校勘得失，並對于湖詩詞用韻情況展開系統討論，以期從文獻學、文學、史學、音韻學等多個維度形成對于湖詞的綜合研究、總體認識。

第二五冊　清遺民詩學編年

作者簡介

　　潘靜如，1986 年生，江蘇灌南人。北京大學文學博士，現任中國社會科學院文學研究所助理研究員，兼中國近代文學學會副秘書長、理事。主要研究中國近代文學，旁及古典詩學、明清藝術史。曾獲「季鎮淮錢仲聯任訪秋學術獎」一等獎。著有《民國詩學》《末代士人的身份、角色與命運：清遺民文學研究》，並在《文學評論》《文藝研究》《文學遺產》《中國現代文學研究叢刊》《文藝理論研究》等雜誌發表論文 40 餘篇。主編人文集刊《學衡》。

提　要

　　《清遺民詩學編年》以清遺民群體的詩學活動為綱要（包括但不限於結社、雅集、編刻唱和集等），旁及與清王朝、故宮小朝廷或偽滿洲國密切相關的政治活動、文史撰著，按先後次序，進行編年。編年正文中，以清遺民卒

年為切入點，考錄清遺民的行跡、著述大略，附於每一年編年之末。考錄的清遺民著述，以詩文為先，詳列其卷數、版本乃至藏地；其他經史著述以逮編、刻、校、勘類文獻，亦酌情考錄。

體例上，正文以清通簡要為原則，但敘眉目、梗概；細節或依據，見於隨文小注（另起一段，縮進兩格，小號字體）。另有《附志》十四篇，就編年中遇到的問題加以考辨或引申；《附文》五十五篇，錄存編年正文中涉及的原始文獻。最後，附錄表格三種：（一）《清遺民民國時期編刻叢書表》；（二）《清遺民纂修方志表》；（三）《清遺民道咸同光四朝史事論著舉隅表》。

《編年》起於 1912 年民國成立，迄於 1967 年溥儀亡故，以編年形式展現了清遺民群體的詩學活動、政治活動及其他文史撰著情形。以卒年為切口，《編年》還詳細考錄了 330 餘名清遺民的生卒年、行跡、著述，先後涉及、引用、錄存為數甚巨的稀見文獻。《編年》對清遺民詩學研究、清遺民研究均有重要價值。

第二六至三五冊　《說文解字》今注

作者簡介

牛尚鵬，男，河南新鄉人，1983 年生，2002～2009 年就讀於山東大學，師從邵文利、路廣正教授；2009～2012 年就讀於南開大學，師從楊琳教授，獲博士學位。主攻訓詁學、俗字學及道教文獻學。現為天津外國語大學副教授，碩士生導師。

主講古代漢語、古典文獻學、俗字學等課程。歷屆中國訓詁學會、中國文字學會會員，在《說文學研究》《古典文獻研究》《漢語史研究集刊》《中國語言文學研究》《宗教學研究》《古籍整理研究學刊》《文獻語言學》《北京大學古典文獻研究中心輯刊》《中國文字研究》等重要刊物發表學術論文 60 餘篇，著作有《〈說文解字〉箋注》《道經字詞考釋》，參編教材《古代漢語》《漢語基礎教程》。主持天津市教委項目、天津市社科規劃項目、教育部青年基金項目、國家社科基金青年項目。2015 年入選天津市「131」創新型人才培養工程第三層次，2018 年入選天津市「131」創新型人才培養工程第二層次。

提　要

這是一本面向當代文科大學生及文字學、國學愛好者的普及性文字學著

作，也是一本幫助讀者提高文言文閱讀水平，強化國學根基的語文工具書。

本書可以作為高等學校文字學、「說文學」等通識選修課的教材，亦可以作為中國古代文學、中國古典文獻學、漢語言文字學等相關專業的教材。本書學術性與通俗性並有，趣味性與知識性兼具。內容豐富，條理清晰，資料詳實，既有古文字字形的分析，又有現代字義的解釋，更有相關古代文化知識的現代解讀，每個字附以專業的現代文注釋，為讀者閱讀和理解國學經典掃除障礙。本書為《說文解字》這部深奧古樸的文字學經典，帶來現代化的解讀信息。

簡而言之，本書有以下六大特徵：

一、旨在實用

本書旨在提高讀者的文言文閱讀水平，故注解具有選擇性。古今詞義差別不大或太簡單者無需出注，對閱讀古籍用處不大的生僻字一般不注，個別對閱讀或闡釋詞源有價值者點到為止，常用字則多施筆墨。《說文》的通釋本往往見字就出注，這對一般讀者意義不大。

二、濃縮《段注》

本書可謂《段注》之「精華本」。《段注》分析字形、論證古義、闡述文化、闡明體例等內容的精華部分大多囊括殆盡，學人執此一卷，不必煩惱於《段注》之雜蕪尨亂、古奧艱深。《段注》個別考據精妙絕倫，足以發覆前說，啟滯開蒙，縱整段摘引，不減一字，在所不避。餘者擷其精華，去其煩蕪，縱隻言片語，亦採納無遺。欲初涉文字訓詁門徑者，可只看我的注解部分；欲登入《說文》、國學堂奧者，則可進一步研讀《段注》部分。

三、闡明體例

《說文》及《段注》的「連篆為讀」「一句數讀」「造字時有假借」「引申假借」「讀若」「形借」「復舉字」「即形為義」「異部重文」「同部重文」等重要體例都隨文點出。「同步引申」「相鄰引申」「訓讀（義同換讀）」等重要詞彙理論也都隨字闡明。

四、溯源字形

個別文字羅列甲骨、金文等古文字字形，釋文採取學界通說，一般以《漢語大字典》之採擇為依據。簡體字一般要交代其來源。特別是現行的很多簡體字來源於草書楷化字形，而草書楷化又是《說文》注解者措意不多之處，故凡是草書楷書字形則明確指出。觀點多為學界通說，個別字形則參以己意。

五、重在訓詁

　　本書解字重在訓詁。包括溝通字際關係和詞際關係，點明詞義的本字和假借字，梳理常用詞的常用義項，系聯同源詞，辨析同義詞，揭示詞義引申規律等。這是本書的精華所在，也是讀者提高文言文閱讀水平最需掌握的要點。

　　六、旁涉文化

　　《說文》之注本鮮有旁涉漢字文化之例，本書個別文化詞則點明其背後之文化內蘊，以助讀者加深對字詞之理解。如姓氏之源流演變、古代溝洫制度、國野制、五門三朝制、古代紡織技術、月相等。

第三六冊　禪學俗語解（外一種）

作者簡介

　　陳繆，麗水學院講師。浙江工商大學日本及東亞研究方向在讀博士生。發表論文多篇，出版《遂昌文獻集成——問夜草》古籍整理一部、合作《諸錄俗語解》譯著一部。主持並完成市級社科聯課題 2 項，參與省部級及以上課題 5 項，獲市級社科優秀成果獎 2 次。

　　王閏吉，麗水學院教授。上海師範大學漢語言文字學專業博士，省級優秀教師暨浙江省高校優秀教師、浙江省社科聯入庫專家、浙江省語言學會理事。發表論文 100 多篇，編纂出版《處州文獻集成》《無著道忠禪語考釋集錄與研究》等著作多部。主持國家社科基金項目 2 項、省部級重點或一般項目 8 項，獲省級社科優秀成果獎 2 次。

提　要

　　《禪學俗語解》的主要內容為對日本人近世以來所編纂的兩部古辭書的翻譯、點校和整理。我們所選擇的兩部古辭書，分別為明治時代禪僧釋元恭的《禪學俗語解》及江戶時代儒學者服部天遊的《碧巖集方語解》。這兩部古辭書，是日人用作學習中國唐宋以來禪錄中疑難方俗詞語的工具書。書中所收錄的方俗詞語，對我們國人研究近現代漢語詞彙的形成和解讀文意都大有幫助。在版本的選擇上，《禪學俗語解》以日本海雲寺 1908 年刊本，《碧巖集方語解》以京都興文閣文錦堂 1771 年刊本為底本。我們對兩本書中所收錄的方俗詞語加以翻譯，正體繁體漢字橫排印刷，力求翻譯準確、順暢，並附錄詞條音序和筆畫順序。本書適合近現代漢語詞彙、俗文化、古辭書、中日文化交流等領域的研究者和從業者參閱使用。

第三七至四二冊　太玄集義

作者簡介

　　劉韶軍，男，漢族，華中師範大學歷史文化學院所屬歷史文獻學研究所教授，博士生導師。1980 年代跟隨張舜徽先生攻讀研究生，獲歷史學碩士及博士學位，此後即在華中師範大學任教。多年來一直從事歷史文獻學研究，從事古籍整理與研究，從事古代思想史及其文獻的研究與整理。著作有《楊雄與〈太玄〉研究》（人民出版社 2011 年）、《太玄集注（新編諸子集成）》（中華書局 1996 年）、《宋論全注全譯》（中華書局 2019 年）、《宋元韜略》（崇文書局 2023 年）、《慧眼觀人生》（海燕出版社 2013 年）、《太玄校注》（華中師範大學出版社 1996 年）、《重訂莊子集注（古籍整理）》（上海古籍出版社 2015 年）、《續脩四庫全書提要・史部》（上海古籍出版社 2012 年）等。

提　要

　　《太玄》，是西漢學者楊雄的重要著作，自問世時就被稱為難知難解，後又一直受到眾多學者的關注，人們的評價褒貶不一，歷代不斷有學者為《太玄》一書作注，以闡釋其中的內容。《太玄集義》是對現存《太玄》歷代注釋的匯集整理，共收集了晉代范望到清代陳本禮等十二種，並盡量收集了歷代學者關於楊雄及《太玄》的各種評論。本書將這些資料收集在一起，按時代先後編排，並在整理時對其中存在的一些問題進行了自己的考證與評論。可供現在的學者研究楊雄及其《太玄》時加以參考。

第四三冊　《獨斷》校注

作者簡介

　　邢培順，男，山東省安丘市人。山東航空學院人文學院教授，文學博士，中華孔子學會董仲舒研究會理事，山東省古典文學學會理事，濱州學院國學文化研究中心主任、古代文學學科帶頭人。出版《劉向散文研究》《山東分體文學史・散文卷（合著）》《西漢散文論稿（合著）》《蘇洵蘇轍集（選評，合著）》《曹植文學研究》《漢魏文學散論》《唐前地志研究》等學術著作 7 部。在《山東大學學報》等期刊發表學術論文 70 篇，主持完成國家社科項目 1 項，參與國家社科項目 3 項。主持完成省、廳社科項目多項，獲省、廳社科優秀成果獎多項。

提　要

　　《獨斷》是蔡邕的重要著作，其記漢世制度、禮文、車服及諸帝世次，而兼及前代禮樂，以其內容的繁富、新奇而對後世產生了較大的影響，《四庫全書總目》稱其為「考證家之淵藪」，然其在長期流傳過程中，散而復集，輾轉傳抄，以致產生了各種各樣的問題，除內容順序顛倒、殘缺凌亂外，文字的魚魯豕亥、羨奪訛偽也所在多有。有鑑於此，筆者在前賢整理成果的基礎上，對其進行系統的校核、整理、注釋和疏證，以期有助於對此重要著作的閱讀和接受。

第四四、四五、四六、四七冊　《文選集釋》點校

作者簡介

　　李翔翥，男，1970 年生，河南省固始縣人。2007 年畢業於湖北大學文學院古籍整理與研究所。主要從事古典文獻學、《文選》學研究。在《語言研究》《湖北大學學報》《邯鄲職業技術學院學報》《楚天學術》《華中師範大學研究生學報》《尋根》《語文學習》《語文教學與研究》《華夏文化》《中學語文》《語文月刊》《學語文》等刊物發表論文數十篇。出版專著《孟浩然詩全集》（彙校彙註彙評）。

提　要

　　《文選集釋》二十四卷，清涇縣朱珔撰。《清史稿》《續清朝文獻通考》有著錄。

　　清嘉慶、道光兩朝是「選學」發展之巔峰期，朱珔堪稱同期內眾多「選學」名家之翹楚。他學問廣通，研治《文選》超軼時賢，開「選學」研究蹊徑，啟推來者之處甚夥。

　　朱氏晚年辭官家中，以教授著述為務，主正誼書院期間，成《集釋》一書。該書《自序》謂「李氏當日有初注、復注、三注、四注，至絕筆之本乃愈詳，其不自域可知。」故《集釋》亦屢有增刪，蓋以李氏為法。今觀此書一千七百六十七條，按照《文選》選文篇次排列，徵引眾說，兼存互析，後下己意，頗似讀書劄記。為朱氏窮日孜孜，左右採獲，錙銖積累以成是書。

　　朱氏通經博學，時人以為與桐城姚鼐、陽湖李兆洛鼎足而三之大儒。《集釋》一書重徵實之學，於地理、名物考訂綦詳，此為該書有功於「選學」尤

其突出之處。

　　《自序》言《文選》一書「自象緯、輿圖，暨夫宮室、車服、器用之制，草木、鳥獸、蟲魚之名，訓詁之通借，音韻之淆別，罔弗賅具。」朱氏則旁徵博引、薈萃群言、追本溯源、精心考訂，並引伸推闡，暢宣其旨，足補李氏所未逮。故此可見朱氏在文字、音韻、訓詁、語法、版本、校勘、天文、曆法、歷史、地理、名物、人名、地名、典制諸方面之詳案。

　　清代治「選學」者眾，且大都有論著校勘。《集注》一書既有援引曩哲，又兼及時賢之說，更有不乏對其商榷訂正之處，此亦是該書大有裨於「選學」者。如汪師韓《文選理學權輿》、余蕭客《文選音義》、段玉裁《說文解字注》、孫志祖《文選李注補正》、王念孫《讀書雜志》、張雲璈《選學膠言》、胡克家《文選考異》、梁章鉅《文選旁證》、胡紹煐《文選箋證》等諸書之失，皆有考辨。

　　該書博大精深，閱讀不易，故此筆者不揆檮昧，罄竭綿力，予以繁體校點。朱氏所徵引文獻，悉查核原書，點斷引用文獻之起迄，同時亦校證剞劂之訛。

第四八、四九冊　高似孫《子略》校理集釋

作者簡介

　　司馬朝軍，武漢大學管理學博士，復旦大學中國語言文學博士後，武漢大學珞珈特聘教授。現任上海社會科學院歷史研究所研究員。曾任教育部人文社會科學重點研究基地武漢大學中國傳統文化研究中心專職研究員、武漢大學四庫學研究中心主任、國學院專職教授、歷史學院兼職教授、信息管理學院專職教授，擔任經學、專門史、文獻學三個方向博士生導師。擔任《文瀾閣四庫全書》總編纂、《司馬氏志》主編、《傳統中國研究集刊》主編。著有四庫學、文獻學（包含辨偽學、目錄學）及國學系列著作。

提　要

　　本書是對宋代大學問家、文學家高似孫的代表性專科目錄學著作《子略》的系統整理與研究，分為校理與集釋兩大部分。書末附錄多種相關研究資料。全書約 40 萬字左右。本書可供高等學校文科各專業使用，也是古籍整理、圖書館學等專業人員以及文史愛好者的必備參考書。

第五十冊　張汝舟年譜

作者簡介

　　張道鋒，男，安徽滁州人，生於江蘇徐州，東南大學教授，北京大學中國文化書院研究員，滁州學院客座教授，國學大師張汝舟先生再傳弟子。主要從事古代天文曆法、明清文學與文獻、中國古代思想史等方向的研究。已出版《明清寧波浮石周氏研究》《全椒古代著述考略》《沈明臣集》等專著，主編《全椒古代典籍叢書》《張汝舟手稿集》《張汝舟文集》等叢書，參編《王陽明年譜》《南京太僕寺志》等。

提　要

　　本書為近代國學大師張汝舟先生編年事輯。張汝舟（1899～1982），名渡，字汝舟，號二冊居士，安徽省滁州市全椒縣大墅鎮南張村人。1926 年入讀國立東南大學（1928 年改名國立中央大學），師從黃侃、王伯沆、吳梅等著名學者。1930 年起先後任安徽省立六中、國立八中教員，1941 年任湖南藍田師院國文系講師、副教授，1945 年開始任貴州大學教授。因在反右和文革中受到衝擊，1971年起回南張村老家賦閒。1978 年秋至滁州師專工作，並於 1980 年受聘安徽師大滁州分校顧問教授。1982 年 1 月 22 日突發腦溢血病逝於滁州師專。

　　張汝舟先生不僅是著名的天文曆法專家，他一生對於傳統聲韻學、漢語語法、古典文學、歷史學、佛教等領域亦精研不輟，在二十世紀學術史上佔有重要地位，故本書在相關年份著重強調其多方面的學術成就。張汝舟先生與胡適、郭沫若、馬一浮、張舜徽等二十世紀一流學者交往密切，在學術界聲望極高，且其門下弟子眾多，其中不乏知名人士如朱鎔基、楊振寧等，故本書在相關年份列舉張汝舟先生與民國各界名人的交往。張汝舟先生生前常與學界名流魚雁往來，故本書在相關位置迻錄書信原文或部分摘錄，以為存史。

　　本書按照年份，將先生從出生到去世的主要事蹟進行彙編，並附錄先生去世後產生的廣泛影響，是研究章黃學派乃至近代學術的重要資料。

第五一冊　耿文光《目錄學》的研究與整理

作者簡介

　　楊琦（1987～），女，太原師範學院文學院講師，主要研究漢字學，方言

學等。在《勵耘語言學刊》《北京師範大學學報》等上發表論文 10 餘篇，參與「中華字庫──版刻楷體字書文字整理」及「耿文光《目錄學》的整理與研究」等省部級項目。

張憲榮（1984～），男，山西大學文學院副教授，主要研究小學文獻學，漢字學等。發表論文 30 餘篇，出版《小學文獻學視野下的毛氏汲古閣本〈說文〉研究》等著作，主持國家社科基金青年項目「小學文獻學研究」等。

提　要

本書主要是對山西籍學者耿文光的《目錄學》進行整理和研究的一部著作，具體包括兩大部分：第一部分是對該書的研究，包括三章的內容，首先對《目錄學》的前身《日課書目》一書的成書時間、版本、性質和其批註等進行詳細的考證，其次對存藏於國家圖書館的二十卷稿本《目錄學》的編纂情況和版本進行研究，最後是詳細梳理了《目錄學》和《萬卷精華樓藏書記》的關係。第二部分是對該書的整理。存世的《目錄學》有九卷本和二十卷本之分，其中，九卷本為刻本，二十卷本為稿本，二者在收書方面很少有重複。本次主要對九卷本進行全面標點整理。之所以如此，是因為九卷本為耿文光生前所刻之書，基本上能夠反映耿氏對此書的態度。二十卷本則不僅殘缺嚴重，而且著錄混亂，基本上是耿氏的一個工作稿本。從這個角度來看，前者無疑是最好的也是亟需整理的著作。

第五二冊　湖北出土楚國卜筮祭禱簡校注及英譯

作者簡介

朱曉雪，吉林大學古文字學博士，華僑大學文學院副教授，美國哥倫比亞大學訪問學者，研究專長為古文字學、出土文獻學。在《江漢考古》、《中國國家博物館館刊》、《簡帛》、《古文字研究》、《中國文字》等刊物發表多篇學術論文。已出版專著《包山楚簡綜述》、《朱子福建題刻集釋研究》，其中《包山楚簡綜述》一書榮獲福建省第十一屆社會科學優秀成果獎三等獎、2011～2013 年度福建省優秀出版物（圖書）獎、第十七屆華東地區古籍優秀圖書獎二等獎。

郭珏，北京大學哲學學士（2001），美國威斯康辛大學‧麥迪遜分校古代中國歷史、思想和宗教學博士（2008）。目前任教於美國博敦學院（Bowdoin

College）歷史系和亞洲學，曾在德國海德堡大學（Universität Heidelberg, 2012～13）、美國紐約大學古代世界研究所（ISAW, NYU, 2015～16），及北京大學（2017）任訪問學者。研究方向為早期中國歷史，運用考古資料和歷史文獻（包括出土文獻）對中國古代南方，尤其是江漢地區的歷史、社會和文化進行長時段研究。最近的學術發表包括 "Western Han Funerary Relocation Documents and the Making of the Dead in Early Imperial China," (*Bamboo and Silk*, 2019)；"The Life and Afterlife of a Western Han 'Covered Mirror' from the Tomb of Marquis of Haihun (59 B.C.E.)" (*Journal of Chinese History*, 2019)，及 "Water, Earth, and Fire: The Making of Riverine Communities in the Greater Jiang Han Region of Central China (4th-3rdmillennia BCE)" (*Oxford Handbook of Cognitive Archaeology*, 2023, co-authored with Camilla Sturm)。

提　要

目前，湖北境內出土楚卜筮祭禱簡的墓葬，按發掘時間先後，主要有望山 M1 號墓（1965）、天星觀 M1 號墓（1978）、包山 M2 號墓（1986～1987）、秦家嘴 M1、M13、M99 號墓（1986～1987）、丁家嘴 M2 號墓（2009）、嚴倉 M1 號墓（2009～2010）、望山橋 M1 號墓（2013～2015）、唐維寺 M126 號墓（2019）、熊家灣 M43 號墓（2019）、和彭家灣 M183、M264 號墓（2020～2021）。這些卜筮祭禱簡具有極高的學術價值，是研究戰國時期楚國文化、風俗的珍貴資料。本書根據學界最新的研究成果，對湖北出土的楚國卜筮祭禱簡進行整理和研究，重新釋寫釋文，對重要字句加以注釋，並對簡文進行了白話翻譯。同時，為方便國外學者使用以及國內外學者交流，我們還對簡文的原文進行了英譯。

第五三冊　散見宋金元墓誌地券輯錄七編

作者簡介

周峰，男，漢族，1972 年生，河北省安新縣人。中國社會科學院民族學與人類學研究所研究員，歷史學博士，博士生導師。主要從事遼金史、西夏學的研究。出版《完顏亮評傳》《21 世紀遼金史論著目錄（2001～2010 年）》《西夏文〈亥年新法·第三〉譯釋與研究》《奚族史略》《遼金史論稿》《五代遼宋西夏金邊政史》《貞珉千秋——散佚遼宋金元墓誌輯錄》《談金：他們的金朝》等著作 26 部（含合著），發表論文 100 餘篇。

提　要

　　本書為《散見宋金元墓誌地券輯錄》的第七編，共收錄宋金元三代的墓誌、地券 107 種，其中宋代 59 種，金代 3 種，元代 45 種。每種墓誌地券內容包括兩部分：拓本或照片、錄文。拓本、照片部分來源於網路，部分是本人藏品，大部分沒有公開發表過。墓主大部分為不見經傳的普通百姓，為我們瞭解宋金元時期民眾的生活提供了第一手的寶貴資料。

第五四冊　散見宋金元墓誌地券輯錄八編

作者簡介

　　周峰，男，漢族，1972 年生，河北省安新縣人。中國社會科學院民族學與人類學研究所研究員，歷史學博士，博士生導師。主要從事遼金史、西夏學的研究。出版《完顏亮評傳》《21 世紀遼金史論著目錄（2001～2010 年）》《西夏文〈亥年新法‧第三〉譯釋與研究》《奚族史略》《遼金史論稿》《五代遼宋西夏金邊政史》《貞珉千秋——散佚遼宋金元墓誌輯錄》《談金：他們的金朝》等著作 26 部（含合著），發表論文 100 餘篇。

提　要

　　本書為《散見宋金元墓誌地券輯錄》的第八編，共收錄宋金元三代的墓誌、地券 104 種，其中宋代 81 種，金代 4 種，元代 19 種。每種墓誌地券內容包括兩部分：拓本、錄文。拓本都是本人藏品，大部分沒有公開發表過。大部分沒有公開發表過。墓主大部分為不見經傳的普通百姓，為我們瞭解宋金元時期民眾的生活提供了第一手的寶貴資料。

第五五、五六冊　敦煌寫本《太公家教》之整體研究

作者簡介

　　余聯芳，1962 年生，江蘇阜寧人。香港新亞研究所文學碩士（2014），香港新亞研究所文學博士（2022）。師承何廣棪教授，治版本、目錄、辨偽、校勘、文獻、輯佚等學，繼陳寅恪先生和羅香林先生之治學脈路，撰博士論文《敦煌寫本〈太公家教〉之整體研究》，更遵陳垣先生《校勘學釋例》為指南，盼此作可為今日童蒙教育之發端。碩士論文《李清照詩研究與賞析》，從徐培均《李清照集箋注‧補遺篇》之法輯得清照〈題硯詩〉一首，可謂繼黃盛璋

發現清照〈偶成〉詩後另一輯佚成績。

提　要

　　1900 年敦煌藏經洞的發現，揭開中國極珍貴文化遺產的面紗，也為國際漢學家提供了嶄新資料，誠如陳寅恪先生所預料，「敦煌學」從此風行天下，成為近代的「顯學」之一。一九七二年十二月十六日，潘重規先生在香港新亞研究所作學術演講，以「敦煌學的現況和發展」為題，提出兩項原則為期許：1 敦煌學中國化，2 敦煌學現代化。〔註1〕眾所週知，敦煌寶藏蘊藏材料之豐富，實為研究中古時代五至十世紀之文化史、社會史和文學史等絕佳好材料。然近代以來，蒙書研究雖受到重視，而傳播卻並不廣泛，我乃起心動念想對敦煌寫本蒙書《太公家教》進行深入研究，深盼能為今日童蒙教育做另一個發端。自古以來，各家皆認為蒙書的撰作，目的是為君主專制統治服務，但其功效實遠超於此。國家富強必需先使受教育者成為「忠孝節義，清廉寬信」之人，只有以童蒙家訓作為思想教育，才能為國家培養人才提供最佳利器。今日希望參考敦煌寫本蒙書《太公家教》之真義，於二十一世紀教育兒童和青少年，使蒙學發揮文化助力，端正社會風氣，再以敦煌蒙書的發展迎勢而興，善化童蒙教材，並加強兒童教育方為上策。

　　本人為求進一步獲得有關敦煌遺書和寫本《太公家教》資料的來龍去脈，曾於 2018 年 3 月 27 日親赴日本東京國立國會圖書館查找資料，幸在日本東京國立國會圖書館蒐集到有關本世紀日本學人對敦煌寫本《太公家教》研究之書冊共計十五種，其中有四種藏於 KSK 圖書館；論文撰作後期又有突破，共得歷年敦煌遺書《太公家教》寫本總數達 67 本；近日又從張球會《六合叢書》中，發現有陳寅恪對《敦煌文〈太公家教〉書後》之佚文，此發現有助於解開和研究陳氏 1932 年於清華大學所列《敦煌小說選讀》講義中，有一篇對〈《太公家教》命名的看法〉，此文陳氏從未正式對外發表過，但文章卻予人以刪除的謎團。本人以《敦煌寫本〈太公家教〉之整體研究》撰作博士論文，因資料繁多，又綜合搜輯英藏、法藏、日藏、俄藏和國藏等各家敦煌寫本《太公家教》之資料，謹以追隨陳垣先生《校勘學釋例》和何師廣棪治學方法，對所得敦煌文獻資料，採用版本校勘、整合、輯佚，溯本追源等方法進行探討，更利用中、港、臺現存各專家學者之研究成果進行參酌，惟資料太多，故諸多相關蒙書不便旁涉，僅能專注和針對敦煌寫本《太公家教》有關的文獻資料，進行歸納整理和探討。祈盼本論文之研究，能對時下啟蒙教

育有所裨益，則於願足矣。

〔註1〕蘇瑩輝著：《敦煌學概要》(臺北：1988年12月出版)，頁272。潘重規先生講詞
經酈慶歡小姐記錄，後刊入潘氏所著「列寧格勒十日記」(臺北學海出版社出版)附錄中。

第五七冊　李白詩文在日本江戶時代的影響與詮釋

作者簡介

鍾卓螢（1990～），女，清華大學中文系博士畢業生，曾任南京大學文學
院博士後研究員，主要從事域外漢籍與東亞漢文學研究，發表過《鍾嶸《詩
品》在日本——以其流傳和影響為中心》《日本江戶時代李杜合集考述》《高
棅唐詩選本在日本——以江戶後期的重新評價及其文學史意義為中心》等論
文，現居香港。

提　要

該專著是在作者博士論文基礎上修改完成的。首次對李白詩文在日本江
戶時代的傳播情況及其影響進行了比較全面的調查，尤其注意日本和刻本及
選本的印行流傳情況，通過大量文獻資料的梳爬，還原了日本江戶時代李白
詩文的接受與傳播規律、變化的過程，揭示了江戶時代日本漢詩人對李白詩
文的受容與詮釋，並在此基礎上探索了這一文學現象背後的歷史文化動因。
該專著在現有的日本漢詩研究成果的基礎上進行多角度和多維度的延伸與深
化，對以往在日本漢詩研究中顯得碎片化的李白接受相關內容進行了整合與
梳理，並對日本江戶時代的漢詩人及其歷史文化背景加以剖析，著力挖掘日
本江戶時代不同文獻、漢詩人及文學集團之間接受李白詩文的異同與聯繫，
甚至將視野擴展至日本俳諧、書畫等其他文學、文藝的領域，通過接受者的
角度嘗試勾勒出更具象化和多元化的接受史面貌，體現了日本漢詩研究的新
進展，是中華文明海外傳播史的有機組成部分。

第五八冊　西山朝北使詩文研究：以四部燕行錄為考察
　　　　　　中心

作者簡介

侯汶尚，生於臺灣屏東。國立中正大學中文系碩士（2016），目前為該系
博士候選人。現任國立屏東科技大學兼任講師（2019～ ）、《中正漢學研究》

（THCI）編輯助理（2018～）、「東亞漢籍與儒學研究中心」執行秘書（2022
～）。曾任中正大學中國文學系研究生學會學術組組長（2015～2016）、會長
（2017～2018）。研究領域為中國古典文學、越南漢學、東亞近代知識轉型。
著有：《西山朝北使詩文研究：以四部燕行集為考察中心》（2017 碩論），以及
國內外國際會議論文數篇：〈隱與現：《婦女雜誌》家政議題中的男人身影〉、
〈十九世紀氣象學於東亞的流傳：以《航海金針》、《博物新編》、《測候叢談》
為考察對象〉、〈跨域與越境：論合信《博物新編》〉……等。

提　要

　　本篇論文針對西山朝四部燕行錄進行研究，試圖從使臣紀錄的文獻資料
觀看當時的中越關係，以及詩文內容如何描寫於中國的見聞。使臣於詩集中
的紀錄，讓讀者能以異域之眼觀看中國，跳脫向來以中國視角為主的框架。
歷來對於越南燕行文獻的研究，大多從行旅主題、使臣身分、貢道構擬為主，
較無針對一個區間或斷代進行全面性的研究。

　　筆者以西山朝作為研究斷代，針對該時期的燕行文獻進行全面性的研
究，包含中越關係的轉變、乾隆對於西山朝的特別禮遇等。向來以明朝為正
統的越南，至西山朝時改換清代冠服，這些資訊都被記錄在燕行文獻中。西
山朝在推翻後黎朝後，吸收前朝的政治勢力，與清廷先敵後降的態度轉變，
國王甚至親自赴北京覲見乾隆，接受了高於以往的待遇。在貢道的安排與改
變方面，使臣的詩文留下了行走的軌跡，揭示清廷如何安排進京的路線，包
含伴送、賞賜制度。

　　詩文內容分析方面包含兩大面向，其一為文學與修辭，從地景描寫到個
人抒懷進行系統性的論述，使臣踏入中國後心境的轉變，造訪名勝時的紀錄，
揭示漢文影響越南知識分子之深刻，亦可以發現使者彼此相識的情況，可以
側面了解當時西山朝的政治局勢；其二為應制、侍宴與交遊，包含與中國官
紳、朝鮮使臣的交流，觀看三方的互動其況。

第五九、六十冊　宋元明清文獻研究

作者簡介

　　陳開林（1985～），湖北麻城人。2009 年畢業於重慶工商大學商務策劃學
院，獲管理學學士學位（市場營銷專業商務策劃管理方向）。2012 年畢業於湖

北大學文學院，獲文學碩士學位（中國古代文學先秦方向）。2015 年畢業於華中師範大學文學院，獲文學博士學位（中國古代文學元明清方向）。現為鹽城師範學院文學院副教授、江蘇省「青藍工程」優秀青年骨幹教師培養對象。主要研究元明清文學、經學文獻學。完成江蘇高校哲學社會科學基金項目「錢穆佚文輯補與研究」（2017SJB1529），在研國家社科基金後期資助「《古周易訂詁》整理與史源學考辨」（21FZXB017）。出版《〈全元文〉補正》《劉毓崧文集校證》《〈周易玩辭困學記〉校證》《〈純常子枝語〉校證》《杜詩闡》《陳玉澍詩文集箋證》《詩經世本古義》《〈青學齋集〉校證》《〈讀易述〉校證》《陸繼輅集》《〈曝書亭集詩注〉校證》，並在《圖書館雜誌》、《文獻》、《中國典籍與文化》、《古典文獻研究》、《圖書館理論與實踐》、《中國詩學》等刊物發表論文百餘篇，另有「史源學考易」系列、元明清《春秋》系列、明清《詩經》系列、清代別集系列等待刊。

提　要

　　本書為著者近年論著選集，分為上下兩編。上編選錄著者已發表論文 24 篇。下編 3 篇，原為著者擬撰書稿，後因故未克蕆事，故各錄一章，以存為學之跡。書中各篇所研究之對象為宋元明清典籍，以及今人所編典籍與宋元明清有關者，故名《宋元明清文獻研究》。就部類而言，涉及經史子集四部；就內容言，有校勘、輯佚、辨偽、補闕、辨誤、考訂等。各篇寫作發表時間前後相差將十年，今匯為一集，以期於相關研究略有補益。

金蓉鏡及其批校章宗源《隋經籍志考證》研究

黃湟凱 著

作者簡介

黃湟凱，1990 年生，國立新竹教育大學中國語文學系學士、國立臺灣師範大學國文學系碩士，碩士論文「金蓉鏡及其批校章宗源《隋經籍志考證》研究」是作者在中國古典文獻學、圖書資訊學領域初次嘗試的研究成果。工作經驗遍及公立圖書館、史學研究機構與政府檔案管理單位，現職國家電影及視聽文化中心圖書館館員，期許未來能在特藏管理機構發揮所長。

提　　要

　　本文以國立臺灣師範大學圖書館藏章宗源著、金蓉鏡批校《隋經籍志考證》為研究對象，進而處理兩項議題，其一：考證金蓉鏡的生平行事與學術特質；其二，分析金蓉鏡批校《隋經籍志考證》在目錄學史上的價值與地位。

　　金蓉鏡的生平行事貢獻，並不表現在為官生涯上，而是在參與地方事務、維護地方利益上。學術著述方面四部均有，且有刻印叢書；學術特質方面，值得重視者有二：方志學與金石學。方志學方面，重視古今地方文史的考察，除修訂過去的志書，更應在新撰的志書體例上求取進步。金石學方面，著重金石作為出土文獻、可用於考證傳世文獻的作用。個人藏書方面，種類不乏精鈔善本，且大方捐贈藏書以建立圖書館，為藏書家中所罕見者。

　　《隋經籍志考證》中金蓉鏡的批校（下稱「金批」）可從批校內容，以及引用文獻二方面來考察。批校內容部分又可分為增補與迻改二方面，增補方面有輯錄佚文、流傳梳理、增補書目、異同辨析四項；迻改方面指出了章宗源其書的諸多訛誤，可做為校勘使用。其批校思想與一般目錄學著作針對單一文獻向外考察的做法不同，可能源自於高似孫「聚類相從」的模式，加上金蓉鏡本身「採摭遺文」的基調，著重性質或內容近似之文獻的關係。

　　引用文獻方面，金批利用了一百一十種文獻，無論就橫向類別、或是縱向時間的跨度上都非常廣泛。外部根據時間、地理因素，內部基於行文、卷數差異，推測在版本上，金批可能使用了《文瀾閣四庫全書》與《徑山藏》，其餘則有叢書本、輯佚本等種類。至於文獻的利用方式，是以正史類、時間上近隋的文獻，逐漸向外擴展，並旁及小說、雜史等非正式紀錄。

　　其價值與缺失，由於金批並非以成為架構完整、體例嚴謹的著作為目的，故偶有理解錯誤、引據瑕疵、批校重出等缺失。理解錯誤多表現在句讀的誤讀，引據瑕疵則是引據不明，批校重出則是因文字重出導致互相矛盾之處。

　　本文藉由考證金蓉鏡之生平，及分析金蓉鏡批校《隋經籍志考證》之價值，期望能夠對延展目錄學研究史的時間下限，並試圖對資訊工程「主題搜索」、圖書資訊「館藏推廣」二方面，達到啟發的作用。

謝　辭

　　從大學開始對特藏文獻有興趣後，常常夢想著哪天能夠完成一個學術成果。如今本文的產生，可說是一償宿願；研究對象以「鎮館三寶」之一為名，更添幾分榮光。相較於許多領域，圖書文獻學的研究是一個特別孤寂的過程；但這三年半的時光，很幸運地得到了許多人各方面的支持，所以我想寫下對他們的感謝。

　　很多少見的文獻，僅能從中央研究院、國家圖書館等處找到。所以首先要感謝我的父母，選擇在臺北成家，讓我在師大念書沒有太大的經濟壓力，能隨時使用臺北各地圖書館的館藏；買了一堆書放在家裡，父母也沒有怨言。

　　其次，是我的指導老師賴貴三教授，與口試委員趙飛鵬、楊果霖教授。賴老師身兼國文系主任，往往是案牘勞形、日理萬機；但每兩周一次的會談，老師總是鼓勵我實踐自己的想法與意見；對於批校許多看不懂的地方，也是不厭其煩的一再討論。口試當天，兩位委員指出了許多寫作時沒有發覺的盲點，讓本文能夠更加順暢與完備。

　　再者，是在臺大開設圖書文獻學相關課程的老師們，如版本學的潘美月教授、校勘學的趙飛鵬教授，目錄學的藍文欽教授、特藏管理的顧力仁教授等，相關領域的課程已經是十分少見，我在這三年內都能修到，可說是三生有幸。

　　最後，是我的幾位博士班學長：冠中、文瀚、品呈，有的在寫作技巧上給予意見，有的則是提供了罕見文獻的資訊。有時遇到學術或心境上的瓶頸，也以過來人的身分，很有同理心的開導我。

　　本文的完成是一個跌跌撞撞的過程，就結果而言也不是一部成熟的著作；

但在這三年半的時間內有許多幸運的際遇，回到入學之初，也未必能再現。如今畢業在即，我寫下這段文字，紀錄當時的心情。

黃湟凱　僅誌

2021 年 2 月於新北板橋

圖 1-1：金蓉鏡遺像

「香嚴居士」，即金蓉鏡（1856～1929）之號；「立厂」，
為唐蘭（1901～1979）之字。〔註1〕

圖 1-2：書名頁書影

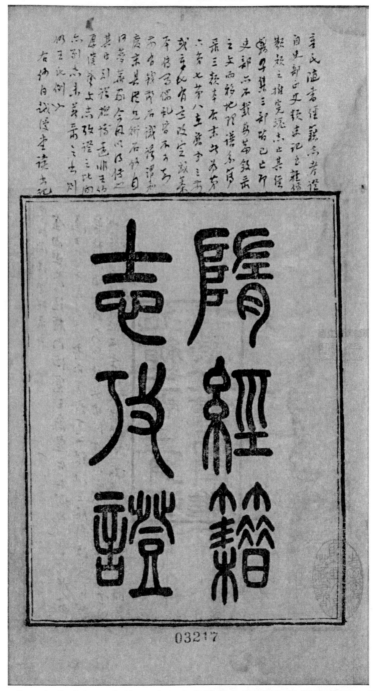

天頭處為金蓉鏡抄錄李慈銘《越縵堂讀書記》閱讀章宗源《隋經籍志攷證》札記，由此可知金蓉鏡、李慈銘所見的版本俱為刊本系統。

圖 1-3：內頁書影

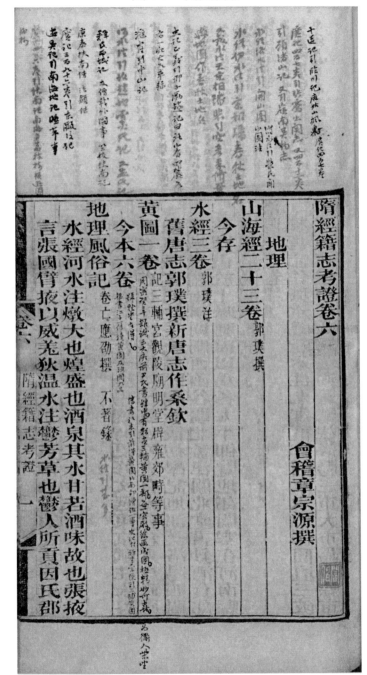

此頁天頭注語引用《太平廣記》、《水經注》、《史記正義》等書；「《黃
圖》一卷」條目下方雙行小注引〈隋書・禮志〉、〈梁書・江子一傳〉
等篇章。首行下方有「闇伯」鈐印。「闇伯」即金蓉鏡之字。

圖1-4：夾籤影像

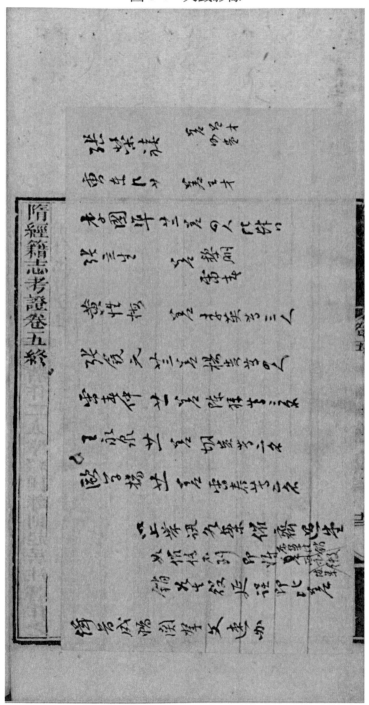

金蓉鏡不僅批校於書頁，書中亦有夾籤數張，此為其一。

圖 1-5：增、改批校

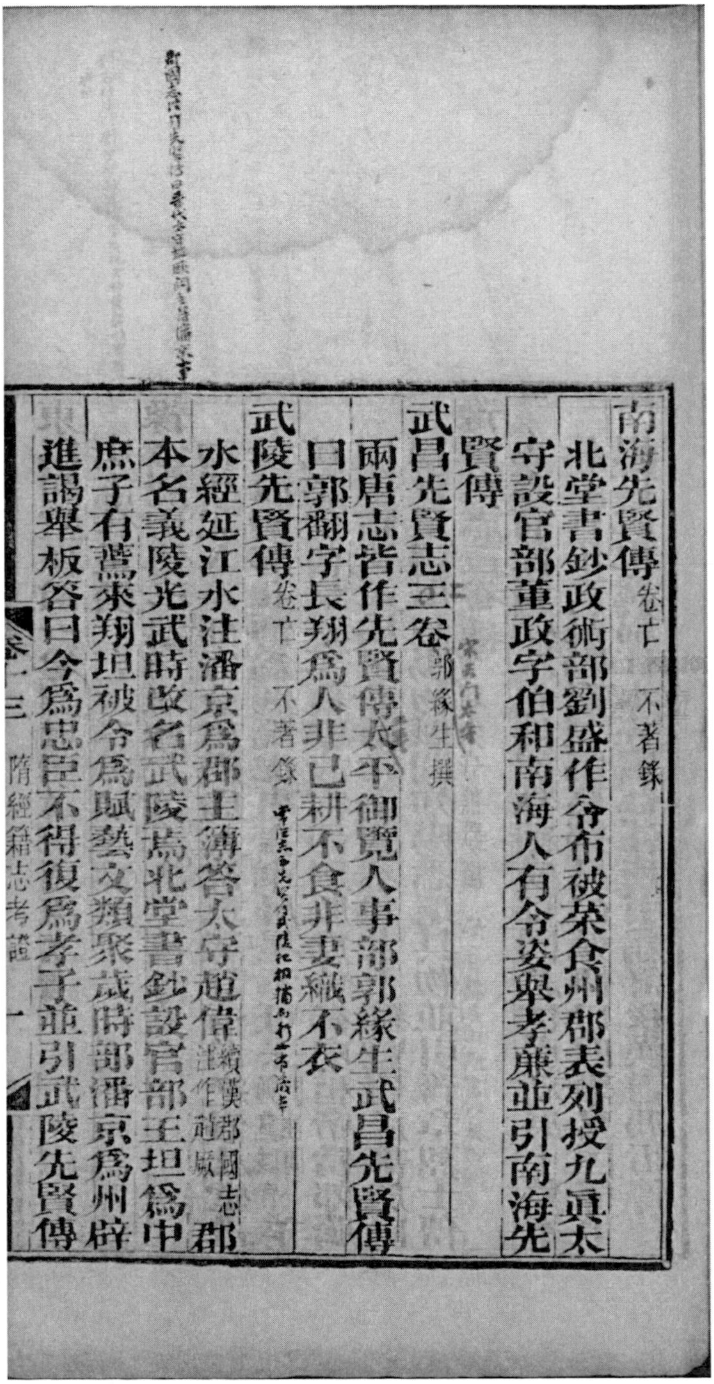

對章宗源《隋經籍志考證》著錄、說明錯誤之處，金蓉鏡將直接以硃筆更正、補注。

目

次

圖目次

第一章　緒　論

本章分為研究動機、文獻探討、預期成果共三節，研究動機部分，敘述筆者選擇金蓉鏡批校本《隋經籍志考證》作為本文研究主題之因緣。文獻探討部分，分為金蓉鏡、《隋經籍志考證》、《隋書‧經籍志》相關文獻，共三部分由核心到外圍逐步探究可援用的研究文獻。預期成果部分，說明筆者企圖從金蓉鏡及其批校，展現其批校的學術與典藏價值。

第一節　研究動機

大學時期修習「國學導讀」課程時，得知擇定古籍需以熟習目錄、版本為先，從此便開始相當重視古籍著錄、流衍的相關研究。初入碩士班時，仍希望繼續往此方向努力。在修習國立臺灣大學潘美月教授開設之「板本學研究」課程後，得知如國家圖書館、傅斯年圖書館、故宮博物院圖書館、國立臺灣大學圖書館、國立臺灣師範大學圖書館等，皆設有特藏單位，保存無數善本或孤本，面對卷帙浩繁之館藏，一時之間無從決定研究方向。有幸逢賴師貴三開設「易學專題研討」，因而得知賴師於文獻學方面有所探究，故與賴師洽談之下，選擇以學校圖書館館藏之「鎮館三寶」〔註1〕之一──金蓉鏡（1856～1929）對章宗源（1751～1800）《隋經籍志考證》的批校為研究材料。〔註2〕金蓉鏡為晚

〔註1〕國立臺灣師範大學所藏「鎮館三寶」，係《宋版孟子》、《翁批杜詩》、金批本《隋經籍志考證》。

〔註2〕賴師於執行科技部計畫「臺灣師大國文系圖珍稀古籍整理研究」（計畫編號：NSC93-2411-H-003-044）時，考察臺灣師範大學善本書的庋藏史，提及「鎮館三寶」大抵係由已故館長王振鵠（1924～2019）所定。見賴貴三校釋：《臺灣師大圖書館鎮館之寶──翁方綱《翁批杜詩》稿本校釋》〈自序〉（臺北：里仁書局，2011年），頁1～11。

清民國之際學者，其為沈曾植（1850～1922）之弟子，金蓉鏡從沈曾植學詩、通信討論詩歌理論，師徒同為「同光體」派詩人。〔註3〕其次，金蓉鏡乃嘉興一帶望族，本身為第七代進士，過世後其「雙桂堂」浩繁藏書成為今日「嘉興市圖書館」館藏的基礎。〔註4〕不少歷史悠久的圖書館，都有名家收藏成為該館的典藏基礎或館藏特色，如國立臺灣師範大學的臺北高等學校（1922～1945）時期圖書、1949 年遷臺後之國立東北大學寄存線裝書，或國立臺灣大學的烏石山房文庫、久保文庫等皆屬之。國立臺灣師範大學因緣獲藏金蓉鏡批校之《隋經籍志考證》，但在編集善本目錄、遴選為「鎮館三寶」之一後，就此沈寂、未能受到較為深入的研究，故以金蓉鏡批校《隋經籍志考證》作為論文主題。

筆者鎖定金蓉鏡批校章宗源《隋經籍志考證》（以下稱「章書」）為研究文本，又可就研究難度及其學術價值作說明，首先就研究難度而言，其一，國內雖善本無數，但由於管理因素，若要調閱原件，尚屬不便；筆者身為臺灣師大學生，閱覽師大館藏門檻較低，故以本校館藏作為研究對象較為合適。其二，章宗源《隋經籍志考證》僅完成史部共十三卷，故比起研究完整之史志目錄，章宗源《隋經籍志考證》之批校部份更適合碩士論文之研究範圍。

再者，就學術價值而言，可分三方面論述。其一，在目錄學方面，《隋書經籍志》為《漢書藝文志》之後最重要的史志目錄，但對《隋書經籍志》的研究，一直到明清時期才有較多的著作問世，多數的目錄學著作習以章宗源《隋經籍志考證》、姚振宗（1842～1906）《隋書經籍志考證》二書為《隋書經籍志》較重要的研究著作，所以從魏徵（580～643）《隋書經籍志》、章宗源《隋經籍志考證》，加上金蓉鏡的批校，可以將《隋書經籍志》的研究史從清代延長到民國時期。

其二，就版本學方面，金蓉鏡批校本為孤本，也是章書眾多批校本中，少數典藏在臺者，其重要性自然不必言喻。其三，於藏書史方面，金蓉鏡在文學方面的成就已經因為其師沈曾植受到注意；但在文獻學方面的研究依然相當零碎。不少介紹明清文獻學家之著作，金蓉鏡仍是付之闕如或是評介甚少的。今日所見善本，諸多仰賴明清時期藏書家典藏的轉移；所以這些藏書家的收藏

〔註3〕同光體為晚清同治、光緒年間形成的詩歌流派，金蓉鏡及其師沈曾植俱為代表人物。見張煜：《同光體詩人研究》（上海：中西書局，2015 年），頁 182～184。
〔註4〕陳心蓉：《嘉興歷代進士藏書與刻書》（合肥：黃山書社，2014 年），頁 158。

狀況十分具有深入研究的價值，也有益於豐富晚清時期圖書的流傳史。基於以上三點，經過研究難度與學術貢獻的思慮後，而使筆者決定以「金蓉鏡批校章宗源《隋經籍志考證》研究」作為碩士論文研究課題。

第二節　文獻探討

　　金蓉鏡批校章宗源《隋經籍志考證》的文獻探討部份，可分為金蓉鏡本身的研究、章宗源的研究、《隋書經籍志》的研究共三個層次而論。事實上，經初步查檢金蓉鏡的著作、譜牒、師友來往信札等一手文獻，或研究金蓉鏡人生際遇、學術思想、典藏書籍的二手文獻，都未提及金蓉鏡曾批校章宗源《隋經籍志考證》的事實，僅《國立臺灣師範大學善本書目》、《臺灣公藏善本書目人名索引》、《國立臺灣師範大學館藏善本暨普通本線裝書圖書目錄》三種公藏目錄如實記載了《隋經籍志考證》有金蓉鏡批校。〔註5〕2013 年，北京清華大學出版《二十五史藝文經籍志考補萃編》，匯集了許多隋志研究著作，該書〈後記〉雖提到了編輯過程中有不少未見的隋志刊本或批校本，其中也沒有金蓉鏡的批校本。〔註6〕是故筆者在金蓉鏡的文獻探討方面，僅能就其自身著述及旁人提及之的文獻，逐漸塑造出金蓉鏡藏書內容與學術思想的輪廓。

一、金蓉鏡研究文獻探討

　　有關金蓉鏡的研究文獻，以下將自自身著述及旁人研究分別論述。金蓉鏡的著作有一部份與地方文獻有關，如《靖州鄉土志》四卷〔註7〕、《重修秀水縣

〔註5〕國立臺灣師範大學：《國立臺灣師範大學善本書目》，頁 6。國立臺灣師範大學圖書館編輯：《國立臺灣師範大學館藏善本暨普通本線裝書圖書目錄》，頁 40。在《臺灣公藏善本書目人名索引》之「金蓉鏡」條目中雖記載了「《隋經籍志考證》十三卷（批校及題記）」；但用來互相搭配查詢的《臺灣公藏善本書目書名索引》之「《隋書經籍志考證》十三卷」條目並未記載批校者，若以書名僅在此公藏目錄檢索，很難發現此書還有金蓉鏡的批校。見國立中央圖書館編印：《臺灣公藏善本書目書名索引》（臺北：國立中央圖書館，1971 年），頁 1250。國立中央圖書館編印：《臺灣公藏善本書目人名索引》（臺北：國立中央圖書館，1972 年），頁 381。

〔註6〕王承略、劉心明主編：《二十五史藝文經籍志考補萃編》（北京：清華大學出版社，2011 年），第 27 卷，頁 327。

〔註7〕清光緒 34 年刻本，現藏於中國國家圖書館、上海圖書館等。中國古籍總目編纂委員會：《中國古籍總目：史部》（上海：上海古籍出版社，2009 年），第 8 冊，頁 4560。

志》不分卷〔註8〕、《嘉興求減浮糧書》〔註9〕、《檇李高逸傳》〔註10〕等。又因金蓉鏡生平經歷了辛亥革命事件，在清王朝覆亡後以「遺老」自居，撰成《澎湖遺老集》等。〔註11〕值得注意的材料至少有四，第一：《靖州鄉土志》〔註12〕、《民國重修秀水縣志》〔註13〕等地方志文獻。金蓉鏡在光緒三十年（1904）年後請改任地方官，由於其興趣在於關注地方文史，所以撰寫了不少方志類文獻，清王朝覆亡後亦然。且《靖州鄉土志》中的凡例中，有想法與金蓉鏡批校《隋志考證》相通。《民國重修秀水縣志》則是相對於萬曆、康熙二朝《秀水縣志》，有不少取材與進步的部分。

第二：《檇李高逸傳》卷末〈高士祠祝文〉、〈刱建高士祠碑記〉，是前述關注地方文史的另一種實踐形式，說明高士祠的建立過程：金蓉鏡於民國四年（1915）呈請建設高士祠以祭祀嘉興歷代鄉賢，期間捐書籌款不少，終於隔年落成。〔註14〕

第三：是在朱彝尊（1629～1709）「曝書亭」中的〈重修曝書亭碑銘〉，銘文在1926年撰成，約莫在批校《隋經籍志考證》後二十年餘。〔註15〕朱彝尊不僅是經學名家，部份藏書史著作也會提及朱彝尊的曝書亭藏書。金蓉鏡聽聞

〔註8〕 民國 9 年稿本，現藏於浙江圖書館、嘉興市圖書館。中國古籍總目編纂委員會：《中國古籍總目：史部》，第 7 冊，頁 4274。

〔註9〕 民國 3 年鉛印本，現藏於浙江圖書館。中國古籍總目編纂委員會：《中國古籍總目：史部》，第 6 冊，頁 3255。

〔註10〕 民國 5 年鉛印本，現藏於上海圖書館。中國古籍總目編纂委員會：《中國古籍總目：史部》，第 2 冊，頁 647。

〔註11〕 民國 17 年刻本，現藏於中國國家圖書館。中國古籍總目編纂委員會：《中國古籍總目：集部》（北京：中華書局，2012 年），第 5 冊，頁 2611。

〔註12〕 清·金蓉鏡纂輯：《靖州鄉土志》（臺北：成文出版社，1975 年）。

〔註13〕 清·金蓉鏡等纂修：《民國重修秀水縣志》（北京：國家圖書館出版社，2011年）。

〔註14〕 金蓉鏡：《檇李高逸傳》，《中國古代地方人物傳記匯編》（北京：北京燕山出版社，2008 年），第 68 冊，頁 459～468。

〔註15〕 銘文末載「歲在柔兆攝提格涂月　里人金蓉鏡并書」，「柔兆」、「攝提格」為歲陽、歲陰紀年法。據《史記·天官書》與《爾雅·釋天》，「柔兆」為丙、「攝提格」為寅，即丙寅年，「涂月」即十二月，換算西曆為 1927 年 1 月 4 日至 2月 1 日，時金蓉鏡年七十一。參高振鐸主編：《古籍知識手冊》（臺北：萬卷樓，1997 年），頁 56～58。又《隋經籍志考證》卷一批校云「癸卯閏五月闇伯記」，為 1903 年。見清·章宗源著，清·金蓉鏡批校：《隋經籍志考證》，卷 1，頁 1。嘉興市文化廣電新聞出版局編：《嘉興歷代碑刻集》（北京：群言出版社，2007 年），頁 501。

曝書亭修建完成後深感欣喜，便前往留下銘文。此銘文豐富展現金蓉鏡對朱彝尊經學、文學、藏書的景仰，或可旁徵為金蓉鏡的學術思想文獻之一。〔註16〕

第四：是錢澄之（1612～1693）撰、朱一清校點的《田間詩學》，朱一清的在該書的〈整理說明〉提到《田間詩學》的其中一種版本即是上海師範大學圖書館藏的金蓉鏡批校版，又說金蓉鏡的批校「時有一得之見，都給讀者有啟發」，故「全文照錄」。雖《田間詩學》並非目錄學，而是經學著作，但這無疑是少數筆者可見的金蓉鏡親筆「批校」文獻。〔註17〕其次就旁人提及金蓉鏡的一手、二手文獻中，可分為家族史、藏書史、文學史、政治史四種面向回顧。

其一家族史中，由於金蓉鏡出身嘉興一帶望族，不僅家族內部有譜牒編成，家族成員間的互動也有文獻流傳下來，如金兆蕃（1869～1951）《金氏如心堂譜》〔註18〕及〈從兄永順君事略〉〔註19〕，前者即金氏家族的譜牒，後者乃金蓉鏡過世後，從弟記載其言行的文章。又金蓉鏡曾中舉，故《清代硃卷集成》中也有金蓉鏡的家族譜系。金蓉鏡家族史的二手文獻，有龔肇智《嘉興明清望族疏證》〔註20〕、丁輝《明清嘉興科舉家族姻親譜系整理與研究》〔註21〕，前者完整臚列了自金蓉鏡本身上至六世祖金德瑛的血親、姻親譜系以及家族人物的簡要述略；後者則是在前者及其他一手文獻的基礎上，加以梳理家族中的科舉狀態，金蓉鏡是家族中少數幾位有考取進士的成員之一，從中可見金蓉鏡的治學能力在家族中是很優秀的。

其二藏書史中，金蓉鏡藏書的狀況及轉移過程有《浙江省立圖書館館刊》，及浙江、嘉興一帶地方研究的二手文獻可佐證。金蓉鏡的藏書在由高士祠轉往浙江省立圖書館時，疑因遭盜賣而減少。〔註22〕其餘近人研究，有顧

〔註16〕嘉興市文化廣電新聞出版局編：《嘉興歷代碑刻集》，頁 500～501。

〔註17〕清·錢澄之撰，朱一清校點：《田間詩學》（合肥：黃山書社，2005 年），頁 5～6。

〔註18〕清·金兆蕃：《金氏如心堂譜》，《清代民國名人家譜選刊》（北京：北京燕山出版社，2006 年），第 34 冊，頁 28、202～205。

〔註19〕卞孝萱、唐文權編：《民國人物碑傳集》（南京：鳳凰出版社，2011 年），頁 612～613。

〔註20〕龔肇智：《嘉興明清望族疏證》（北京：方志出版社，2011 年），頁 233～250。

〔註21〕丁輝：《明清嘉興科舉家族姻親譜系整理與研究》（北京：中國社會科學出版社，2016 年），頁 28～36、469。

〔註22〕浙江省立圖書館：〈金蓉鏡（甸丞）遺書之歸宿〉，《浙江省立圖書館館刊》第 3 卷第 2 期，《近代著名圖書館館刊薈萃三編》（北京：北京圖書館出版社，2006 年），第 15 冊，頁 313。

志興《浙江藏書史》〔註23〕、陳心蓉《嘉興藏書史》〔註24〕與《嘉興歷代進士藏書與刻書》〔註25〕，三者都提及了晚清民國之際，高士祠轉變為嘉興市圖書館的過程。至於實際著錄經金蓉鏡批校、刊刻圖書之度藏狀況的文獻有二，其一為王桂平《清代江南藏書家刻書研究》附錄〈清代江南藏書家刻書知見舉目〉，在「浙江・嘉興府」條目記載了金蓉鏡的藏書四種，目前皆典藏在南京圖書館〔註26〕；其二為嘉興圖書館編《嘉興市珍貴古籍圖錄》，在〈嘉興市區〉章中收錄了金蓉鏡經手收藏的古籍圖錄十餘種，其中甚至包含了金蓉鏡親筆手稿本《香嚴庵雜稿》八種。除手跡外，從中可見金蓉鏡之鈐印「秀水金氏雙桂堂」、「闇伯」等，與師大度藏之《隋經籍志考證》所見者特徵相符。〔註27〕仇家京〈古籍藏書印鑑定舉例〉中，為舉例介紹古籍流傳路徑，亦簡要介紹了金蓉鏡的部份鈐印。〔註28〕

其三文學史中，主因金蓉鏡本身從沈曾植學詩，是故沈曾植的年譜、同光體的研究著作，通常會連帶提及與金蓉鏡的來往過程，如錢仲聯輯《沈曾植未刊遺稿（續）》〈與金甸丞太守論詩書〉，大抵展現了沈曾植的詩學觀點，且此函後刊於金蓉鏡撰《澎湖遺老集》之卷首。〔註29〕又張求會《陳寅恪的家族史》〈同光詩魁〉中論及同光體詩人陳三立時，提到沈曾植希望金蓉鏡「能通經學、玄學、理學以為詩」。〔註30〕

其四政治史中，在清王朝覆亡後，金蓉鏡被迫變成前朝遺民，林志宏《民國乃敵國也：政治文化轉型下的清遺民》提及了金蓉鏡各種懷念前朝的行為，其一如將珍藏之王士禎（1643～1711）審定的《錦津山人詩集》初校本出售，以換百金祝賀溥儀（1906～1967）1922 年大婚。其二如浙江通志局續修方志時，對於清王朝年代的下限主張於宣統三年，且研議增加「遺民傳」，此次續

〔註23〕顧志興：《浙江藏書史》（杭州：杭州出版社，2006 年），頁 597～598、718。

〔註24〕陳心蓉：《嘉興藏書史》（北京：國家圖書館出版社，2010 年），頁 274～275。

〔註25〕陳心蓉：《嘉興歷代進士藏書與刻書》，頁 157～159。

〔註26〕王桂平：《清代江南藏書家刻書研究》（南京：鳳凰出版社，2008 年），頁 313。

〔註27〕嘉興圖書館編：《嘉興市珍貴古籍圖錄》（北京：國家圖書館出版社，2014 年），頁 179、217、253、278 等。

〔註28〕仇家京：〈古籍藏書印鑑定舉例〉，《圖書館研究與工作》第 144 期（2015 年 12 月），頁 55～59。

〔註29〕錢仲聯輯：《沈曾植未刊遺稿（續）》，《學術集林》（上海：遠東出版社，1995 年），卷三，頁 116～117。

〔註30〕張求會：《陳寅恪的家族史》（廣州：廣東教育出版社，2000 年），頁 299～300。

修成員即包含沈、金師徒二人，皆為遺民身份。〔註31〕以上二事件可見金蓉鏡曾庋藏的善本、以及其政治認同。

　　以上筆者就家族、藏書、文學、政治史四個方面的文獻，逐漸描繪出金蓉鏡的家族背景、治學狀況及政治認同。大抵金蓉鏡本人出身望族、治學能力頗高足以中舉，且十分關懷家鄉的名人賢士，進而建「高士祠」、題記銘文，又自身著作與藏書不少，其中不乏精校者，在過世前謹慎交代藏書如何處理，進而演變成地方性圖書館。金蓉鏡還與近代文人交遊頻繁，在學術上成為詩歌流派「同光體」的組成，精心批校錢澄之《田間詩學》、朱彝尊《明詩綜》等書行世。在辛亥革命後，產生身為「清遺民」的政治認同。雖就金蓉鏡過往的研究文獻，對其目錄學成就的描述仍然有限，然知人論世，仍為首要之事；至於其他與其目錄學思想相關度較低的文學、政治史料，便擇要錄之。

二、章宗源《隋經籍志考證》研究文獻探討

　　章宗源《隋經籍志考證》〔註32〕，姚振宗《隋書經籍志考證》二書，在諸多目錄學著作中常被列為對《隋書・經籍志》的重要考證之作。目前二書皆有學位論文研究之，前者為楊璐《章宗源《隋書經籍志考證》研究》〔註33〕，後者有陳仕華《姚振宗《隋書經籍志考證》研究》。〔註34〕楊璐分別就體例、撰者考證、書名考證、《隋志》成書考證、亡出文獻考證分章論之，作者以為其對於章宗源《隋經籍志考證》各方面的重要問題有較為全面、系統的論述。陳仕華是臺灣重要的文獻學領域學者，其書對於姚振宗《隋書經籍志考證》的研究有重要的開拓性作用，故筆者再作評述。

　　《姚振宗《隋書經籍志考證》研究》，係為陳仕華教授於民國九十年受劉兆祐先生指導而完成之博士論文。該文以緒論始，考姚振宗之生平、著述成就及當

〔註31〕林志宏：《民國乃敵國也：政治文化轉型下的清遺民》（臺北：聯經出版社，2009年），頁108、170。
〔註32〕《隋經籍志考證》之名，光緒三年刊本題作「隋經籍／志攷證」；然古人或近代研究著作提及章書者，往往作「隋書經籍志考證」，故此二名混用已久，又「攷」後作「考」，如朱緒曾《開有益齋讀書志》、李慈銘《越縵堂讀書記》、李慶〈關於章宗源《隋書經籍志考證》的三個問題〉、楊璐《章宗源《隋書經籍志考證》研究》屬之。本文為行文便利，統一題名為《隋經籍志考證》。
〔註33〕楊璐：《章宗源《隋書經籍志考證》研究》（哈爾濱：黑龍江大學圖書館學專業碩士論文，2015年）。
〔註34〕陳仕華：《姚振宗《隋書經籍志考證》研究》（臺北：東吳大學中國文學研究所博士論文，2001年）。

時目錄學之背景；續以四章論姚振宗《隋書經籍志考證》（以下稱「姚書」）之義例、取材、如何論《隋書‧經籍志》，及其分類；終以評述姚書之不足五處作結。義例部分，姚書於作者身世、成書流傳、版本真偽，直到學術得失，總計十二面向，無所不考。取材部分，姚書引用資料達三百餘種，趨勢是六朝、宋以後至清尤多，唐宋則較少，清人研究成果甚多，代表姚書積極利用後人的研究成果。且姚書剪裁資料是簡引或全引，皆有其法。對於取用的資料，亦有辯證以免致誤。

　　姚書論《隋書‧經籍志》部分，實論《隋志》之撰者、來源與體制。考體制者，係以胡楚生先生〈隋書經籍志述例〉所列三十四例為基礎，減省為十九例，足見姚書論《隋志》體制之綱要。分類部分，姚書於部、類、屬三層分類結構，都計四部、四十類、一百八十一屬，可謂十分精細，但仍有入類失措之處。且姚書論隋志於相同書名、不同作者之編次，失序頗多。結論考姚書之不足共五處，係因姚書在清代「補志」風氣之下，採「輯錄體」寫作，應貴考證，但仍有資料漏檢、考辨失當之處。就筆者所見，凡是目錄學之相關著作，論及清代目錄學史時，勢必得提及章宗源、姚振宗二書；但時至今日，對此二書作出完整評介者仍然稀少，而完整論述姚書體制與得失者，僅陳仕華教授之博士論文，若能再版廣傳，對於欲利用姚書之讀者肯定是一大助益。

　　回到章書。由於章宗源《隋經籍志考證》僅留存史部，各卷的次序與《隋書經籍志》的原始順序不同，進而產生了兩篇重要的近人文獻，其一為李慶〈關於章宗源《隋經籍志考證》的三個問題〉，文內提到在杭州大學圖書館藏有孫詒讓據章宗源手稿鈔校本《隋經籍志考證》三冊，次序與現行的崇文書局刊本不同、卻與《隋志》的原始順序相同，且若將手稿鈔校本三冊的順序調換，正與崇文書局刊本相符，提出了刊本順序改換的可能原因；又因發現此鈔校本，進而提出章宗源《隋經籍志考證》的版本流變。〔註35〕其二為黃壽成〈《隋經

〔註35〕李慶：〈關於章宗源《隋書經籍志考證》的三個問題〉，《復旦學報（社會科學版）》1985 年第 6 期（1985 年 6 月），頁 59～64。章宗源《隋書經籍志考證》在海外的版本十分複雜，形式上有不分卷、三卷、五卷、十三卷等多種卷帙，以及刊本、稿本、精鈔本等多種刊行方式。內容上有傅以禮（1827～1898）、陳漢章（1864～1938）、梁子涵等不同學者重校或手批，可知章書受到的關注非常高，見中國古籍總目編纂委員會：《中國古籍總目：史部》，第 1 冊，頁 72。浙江圖書館古籍部編：《浙江圖書館古籍善本書目》（杭州：浙江教育出版社，2002 年），頁 240。梁子涵：《中國歷代書目總錄》（臺北：中華文化出版事業委員會，1955 年）頁 40～41。另見本計畫所附書影 1，可知金蓉鏡與李慈銘（1830～1895）所見版本相同。

籍志考證》是否僅完成史部〉，其對李慶解釋無經子集部的說法提出駁斥，認為章宗源並非「僅完成」史部，而是「僅留存」史部而已。〔註36〕

　　最後，黃壽成偶然得知其父黃永年藏有一部蘇州籍學者王頌蔚（1849～1895）批校的章宗源《隋經籍志考證》，進而完成了《《隋經籍志考證》及其王頌蔚批校研究》一書。其書分內、外、補篇。內篇對章書於隋志的增刪與得失、王頌蔚於章書的批校二方面進行論述；外篇將章書與姚振宗、興膳宏等人的隋志著作比較；補篇則是對章、王二人的訛誤之處進行糾謬。事實上，作者並非全書皆著力於王頌蔚的批校，比較偏向主研究章、次而論王。至於王頌蔚的批校，黃壽成認為王氏對地理、正史、雜傳類書籍批校、補錄頗豐；且王頌蔚十分擅長自隻言片語輯錄出章氏未及的文獻，達數百條以上。以上兩點與筆者閱覽金蓉鏡的批校經驗非常類似，且王頌蔚與金蓉鏡同為批校章書者，可從王頌蔚比較出金蓉鏡的批校特色。〔註37〕

三、《隋書‧經籍志》研究文獻探討

　　《隋書‧經籍志》（以下稱「《隋志》」）作為史部目錄類文獻，除用於考證著作存佚的工具性用途以外，後人對《隋志》本身的研究，包含了志補〔註38〕、校訂、學術史三種方面。由於魏徵編集時必有疏漏，且《隋志》所收文獻也是經過節選的，故學者常以補足未收文獻為主；其次在書名、卷數、作者著錄錯誤方面，則屬於校訂的工作；最後則是藉由著錄書目與大小序，顯示中古時期學術思想的特質，又相較《漢書藝文志》，《隋書經籍志》首次採用四部分類、令史部獨立等特徵，故可以藉由兩志的異同顯示東漢至南北朝之間的文獻分類思想流變。

　　志補與校訂成果，大量出現在清代至民國初年，除前文提及的章宗源、姚振宗外，據《歷代文獻學要籍研究論著目錄》〔註39〕、《二十五史藝文經籍志

〔註36〕黃壽成：〈《隋經籍志考證》是否僅完成史部〉，《三門峽職業技術學院學報》第13卷第1期（2014年3月），頁85～87。

〔註37〕黃壽成：《《隋經籍志考證》及其王頌蔚批校研究》（北京：中國社會科學出版社，2014年）。

〔註38〕係指正史本有藝文志，因所載不夠完備，故後人有所增補；與本無藝文志、後人補撰的「補志」狀況不同。見喬衍琯：〈歷史藝文志漫談〉，《國立中央圖書館臺灣分館館刊》第1卷第2期（1994年12月），頁1～18。

〔註39〕陳東輝：《歷代文獻學要籍研究論著目錄》（杭州：浙江大學出版社，2014年），頁63～93。

考補萃編》所著錄者有近十種，有汪之昌（1837～1895）《隋書經籍志校補》
〔註40〕、羅振玉（1866～1940）《隋書經籍志斠議》〔註41〕、李正奮《隋代藝
文志輯證》〔註42〕、張鵬一《隋書經籍志補》〔註43〕等。現代較全面的研究成
果有三，第一，興膳宏在作《隋書經籍志詳考》之外，又有發表〈《隋書‧經
籍志》解說〉上、下篇，興膳宏較著重《隋書經籍志》與早期目錄的承襲、改
易關係，如《漢書藝文志》、《七志》、《七錄》等，並由此顯示《隋書經籍志》
於目錄學史中的地位。〔註44〕其二、其三為許鳴鏘《隋書經籍志研究》〔註45〕、
杜雲虹《隋書經籍志研究》。〔註46〕此二書實質上是學位論文，但對《隋志》
的研究面向略有不同，前者較重視《隋志》的內部體例與淵源承襲，顯現《隋
志》的特性；後者則重視《隋志》大、小序的思想，及其展現的唐前學術史發
展模式。三者發表的時序先後為許鳴鏘、興膳宏、杜雲虹，分別側重在承襲、
體例、學術史方面，對《隋書經籍志》有較全面的梳理。喬衍琯在評述版本目
錄學於民國六十年代以後之研究狀況時，曾論許鳴鏘《隋書經籍志研究》云：
「論文中於前人意見多加批駁而少加許可。」〔註47〕

　　志補、校訂成果，由於《隋志》的規模較大，故多以專書處理行世；至
於學術史的展現，則較多以論文呈現。章書僅存史部，然專論史部問題之論
文明顯不多。《隋志》在史部的問題，首先被注意的自然是史部獨立的特徵，
於此有金華〈史部目錄的獨立及其子目沿革──以《隋書‧經籍志》為中心

〔註40〕清‧汪之昌：《隋書經籍志校補》，《二十五史藝文經籍志考補萃編》（北京：清
　　　　華大學出版社，2013 年，整理民國二十年汪氏青學齋刻本），第 13 卷。
〔註41〕清‧羅振玉：《隋書經籍志斠議》，《歷代史志書目叢刊》（北京：國家圖書館，
　　　　2009 年，二十四史訂補本），第 6 冊。
〔註42〕李正奮：《隋代藝文志輯證》，《二十五史藝文經籍志考補萃編》（北京：清華大
　　　　學出版社，2013 年，整理民國間北平館鈔本），第 13 卷。
〔註43〕張鵬一：《隋書經籍志補》，《二十五史藝文經籍志考補萃編》（北京：清華大學
　　　　出版社，2013 年，整理光緒 30 年在山草堂本），第 13 卷。
〔註44〕興膳宏著，連清吉譯：〈《隋書‧經籍志》解說（上）〉，《書目季刊》第 33 卷第
　　　　1 期（1999 年 6 月），頁 1～13。興膳宏著，連清吉譯：〈《隋書‧經籍志》解
　　　　說（下）〉，《書目季刊》第 33 卷第 2 期（1999 年 9 月），頁 1～14。
〔註45〕許鳴鏘：《隋書經籍志研究》（臺北：國立臺灣師範大學國文研究所碩士論文，
　　　　1984 年）。
〔註46〕杜雲虹：《隋書經籍志研究》（北京：文物出版社，2016 年）。此書為原作者經
　　　　修訂自身學位論文重新出版。
〔註47〕喬衍琯：〈《書目叢編》漫談〉，《書目季刊》第 31 卷第 3 期（1997 年 12 月），
　　　　頁 1～6，頁 5。

考證〉〔註48〕、曹淑文〈《隋書經籍志》史部淺析〉〔註49〕等論文，此二篇
文章的方法與興膳宏頗為接近，皆是與早期目錄相較，展現史部典籍何以有
獨立的必要，尤其後者直接繪表，直觀展現《隋書經籍志》對阮孝緒（479～
536）《七錄》的繼承關係。最後，與清代隋志研究史相關的論文中，莊婷婷
〈《隋書‧經籍志》和《隋書‧經籍志補》體例和著錄方式的比較研究〉比較
了張鵬一《隋書經籍志補》與《隋書經籍志》在體例、著錄方式的差異，判
定張氏書的學術價值是不如《隋書經籍志》的，在結論上與黃壽成《《隋經籍
志考證》及其王頌蔚批校研究》中〈外篇‧與《隋書經籍志補》之比較〉的
評價很相近。〔註50〕

第三節　預期成果

　　此節可以自金蓉鏡本身，及其批校《隋經籍志考證》兩方面而論。金蓉鏡
本身的預期成果，可區分為政治、交遊、著述、藏書四個面向。政治部分，金
蓉鏡出身當地望族，是家族中少數有進士資格者〔註51〕，期望展現金蓉鏡在政
治上的實績。交遊部分，由於其與沈曾植、葉德輝等大儒來往密切，預計呈現
金蓉鏡與這些學者來往的具體內容。著述部分，檢諸多聯合目錄，發現金蓉鏡
的著述頗豐，且許多有留存到現在，預期展示金蓉鏡的著述內容，並做出概括
式的評介。藏書部分，金蓉鏡生前所藏，是現今「嘉興圖書館」館藏的基礎；
但筆者所見的研究著作，對其評介仍然有限，故筆者企圖揭示金蓉鏡藏書的具
體部分內容，並對於藏書的捐贈、轉移過程作出梳理。

　　金蓉鏡批校章宗源《隋經籍志考證》（以下稱「金批」）的預期成果，可劃
分為形式內容、引用文獻兩方面，進而展現其目錄、版本、校勘等文獻學方面
的價值。形式上雖然並不成嚴謹的系統架構，但其中大量的引述原典與批校意
見，應有助於豐富章書的考證資料，以及對章書進行校訛，以期爾後需利用章

〔註48〕 金華：〈史部目錄的獨立及其子目沿革——以《隋書‧經籍志》為中心考證〉，
　　　　《河南圖書館學刊》第 33 卷第 12 期（2013 年 12 月），頁 132～133、頁 136。
〔註49〕 曹淑文：〈《隋書經籍志》史部淺析〉，《圖書館學刊》1983 年第 3 期（1983 年
　　　　6 月），頁 57～60。
〔註50〕 黃壽成：《《隋經籍志考證》及其王頌蔚批校研究》，頁 343～355。
〔註51〕 光緒十五年（1889）己丑科，賜進士出身第 101 名。來新夏主編：《清代科舉
　　　　人物家傳資料匯編》第 15 冊（北京：學苑出版社，2006 年），頁 521～528。
　　　　江慶柏：《清朝進士題名錄》（北京：中華書局，2007 年），頁 1207。

書者，能夠得到更為精確的版本；且能展現金蓉鏡在文獻學方面的具體思想與
實績。

　　進一步而論，從《隋書經籍志》的研究史、圖書館庋藏善本的推廣作用而
言，《隋志》的研究從明代《國史經籍志》中的〈隋書經籍志糾繆〉起，一直
到清代才有較為大量的著作行世，其中最為著名的即是章宗源《隋經籍志考
證》、姚振宗《隋書經籍志考證》。繼而在晚清至民國間的研究成果，也多是以
專書呈現，如張鵬一（1867～1944）《隋書經籍志補》、李正奮（1892～1973）
《隋代藝文志輯證》等；但這段時間內相關的「批校」仍然有待研究，故筆者
以為金蓉鏡批校章宗源《隋經籍志考證》的研究，有助於增益近代的《隋書經
籍志》研究史。

　　最後，就圖書館庋藏善本的推廣作用而言，善本在妥善庋藏後，應編集目
錄後撰寫書志提要，甚而用於校勘，才能充分彰顯其價值。國家圖書館、傅斯
年圖書館都已出版善本書志一類目錄，但國立臺灣師範大學歷來出版的善本
目錄僅具查檢作用而無深入評介，〔註52〕又金批本《隋志考證》屬臺灣師大圖
書館「鎮館三寶」之一，重要性不言而喻。故筆者希望透過其中一件藏品的研
究，認識、推廣臺灣師大特藏於文獻學各方面的價值。

〔註52〕國立臺灣師範大學：《國立臺灣師範大學善本書目》（臺北：國立臺灣師範大
　　　　學，1968 年）。國立臺灣師範大學圖書館編輯：《國立臺灣師範大學館藏善本
　　　　暨普通本線裝書圖書目錄》（臺北：國立臺灣師範大學出版中心，2012 年）。

第二章　金蓉鏡之生平、交遊、著述與藏書

　　金蓉鏡（1856～1929）〔註1〕，初名義田，又名鼎元，小名大魁。字甸丞、殿丞，一字闇伯，又字學范。號香巖、潛盧、潛父、澱湖遺老、潛庵、香嚴居士、香嚴頭陀、敬持老人、永順君等。〔註2〕其生歷清代末年四任皇帝：咸豐（1851～1861）、同治（1862～1874）、光緒（1875～1908）、宣統（1909～1911），與民國時期，此時局勢動盪不安，使當時的士人無所適從。金蓉鏡在這種時局下經歷過的政治生涯、創造出的學術思想究竟是何種樣貌，至今未有較為全盤的檢視過程。以下將自生平、交遊、著作、藏書四個方面檢視金蓉鏡的生命歷程與學術特質。

〔註1〕金兆蕃〈從兄永順君事略〉，首段云「咸豐十年四月寇將至……時君方五歲」，古人習計虛歲，故生年為西曆 1856 年。卒年據〈事略〉載：「己巳十二月，以微疾卒於家」；唯《部昀府君年譜》載：「中華民國十八年……十一月，金甸丞丈卒，府君犯寒，往哭之」。若為十一月，則卒年為 1929 年無誤；但若為十二月，己巳年十二月為西曆 1929 年 12 月 31 日至 1930 年 1 月 29 日，則不知孰是。朱彭壽《清代人物大事紀年》云金蓉鏡咸豐六年十二月十二日生，民國十八年卒，年七十四，最為準確。參王邁常、王蘧常編：《部昀府君年譜》，《北京圖書館藏珍本年譜叢刊》第 181 冊（北京：北京圖書館出版社，1998 年），頁 502。朱鰲、宋苓珠整理：《清代人物大事紀年》（北京：北京圖書館出版社，2005 年），頁 1430、1735。

〔註2〕吳藕汀編著：《近三百年嘉興印畫人名錄》（杭州：西泠印社，2001 年），頁 273。張靜廬、林松、李松年：〈戊戌變法前後報刊作者字號筆名錄〉，《思與言》第 6 卷第 4 期（1968 年 11 月），頁 231。楊廷福，楊同甫編：《清人室名別稱字號索引（增補本）》下冊（上海：上海古籍社出版，2001 年），頁 349。

第一節　金蓉鏡之生平

　　本節所述金蓉鏡的生平，實論其出身與政治生涯二部分。金蓉鏡出身於嘉興當地望族，本身也是家族中少數有進士身分的成員。金蓉鏡起初於中央政府任職，後轉向地方，最終因以殘酷手段拷問革命志士禹之謨，名聲敗壞，結束其政治生涯。但論其政治、學術上的建樹，往往在地方任職時產生。而他具體的政治生涯貢獻，在於維護地方利益，表現在治水、減賦兩方面。

一、家族出身

　　金蓉鏡所屬之金氏家族，實為嘉興望族之一。其六世祖金德瑛（1701～1762），字汝白，號檜門，婚於秀水，遷居於此，後世遂為秀水人。乾隆元年狀元，除翰林院編修，歷太常寺卿、禮部侍郎，官終光祿大夫、都察院左都御史，卒於任，著有《檜門詩存》四卷、《觀劇絕句》三卷等。堂弟金兆蕃（1869～1951），光緒十五年（1889）舉人，曾與編修《清史稿》，著有《安樂鄉人詩》，其〈從兄永順君事略〉（下稱〈事略〉）〔註3〕便出該書，論金蓉鏡平時行事最為詳略。首論金蓉鏡出生時外在狀況：

> 考諱振聲，山西垣曲知縣。母張淑人，咸豐十年四月寇將至，張淑
> 人先期自經殉，城破從曾祖琦園府君以耆年蹈大難，君曾祖考也。
> 君祖考星衢府君早世，垣曲君奉母徐淑人避寇，時君方五歲，徐淑
> 人親教育之。及寇平，垣曲君游幕山右，徐淑人尋卒。君依叔祖蓮
> 生府君居十餘年。（〈事略〉，頁612）

　　父金振聲（1829～1901），官至山西垣曲縣知縣。金蓉鏡自幼便處於時局動盪不安的時代，咸豐十年（1860）值太平天國之亂，母張氏自經亡，振聲攜老母與蓉鏡避居海上，避居之時由祖母督促功課，直至十二歲。〈金振聲墓誌〉也詳錄了金蓉鏡在避亂之時面不改色，讀書聲與祖母紡織機織布聲相應的聲音，足見其經歷之重要性：

> 咸豐十年（1860）嘉興陷……中憲倉卒以老母避鄉間，……流轉海
> 上，僅得而免，遷延困難，而孺子之色無改。太恭人且以課派兒者
> 課孫，往往紡織聲與甸丞讀書聲相應。〔註4〕

〔註3〕卞孝萱、唐文權編：《民國人物碑傳集》，頁612～613。以下云金兆蕃〈事略〉者，均出此書。

〔註4〕湯壽潛撰，端方正書，劉心源篆蓋，陳伯玉刻：〈皇清誥敕授奉政大夫晉封中

一般而言,個人之墓誌銘應述其一生人格、行事與成就,若述及家族血脈,往往詳述父祖、兒孫則簡略,但「課孫」事的當事人是振聲之母子,而祖母課孫時,金蓉鏡不過十餘歲上下,父之墓誌記其子幼時之事,可知此事在金氏家族中的重要性。即便清王朝覆亡後,仍繪《課孫圖》示友人:

> 題金甸丞直刺蓉鏡《夜紡課孫圖》甸丞生五歲喪母,育於祖母徐太恭人,值粵寇之亂,避地海上,窮困流離,督課不輟,太恭人殁,以節孝旌。甸丞追為此圖索題。時方權知郴州事。
>
> 干戈滿地奔亡日,機杼中宵課讀餘,膽有報劉真事業,楚童新導使君車。作繪徵題仗象賢,北江名迹共流傳,機聲燈影知多少,難得兒孫念爾先。〔註5〕

此為王先謙(1842~1917)為《課孫圖》題詩,也記錄了創作動機及時間,動機是因為金蓉鏡繪圖後,向王先謙索題;時間提到當時金蓉鏡「權郴州」,應該是光緒三十一至三十二年(1905~1906)。〔註6〕內容則強調了金蓉鏡身處戰亂仍努力治學的樣貌,以及能念「課孫」之難。相同事蹟,又見章梫(1861~1949)〈節孝金母徐太恭人傳〉:

> 辛亥國變之後,予寓居上海。秀水金香嚴太守時來往於杭、滬之間,論儒、論釋多心得。香嚴出其《課孫圖》相眎,則述其大母徐太恭人之教甚詳,屬為之傳。……按太恭人姓徐氏……以同治六年考終壽。……烽火相迫,一夕數驚。……稍定,復以課子者課孫,手定句讀,諸經詁訓、唐宋蒙求,精鈔熟諷。……每當雪夕,風饕一燈,熒然與機杼相倚為聲,即所繪《夜紡課孫圖》是也。〔註7〕

自此可以知道,金蓉鏡應十分感念祖母養育之恩;且其所作《夜紡課孫圖》,是中國女性「課子圖」形象中較為少見的「祖孫」類型。〔註8〕雖現今未

憲大夫兼龍雲騎尉山西署垣曲縣知縣金府君墓誌銘〉,收於北京圖書館金石組編:《北京圖書館藏中國歷代石刻拓本匯編》第 88 冊(鄭州:中州古籍出版社,1989 年),頁 109。

〔註5〕清‧王先謙:《虛受堂詩存》(新北:文海,1971 年),卷十六,頁 13。句讀依程千帆主編:《中華大典》文學典,明清文學分典,清文學部三(南京:江蘇古籍,1999 年),頁 934。

〔註6〕時間判斷,見後文「金蓉鏡為官履歷年表」。

〔註7〕清‧章梫〈一山文存‧節孝金母徐太恭人傳〉,《一山文存》(新北:文海出版社,出版年不詳),頁 505~508。

〔註8〕劉詠聰:《才德相輝:中國女性的治學與課子》(香港:三聯書店,2015 年),頁 158。

見此圖，但金蓉鏡又分別請友人王先謙、章梫為其畫題跋與其祖母作傳，故能就題跋與傳記見其祖母課孫形象之詳略。

> 又數年，己巳十二月，以微疾卒於家，年七十有四。妻陳淑人〔註9〕，歸君數十年，以志行相勗，君以為賢助，先君十八年卒，君悼之不能忘。子問詩，六歲而殤；問曦，庶出，四歲又殤。君積哀為瘵，乃撫異姓子，遺言謂不以苫人立鄗為嫌。君卒，兆蕃諮族人，以君庶弟桂詵之子問禮為君後。踰年，所府撫異姓子亦殤。問禮今已能自立娶婦矣。（〈事略〉，頁613）

金蓉鏡妻陳蘭，在清王朝覆亡後，於壬子年（1912）六月二十八日、先蓉鏡十八年卒，以蓉鏡官封恭人，撰墓誌銘記之。〔註10〕除其妻外，曾祖金衍緒原授修職郎，亦因蓉鏡官贈中憲大夫。〔註11〕金蓉鏡二子問詩、問曦均早夭，故育外姓子，金蓉鏡卒後遂無庶出子，金兆蕃遂以族人問禮為其後，至此，金蓉鏡於家族內便無事可再考。

二、政治生涯

（一）官爵任免

自上述王先謙、章梫之語，可以見到金蓉鏡幼年辛苦求學的狀況，雖金蓉鏡家學淵源、後來亦幸進士第，然其應試過程並非一帆風順：

> 君少即貞直砥礪有志節。入縣學，應鄉試屢絀，出從先學士治河，敘勞當得官，君堅欲以科目進，謝不就。光緒十三年（1887），同縣陶勤肅公為直隸按察使，先學士薦君入幕，勤肅深器之。明年遷陝西布政使，君別以國子監生應順天鄉試，試畢赴陝西，中途聞捷。又明年，遂成進士，以主事分工部。（〈事略〉，頁612）

金蓉鏡在應鄉試時便屢屢挫敗，但仍堅持以進士科授官，可以看出他對名節的原則。檢《清代硃卷集成》，知其順天鄉試中式第四十四名、會試第一百

〔註9〕 名蘭，事略見金蓉鏡述，陶保廉書，吳受福篆蓋：〈清封恭人晉封淑人元配陳淑人墓誌銘〉，收於北京圖書館金石組編：《北京圖書館藏中國歷代石刻拓本匯編》第90冊（鄭州：中州古籍出版社，1989年），頁114。

〔註10〕 金蓉鏡述，陶葆廉書，吳受福篆蓋：〈清封恭人晉封淑人元配陳淑人墓誌銘〉，收於北京圖書館金石組編：《北京圖書館藏中國歷代石刻拓本匯編》第90冊（鄭州：中州古籍出版社，1989年），頁114。

〔註11〕 湯壽潛撰，端方正書，劉心源篆蓋，陳伯玉刻：〈皇清誥敕授奉政大夫晉封中憲大夫兼龍雲騎尉山西署垣曲縣知縣金府君墓誌銘〉，頁109。

三十五名，終進士第二甲三十二名，除工部主事。〔註12〕金氏家族中，包含金德瑛、金蓉鏡在內，具進士資格者僅六人，又有舉人十一人。可謂金蓉鏡在家族中的才學頗為突出。

> 君故習為公家文字，詣曹治事，條理秩如，日辰入酉出，方夏紗袍當坐處盡穿，不易也。久之，除鉛子庫主事，監督窯廠〔註13〕，並考取軍機處章京，爆直番上，勤勤靡稍懈，聲實益起。會義和團作亂，請急出都西狩，赴行在。旋奉垣曲公諱還里。喪終起補都水司主事。君睹時事日非，不能久為京曹官，循例截取，以直隸州知州待闕江蘇，旋改發湖南，知郴州，再知靖州，巡撫西林岑堯階中丞薦人材，引見，遷知府，尋除永順府。君蒞三政，嚴明廉惠，以民事為重，不徇世俗州縣吏習尚。及守永順，巡撫蒙自楊公有所設施，君弗謂善也，揭部科不見省，遂投劾乞歸，以三年五月至家。（〈事略〉，頁 612）

詳細的任官年月，又檢《清代官員履歷檔案全編》〈履歷〉整理如下：

表 2-1：金蓉鏡為官履歷年表

年　　齡	年號（西曆）	月份與經歷
34 歲	光緒十五年（1889）	進士第二甲第一百零一名，分工部。
38 歲	光緒十九年（1893 年）	保送軍機，奉旨以軍機章京記名。
44 歲	光緒二十五年（1899 年）	六月，補授工部鉛子庫主事
46 歲	光緒二十七年（1901 年）	三月，傳補軍機章京。 五月，補授工部屯田司主事。 九月，丁父憂。
48 歲	光緒二十九年（1903 年）	丁憂服闋，復除工部都水司主事
49 歲	光緒三十年（1904 年）	八月，呈請分發指江蘇。 十二月，至江蘇赴任。
50 歲	光緒三十一年（1905 年）	五月，改指湖南。 七月，委署郴州直隸州知州。

〔註12〕顧廷龍主編：《清代硃卷集成》第 64 冊（臺北：成文出版社，1992 年），頁 142。

〔註13〕〈履歷〉：「二十四年，派充監督琉璃窯事宜。」秦國經主編：《中國第一歷史檔案館藏清代官員履歷檔案全編》第 8 冊（上海：華東師範大學出版社，1997 年），頁 57～58。

51 歲	光緒三十二年（1906 年）	七月，補授靖州直隸州知州。 九月，抵靖州接印任事。
53 歲	光緒三十四年（1908 年）	正月，受湖南巡撫岑春蓂保薦。 八月，卸靖州任，赴吏部考驗。
54 歲	宣統一年（1909 年）	除湖南永順府知府。

　　進士第後，金蓉鏡往往於工部任職，〈履歷〉云「二十三年……並奏保以工部主事，無論題選咨留，遇缺即補，並加五品銜」，大略可以知道，金蓉鏡的政治才能尚有受到中央肯定。然而在丁憂服闋、除都水司主事後，發覺時局愈發混亂，不能久留中央，便呈請轉任地方。金蓉鏡在丁憂前，曾受陝西巡撫升允（1858～1931）奏保俟補直隸州，故順利轉任。金蓉鏡先後知湖南、郴州、靖州等州，又遷永順府知府。金蓉鏡較為出名的著作與事蹟，好發於地方任官時期。金蓉鏡以其對地方事務與文化的興趣，在光緒三十一（1905）年知郴州之次日，便對當地方志《郴州州志》之紀載提出質疑，並載於《郴遊錄》中，當地居民以外來知州如此了解地方文史，不得不另眼相看。〔註14〕金蓉鏡記地方史地著作者，除《郴遊錄》外，又有《靖州鄉土志》，刊竣於光緒戊申（1908）年。履歷中云金蓉鏡「前因勸辦廣西賑捐，案內奏保得知府」，就這點而言，〈事略〉云「君蒞三政，嚴明廉惠，以民事為重」，尚非溢美之詞。

　　然而，金蓉鏡知靖州時，因親自以殘酷手法拷訊革命黨人禹之謨（1866～1907）〔註15〕，甚而將從逮捕到秋決的詳細過程寫成《破邪論》一書，論禹為「立會惑眾，聚黨抗官」，自詡為「明正典刑，以全治本」，親友與黨人援助禹數次不成，禹遂遭正法。此事震驚湖南革命黨人，也使金蓉鏡遭受非常激烈的批評與彈劾：

> 宣統元年（1909 年），金蓉鏡任永順府知府，永順當地士紳對金蓉鏡評價極低，認為他為人殘刻，將永順闔縣都視為匪黨。不久金蓉鏡被道員朱益濬彈劾，金蓉鏡以為是湖南巡撫楊文鼎對自己有所偏見，遂還鄉。辛亥革命爆發後，因曾處決禹之謨，金蓉鏡遭到革命黨人仇視，出海避仇，不久又潛回故鄉，晚年以遺老自居，可以視作民

〔註14〕蕭落落：〈末代郴州知府金蓉鏡〉，收入郴州市民間文藝家協會主編：《郴鑒——郴州民間文化集成》（出版地、出版者不詳，2015 年），頁 203～204。

〔註15〕拷訊手法係出禹之謨家書。見禹堅白等編：《躍起作龍鳴：禹之謨史料》（長沙；湖南教育出版社，2010 年），頁 203。

國初遺老群體的一員。〔註16〕

　　自禹之謨事件後，金蓉鏡之仕途可說幾乎斷絕，官遂終永順府知府，所以金兆蕃〈事略〉云「巡撫蒙自楊公有所設施，君弗謂善也，揭部科不見省，遂投劾乞歸」，其實是片面的說法，真正的遠因避而不提。金蓉鏡也因此自號「遺老」，《澥湖遺老集》亦因此名之。雖范笑我友人鍾叔河曾表示「這不影響金的學問文章，不過總是生平行事之一」〔註17〕，但無疑對當時士人而言，是極其沉痛的打擊；對金蓉鏡而言，也是政治生涯上的一大污點。

（二）政治實績

　　金蓉鏡雖因禹之謨事件，導致其政治評價極為低落；但從他撰《郴遊錄》、《靖州鄉土志》等書，不可否認的，金蓉鏡相當關注地方文史事蹟。且金蓉鏡參與地方事務運行時，還得到不少有名仕紳的良好評價：

> 湯蟄仙（湯壽潛）、劉澄如（劉錦藻）兩君治浙江鐵路，皆君同歲生，雅相善，招君為佐。不數月，武昌兵起，有以舊事基君者，君避仇海上。未幾事解。浙江修通志，嘉興沈乙庵先生為總纂，亦招君為佐，君居吳山志局數年，網羅掇拾，成志稿盈尺，書未成。（〈事略〉，頁 612～613）

　　湯壽潛（1857～1917），初名震，字蟄先，號蟄仙，民國初年任南京臨時政府交通總長；劉錦藻（1862～1934），字澄如，光緒二十六年（1900）進士，民國時從事地方文化建設。湯、劉兩人的社會地位比金蓉鏡高出許多，但治滬杭甬鐵路時，仍招金蓉鏡相輔佐。不僅於此，劉錦藻《清朝續文獻通考·田賦考》論田賦制度時，收入金蓉鏡〈田賦議〉一文，雖金蓉鏡政治地位低落，但可知劉十分認同金在賦稅方面的識見。〔註18〕修志之事，由於金蓉鏡與沈曾植（1850～1922）為師友關係，交遊頗為密切，故詳後述。而田賦問題，正是金蓉鏡著力地方事務的重點之一。金兆蕃〈事略〉云：

> 君以浙西賦偏重，屢為文字，議減賦，鍥而不捨，卒走京師，合錢塘道士大夫籲當道，申此議，於是嘉興、嘉善、平湖、崇德、吳興、德清六縣糧額逾一斗及將一斗者，皆得量減，凡減米十萬五千六百

〔註16〕趙思淵、曹烟冬：〈民國初年江南地方政治議程轉換及其困境——以嘉興減賦運動為中心〉，《浙江社會科學》2019 年第 11 期（2019 年 11 月），頁 136。

〔註17〕范笑我：《笑我販書續編》（石家庄：河北教育出版社，2005 年），頁 12。

〔註18〕劉錦藻撰：《清朝續文獻通考》（臺北：臺灣商務印書館，1987 年），頁 7546。

石有奇。當道又以浙東桐廬屯田科米逾一斗五升，亦減為一斗。其後附加迭增過所減，君以為附加視正額，正額減，附加亦從之減，將復諍之，未得竟其志也。君謇諤侃侃，意所不憾，輒言之，達官長德及素所友好，皆不為稍避。晚以蘇、浙合議浚太湖，崇明王君丹揆主其事，議疏白茆港，於瀏河建閘，君以為當浚泖，往覆數千言，斷斷不能已。（〈事略〉，頁613）

　　金蓉鏡的地方建樹，金兆蕃認為有二：「減賦」與「疏浚」。「減賦」方面，無論金蓉鏡是置身清王朝還是民國都相當關注。其舉至少有三：其一，金蓉鏡在民國三年作有〈嘉興求減浮糧書〉一篇，此文一出，得到大量地方仕紳的支持與背書。其二，在民國七年（1918），金蓉鏡以電報呈嘉興當地遭遇蟲害、瘟疫與大雨使收成銳減，請浙江省長復勘核實後緩徵賦稅以期紓困。〔註19〕其三，金蓉鏡於辛酉（1921）年與陶保廉、周慶雲等士紳核定金兆蕃所呈嘉興減賦文。〔註20〕有學者以為，前朝遺民在政治上無法積極作為，但會積極介入地方利益的維護，此為遺民影響政治的曲折形式。〔註21〕

　　「疏浚」方面，由於太湖水域關係到農業收成、交通運輸等問題，且又位於江蘇南、浙江北兩省交界，故治太湖往往面臨了責任歸屬與地方利益問題。學者指出金蓉鏡關注太湖治水之舉有二：其一是在1919年發起請願，疏浚太湖，但當時政治動盪，經費遲了五年許才徵集足夠，成立「蘇浙太湖水利工程局（下稱太湖水利局）」。其二是由於當地仕紳不滿太湖水利局毫無作為，加上1925年欲推行太湖放墾，引發成立於1922年、時由金蓉鏡任會長之「太湖流域防災會」的大力反對。雖此次抗爭並未直接導致太湖水利局的直接裁撤，但1926年北伐戰爭開始後，該局仍遭到裁撤、業務轉移。學者評論，在太湖治水維護地方利益方面，金蓉鏡是「反對的先鋒」。〔註22〕雖然民國年間減賦與

〔註19〕不著撰名：〈咨浙江省長前據嘉興縣紳陳枝萬金蓉鏡等電呈嘉邑被災情形當經電請令廳認真查勘在案茲據該紳等呈同前情咨請令廳併案辦理文〉，《財政月刊》第6卷第61期（1919年12月），頁17。

〔註20〕金蓉鏡等纂修：《民國重修秀水縣志不分卷》，頁191～195。

〔註21〕金蓉鏡參與減賦運動之事，細節可參趙思淵、曹烟冬：〈民國初年江南地方政治議程轉換及其困境——以嘉興減賦運動為中心〉，《浙江社會科學》2019年第11期（2019年11月），頁135～142。

〔註22〕金蓉鏡參與疏浚抗爭之事，細節可參周勇軍：〈北京政府時期蘇浙太湖水利工程局探究（1919～1927）〉，《寧夏大學學報（人文社會科學版）》2017年3期（2017年5月），頁48～52、65。

疏浚二方面對政府的運動與抗爭，金蓉鏡身為地方仕紳的努力最終都以失敗收場，但自此二端，仍得承認金蓉鏡十分努力在地方事務、維持當地利益。

　　雖然金蓉鏡在地方政治運動往往以失敗收場，但在地方的自主建設，時常可得到金蓉鏡的撥款支持。金兆蕃〈事略〉云與金蓉鏡《橋李高逸傳》云：

> 則遂謀建宗祠，贍族人，事雖未行，然所至終不渝。又於湖上得別業，廣盛宜山辦香閣之例，<u>為高士祠，祀嘉興諸縣宋以來隱居獨行之士，既乃益擴之，以乙庵及勞山先生祔焉。君卒，鄉人遂祀君於諸先生之列</u>。（〈事略〉，頁613）

> <u>計不敷銀三百九十八元六角六分四釐正，由蓉鏡捐資湊用。</u>訖又捐備木器家具什物，合價銀四百元。又捐助書籍、圖畫、古玩，合價二千元，一并列入高士祠收營。（《橋李高逸傳》呈請建高士祠文）

> 何方無賢，而氣之清者，則為畸士、為逸民，以禮樂自處，不受世之垢氛，即至易代之際，尤以砥柱橫流為人道之，閑至可重也。禾郡近郭有澹湖，宋以來著於方志，明季遺民履綦，所萃有竹林、南池二社，先是社學之興，有十郡大會，最著里人。慨念前徽策勵末俗，以為當崇高士之祀，於是相地度泉，經始規畫。（《橋李高逸傳·刱建高士祠碑記》）〔註23〕

　　金蓉鏡在《橋李高逸傳》中，詳述了創建高士祠的動機、經費、建設過程。動機方面，當地地靈人傑，人才輩出，為了紀念先賢以能策勵後輩，故建祠以名之。此種紀錄地方文史以示後人的舉動，金蓉鏡亦表現在編輯方志方面，且著力頗多，詳見後述。而經費方面，雖然在民國四年為呈請建設，已申請公款三千二百元，但仍有不足，故金蓉鏡捐款與器物，使該祠能順利完成。在捐款方面，〈嘉興六邑館記〉亦提到「光緒中葉，金甸丞募巨款」〔註24〕，足見金蓉鏡在地方建設募資、捐款方面都十分大方且具有行動力。其餘金蓉鏡的事蹟，如師友交遊、藏書贈書等，正如金兆蕃所言：「兆蕃與君為四從昆弟，夙敬愛之，以中間蹤跡違曠，不能悉知君志事，述君概略，皆質言，懼失君意也。」其事略不能盡舉，將於下節詳述。

〔註23〕金蓉鏡等編輯：《橋李高逸傳》，收入國家圖書館古籍館編：《中國古代地方人物傳記匯編·浙江卷·三十五》第68冊（北京：北京燕山出版社，2008年），頁459～465。

〔註24〕〈嘉興六邑館記〉，收於北京圖書館金石組編：《北京圖書館藏中國歷代石刻拓本匯編》第91冊（鄭州：中州古籍出版社，1989年），頁141。

第二節　金蓉鏡之交遊

金蓉鏡的交遊對象，涵蓋了沈曾植、王國維、葉德輝等人，其與沈學詩、修方志；與王致信談論政治理念；與葉交換善本流通情報。又曾助友人勞乃宣作畫，與周慶雲考訂金石文字，教導吳藕汀作畫。金蓉鏡多方面的才學，常常表現在其與他人的交遊之間，以下將逐人論述。

一、沈曾植

金蓉鏡與當時許多學者士紳有所交流，最為密切的應莫過於其師沈曾植。金蓉鏡與沈曾植之互動，重要者有二端，其一為從沈學詩。其二為又清帝國覆亡後，沈曾植自喻為清遺民，開始編纂地方志的工作，時以沈為總編輯，延請金蓉鏡等人助理其事。從沈學詩的契機，金兆蕃〈事略〉云：

> 方君自湖南還也，貧無餘資，既乃節縮月糈，置宅滮湖之濱。夙能詩善畫，從乙庵先生游，受詩法，所造益深，暇輒作書畫，亦益工，問鬻以自贍，意怡然自得。（頁 613）

金蓉鏡從沈曾植學詩，而沈曾植與金蓉鏡是清詩「同光體」派的代表人物，沈在〈與金甸丞太守論詩書〉中，提醒金學詩應過元祐、元和、元嘉三關，而金已過前兩關。〔註 25〕沈曾植的「三關」說，乃化陳三立（1853～1973）的「三元」說而來〔註 26〕，而此處所謂「關」是指詩學成就的變化，非特指某些詩人。〔註 27〕雖錢仲聯《夢苕盦論集》論金蓉鏡是唯一得沈曾植詩學傳承的人，但錢私底下對金蓉鏡的其他學問，態度頗不以為然：

> 錢仲聯（2003 年）4 月 17 日躺在病床上說：……嘉興有沒有紀念唐蘭？在嘉興，他是沈寐叟之後頂有學問的人。……唐蘭的詩好，……金蓉鏡不見有什麼著作，沒什麼學問。〔註 28〕

這樣的評論無疑是非常尖銳的，於《清詩紀事》中亦未見之。金蓉鏡的學生較為著名者，有唐蘭與吳藕汀，而唐蘭精熟文字學，名氣鼎盛。金蓉鏡本身

〔註 25〕錢仲聯輯：《沈曾植未刊遺稿（續）》，《學術集林》卷三（上海：遠東出版社，1995 年），頁 116～118。

〔註 26〕張求會：《陳寅恪的家族史》（廣州：廣東教育出版社，2000 年），頁 298～300。

〔註 27〕同光體的歷史演變，以及沈、金之間的詩學承襲關係，已有學者深入分析，此處便不贅述。參吳姍姍：《陳衍詩學研究——兼論晚清同光體》（臺南：國立成功大學中國文學系博士論文，2006 年）。

〔註 28〕范笑我：《笑我販書續編》，頁 217。

亦好金石學，也有多種收藏，時常與周夢坡、鮑少筠等人交流議論，應於此對唐蘭有所啟發。筆者以為，金蓉鏡對金石、方志、目錄等學問，有許多並非以完整、具系統或理論性的著作呈現，故其學問脈絡可能因此較為不顯。除詩學外，沈曾植亦善書法，金蓉鏡稱「先生書早精帖學，得筆於包安吳，壯嗜張廉卿，嘗欲著文以明其書法之源流正變，及得力之由。其後由帖入碑，熔南北書流為一冶，錯綜變化，以發其胸中之奇，幾忘紙筆，心行而已。」〔註29〕包安吳，即包世臣（1775～1855），官知縣；張廉卿，即張裕釗（1823～1894），任書院山長，二人皆為清代學者，工書法，且包世臣「詳論古人書法得失，雅重北碑，自成一家之言」〔註30〕

　　沈與金書信來往會面頻繁，於文學、佛學、生活雜感等方面多有交流；或偶有出遊，如沈曾植於民國七年三月返鄉掃墓，當時同行者有吳受福（子黎）、盛沅（萍旨）、王甲榮（步雲）、金蓉鏡（甸丞）、岳廷彬（斐君）等，眾人會於南湖高士祠合照，稱「六老圖」，後返上海。〔註31〕此照可見於《笑我販書續編》〔註32〕，是金蓉鏡少數的相片之一：

圖 2-1：沈曾植、金蓉鏡等「六老圖」合影

左起：吳受福、沈曾植、盛沅、王甲榮、金蓉鏡、岳廷彬

〔註29〕嘉興博物館編：《函綿尺素：嘉興博物館館藏文物・沈曾植往來信札》（北京市：中華書局，2012 年），頁 23。

〔註30〕張撝之、沈起煒、劉德重主編：《中國歷代人名大辭典》（上海：上海古籍出版社，1999 年），頁 453。

〔註31〕許全勝：《沈曾植年譜長編》（上海：華東師範大學古籍研究所博士論文，2004年），頁 450。

〔註32〕范笑我：《笑我販書續編》，頁 86。

　　清王朝覆亡後，遺民懷念前代的表現形式，其一就是編纂史書。而沈曾植被延聘為《浙江通志》的總纂修，金蓉鏡亦於纂修之列。該書始末，見《稀見地方志提要》《續修浙江通志稿不分卷》：

> 近人沈曾植纂。……此志創修於民國三年春，浙江通志局成立，延曾植為總纂，朱祖謀、吳慶坻、張爾田、陶葆廉、金蓉鏡、章梫、葉爾愷、朱福清、王國維、劉承乾等十餘人為纂修。記載自乾隆元年止於宣統三年；以雍正《浙江通志》原有類目外，增《大事記》編年體《大事纂》紀事本末體《遺民傳》三類。

> 不久局裁，編纂停頓，僅成初稿二百六十冊。此稿今分散於各地，調查所知，上海圖書館藏二十三冊，為《文苑傳》、《藝術傳》、《選舉》、《職官》、《金石》、《古跡》、《經籍》等門。上海師範學院圖書館藏十二冊，為《寺觀》《祠祀》《陵墓》三門。嘉興市圖書館藏二十一冊，為《城池》、《關梁》、《田賦》、《水利》、《蠲恤》、《積貯》、《錢法》、《海防》等門。餘二百四冊，均藏於浙江圖書館。此外如顧家相撰《浙江通志·厘金門稿》三卷，已於民國八年付印；又家相與朱祖謀預修《浙江通志·湖州人物傳稿》，現存浙江圖書館，上海圖書館藏有《續修浙江通志採訪稿》，疑皆此志之散稿也。〔註33〕

　　《續修浙江通志稿不分卷》係從雍正《浙江通志》續纂而來，故名「續修」，而其中的「遺民傳」，便是上述懷念前朝意志的具體化。然而續修不斷延期，書未告成，通志局最後遭到裁撤，故該通志實質上是一本未完成的著作，僅有各縣分纂稿分藏於浙江圖書館、嘉興市圖書館、上海圖書館，上海師範學院圖書館等。〔註34〕然而此次纂修，啟發了之後各縣自行纂修縣志的想法，其中不乏有《平陽縣志》、《定海縣志》等較為精良的縣志，所以此次通志局之事，可說其歷史意義在於啟蒙，而非成書。〔註35〕

〔註33〕陳光貽：《稀見地方志提要》（濟南：齊魯書社，1987年），頁424～425。

〔註34〕有佚名纂：《續修浙江通志採訪稿：金華縣》，收於《著名圖書館藏稀見方志叢刊系列·浙江圖書館藏稀見方志叢刊》第39冊（北京：國家圖書館出版社，2011年）；佚名輯：《續修浙江通志徵訪冊稿（麗水縣）不分卷》，收於《著名圖書館藏稀見方志叢刊系列·上海圖書館藏稀見方志叢刊》第113冊（北京：國家圖書館出版社，2011年）等數種。唯筆者所見，均無金蓉鏡所主筆者。

〔註35〕此修志事，可參舒碧瑜：《民國浙江縣志編纂探略》（杭州：杭州師範大學專門史專業碩士論文，2018年），頁6～7。

二、葉德輝

　　除沈曾植外，金蓉鏡與著名藏書家葉德輝的互動也頗值得注意，其一是葉德輝重刊《三教源流搜神大全七卷》之經過，〈重刊繪圖三教源流搜神大全序〉云：

> 襄閱毛晉汲古閣《宋元祕本書目》子部類載有元板《畫像搜神廣記前後集》二本云。……展轉散佚近三百年，其書有無傳本不可得而知也。己丑過夏都門，忽從廠肆見之，圖極精神，字體塙為元時舊刻，以議值未就。越日遂不可踪跡，悵恨久之。……乙巳與秀水金閻伯太守蓉鏡訂交長沙文酒，……太守為余言：昔官京曹時亦曾見之于廠肆，後知為上海姚子梁觀察文棟購去。〔註36〕

　　葉德輝與金蓉鏡先後於琉璃廠見到元版《畫像搜神廣記前後集》，雖金蓉鏡知其為姚子梁購去，但事後詢問仍下落不明。後葉德輝得知繆荃孫藏有《三教源流搜神大全七卷》，係與《畫像搜神廣記前後集》同書異名，僅增明刻所錄洪武以下封號，故據繆荃孫藏本重鈔校勘發行。其二，金蓉鏡七世祖金德瑛撰有《觀劇絕句》，流傳數手，後「傳至其七世孫金蓉鏡，遍征題詠，得諸家和詩、題詞。」最後由葉德輝整理，於光緒三十四年刊刻為三卷發行。〔註37〕其三，臺灣國家圖書館藏有《奉天錄四卷》抄本，先後經祁寯藻（1793～1866）、金蓉鏡、葉德輝收藏，葉德輝跋云係由金蓉鏡所贈，詳後文。自此三端，可見金蓉鏡對文獻學材料的關注，及與專家的互動都十分頻繁。〔註38〕

　　除了葉德輝外，金蓉鏡不少其他與士人互動的性質與文獻學密切相關，大至《文瀾閣四庫全書》的補鈔、小至珍稀版本的經眼與流通，皆有金蓉鏡參與在內。其一，清代末期丁氏兄弟為鈔補《文瀾閣四庫全書》，延請學者士紳助其事，金蓉鏡雖未參與其中，但也撰〈題《文瀾閣缺圖》〉一文，讚頌此一學術盛事。其二，金蓉鏡在遊滬時，於蔣汝藻家中見到《萬曆秀水縣志》，當時此書已經無見傳本，便「亟借歸鈔存副本」，並核參《康熙秀水縣志》與新、

〔註36〕宋・不著撰人：《三教源流搜神大全七卷》，收入《叢書集成續編》第 46 冊（臺北：新文豐，1989 年），頁 3。

〔註37〕曹虹、蔣寅、張宏生主編：《清代文學研究集刊》第四輯（北京：人民文學出版社，2008 年）。

〔註38〕民國元年葉德輝丁父憂，訃告曾致金蓉鏡，金蓉鏡為此有挽詩。從中可見葉德輝與金蓉鏡的交情，唯此事與文獻學較無涉，故附註於此。見葉德輝；王逸明主編：《葉德輝集》第 1 冊（北京：學苑出版社，2007 年），頁前 050。

舊《唐書》，於民國年間發行鉛印本（詳見下節）。其三，民國己巳（十八）年，金蓉鏡欲刻《禾郡叢書》，故徵書於予張宗祥（1882～1965），張宗祥時欲徵集王仲瞿（1760～1817）遺書刊行之，卻僅得《蕭齋圖》一書。張宗祥便以王仲瞿《蕭齋圖》及《高氏忠節錄》兩種于金蓉鏡，然事未竟，金蓉鏡便已辭世。期四，金蓉鏡晚年宿周夢坡家中，互相考訂文字。〈事略〉云：「吳興周君夢坡鳳重君，招君考訂金石，商榷文字。」周夢坡後完成《夢坡室獲古叢編》，金蓉鏡於丁卯（1927）年十月撰有序文〈夢坡室金文序〉，稱許周夢坡金石學的成就。

三、王國維

　　金蓉鏡在政治學的觀點，除了關注、參與地方事務外，其與王國維（1877～1927）的書札也是值得關注的一面。金、王都是沈曾植的後學，在詩學上，沈的詩「不僅影響的金蓉鏡，也影響到其後學王國維、馬一浮，乃至胡先驌、王蘧常等人」〔註39〕；又在浙江通志局事中，曾都是續志的纂修者之一，所以可以確定金、王是同門關係。雖彼此為同門，金蓉鏡卻在政治立場上想積極尋求王國維的認同，金蓉鏡有致王國維尺牘二通，其一旨在請求評議自身著作：

> 靜安先生閣下：
> 昨從禾來，攜舊集四本呈政，請評議之。此十餘年前作也。詩文無可觀，內惟〈時務〉二篇、〈太極圖說〉二篇，於學術治亂之故，頗能言之，《衍極》一種，略有攷證耳。漢時胡種蕩盡，於蒙古至今不復能辨為某種之後，先生能考定乎？〈潛堂〉十六篇是緣湯海秋《浮邱子》而作也。《痰氣集》皆以文牘詆新政，與台司抗議，略見風采，惜無人領悟，以至於亡，此則不疚於國、不疚於民者也。訖今尚有面目見新學諸人也。另卷還請
> 鴻筆題詞為幸。此請　撰安　弟　金蓉鏡頓首〔註40〕

　　從此通尺牘可以知道諸多訊息：其一，可以增補著錄金蓉鏡曾撰述過的單

〔註39〕胡迎建：《民國舊體詩史棄》（南昌：江西人民出版社，2005年），頁60。
〔註40〕原件參國家圖書館古籍館編：《國家圖書館藏王國維往還書信集》（北京：中華書局，2017年），頁555。釋文參馬奔騰輯注：《王國維未刊來往書信集》（北京：清華大學出版社，2010年），頁219～220。唯後者釋文有句讀、釋讀錯誤，現已更正。

篇文章或成書著作，而主題多圍繞在政治議論上；與此相對，詩文創作反而不是金蓉鏡希望受到關注的途徑。其二是創作動機，是從湯著《浮邱子》而來，湯海秋，即湯鵬（1801～1844），或字梅秋，道光二年（1822）進士，除禮部主事。其著《浮邱子》，《清史稿》論其書：

> 《浮邱子》立一意為幹，一幹而分數支，支之中又有支焉，支幹相演，以遞於無窮。大抵言軍國利病，吏治要最，人事情偽，開張形勢，尋釁要眇，一篇數千言者九十餘篇，最四十餘萬言。每遇人輒曰：「能過我一閱浮邱子乎？」其自喜如此。〔註41〕

從湯鵬的創作動機，以及積極尋求政治立場認同的舉措來看，金蓉鏡此通尺牘，動機與湯無異。且直言「惜無人領悟」，希望王國維能題詞以表認同。民國十二年，王國維拜南書房行走，即將北上，金蓉鏡喜悅萬分，便有第二通尺牘云：

> 靜安仁兄大人閣下：前得脩老函，知
> 榮拜　內直，喜悅萬分。非特覘吾浙有人，亦見國勢將轉。何日北
> 行，頗擬走談。本朝高江村、王漁洋由外遷特擢，
> 公能繼之，亦職官志中一重佳話也。弟回家兩禮拜，今日到滬，先命
> 簡布賀。敬請
> 榮安。　弟金蓉鏡頓首。二十日午後。
> 子勤同年是否偕行，并此致候。〔註42〕

與前通尺牘相較，提稱語多了「大人」，結尾敬辭改為「榮安」，以及信中挪抬的現象，可知金蓉鏡對王國維此次受到拔擢，感到相當欣喜，認為是繼高士奇、王士禛之後，「職官志中一重佳話也」。高士奇（1645～1703），號江村，歷右庶子、侍講學士，官終禮部侍郎，工書法與繪畫；王士禛（1634～1711），號漁洋，順治15年進士，授揚州府推官，官終刑部尚書、資政大夫，其倡「神韻說」，並領詩壇許久。高、王二人皆擅詩文，且都曾拜南書房行走，故王國維擢同官，金蓉鏡以此二人喻而榮之。唯就筆者所見史料，王國維似乎未對金蓉鏡此二通信札作出回覆，故未知王國維對此二事之態度為何。

〔註41〕清・趙爾巽等撰，啟功等點校：《清史稿》（北京：中華書局，1976～1977年），頁13427。
〔註42〕國家圖書館古籍館編：《國家圖書館藏王國維往還書信集》，頁556。

四、其他

　　金蓉鏡除了自沈曾植得文學外，亦工書畫，如張鳴珂（1829～1908）《寒松閣談藝瑣錄》云金蓉鏡的畫作在「大癡、仲圭間」〔註43〕，時至今日，金蓉鏡的法書與繪畫仍在嘉興博物館展出。〔註44〕筆者以為，金蓉鏡之本傳除金兆蕃〈事略〉外，最常被引用的可能是張鳴珂《寒松閣談藝瑣錄》中所錄者，〔註45〕這代表金蓉鏡的諸多成就中，畫作是頗突出的一面，不時有友人如勞乃宣（1843～1921）、程頌萬（1865～1932）請金蓉鏡作畫，或是於其書畫題記。題記如程頌萬有〈題金甸丞《勘書圖》送還浙〉；作畫如勞乃宣〈乞金甸丞畫《勞山歸去來圖》〉云：

> 癸丑（1913 年）冬，應德儒尉禮賢「尊孔文社」之招，移家青島在勞
> 山麓。〈通志・氏族略〉云：勞氏其先居東海勞山，是勞山者吾家最古
> 之祖居也，此行為歸故鄉矣，因乞金君作此圖，詩以將意。〔註46〕

　　勞乃宣，同治十年（1871）進士，官吏部主事、提學江寧，精等韻學。時值辛亥革命之時，清代遺老認為清王朝即將覆亡，也代表著傳統文化終將傾頹，德國人衛禮賢（Richard Wilhelm，1873～1930）因崇尚中國儒家思想，故拜遺老之一的勞乃宣為師。這個維護、實踐「孔學」的具體形式，其一就是成立「尊孔文社」進而促成了中、德人民的交流，其二是在尊孔文社成立後，尉禮賢拜師勞乃宣，而勞建議尉翻譯《易經》，然而就在翻譯完成之際，勞乃宣就已去世。〔註47〕從時代背景推論，勞乃宣應當十分重視當時尊孔文社的徵

〔註43〕黃公望（1269～1354），字子久，號大癡；吳鎮（1280～1354），字仲圭，號梅花道人。均元時浙江一帶畫家。王德毅、李榮村、潘柏澄等編：《元人傳記資料索引》（臺北：新文豐出版社，1979～1982 年），頁 1483、383。

〔註44〕http://www.jiaxingmuseum.com/content/2017-03/23/content_2635307.htm

〔註45〕《清代傳記叢刊》中有金蓉鏡本傳二種，皆屬藝林類，其一即出《談藝瑣錄》，其二出《清代畫史增編》，實出《談藝瑣錄》，故張鳴珂之本傳對金蓉鏡評價與認識影響頗大。清・張鳴珂：《寒松閣談藝瑣錄》，《清代傳記叢刊：藝林類》第 10 冊（臺北：明文書局，1985 年），頁 172。盛叔清輯：《清代畫史增編》，《清代傳記叢刊：藝林類》第 13 冊（臺北：明文書局，1985 年），頁 484。

〔註46〕清・勞乃宣撰，桐鄉盧氏校刻：《桐鄉勞先生（乃宣）遺稿》（新北：文海，1969 年），頁 589。其中「尉禮賢」者，現代習作「衛禮賢」，《遺稿》「衛」作「尉」，特此說明。

〔註47〕此段尊孔文社與翻譯易經一事，可參沈信甫：〈論民初「尊孔文社」的成立——以衛禮賢和勞乃宣的互動關係為中心〉，《中國學術年刊》第 40 期（2018 年 3 月），頁 107～130。

召；而這樣重要的活動，勞乃宣是請金蓉鏡作畫題之，應足見金蓉鏡繪畫造詣之高。

除了師事他人、受邀作畫之外，金蓉鏡也曾為他人師與教授繪畫。錢錦孫（1878～？），浙江嘉興人，光緒癸卯（二十九，1903 年）恩科舉人，金蓉鏡為其三十一位受業師中第八位。〔註48〕又吳藕汀（1913～2005），浙江嘉興人，擅繪畫，著有《近三百年嘉興印畫人名錄》，引鄭逸梅《藝林散葉》論金蓉鏡與陳曾壽、夏敬觀、宣古愚為「近代四大文人畫」。吳藕汀在民國十六年後因故輟學，先後於繪畫方面得到金蓉鏡、陳澹如（1884～1953）等人的指導。〔註49〕吳在 1973 年致信友人時，陳述自己的生命中「十五至二十五是繪畫」〔註50〕，是故金蓉鏡的繪畫造詣，應當也占了吳藕汀生命中重要的一部份。

綜合上述，金蓉鏡的師友交流對象，不乏沈曾植、葉德輝、王國維等一代大儒，面向涵蓋廣泛，於詩學、方志學、金石學、文獻學、繪畫等文人才學無一不涉，且金蓉鏡本身的才學不僅足以與他人交流意見，甚而也為他人師，以及他人向金蓉鏡請教、賜畫等情況。雖錢仲聯的批評頗為尖銳，但筆者以為金蓉鏡本身若無一定才學，勢必無法有如此廣闊的交遊過程。而金蓉鏡與周慶雲的交流，由於涉及更多的著述成果，故於下節敘述。

第三節　金蓉鏡之著述

本節所云「著述」，係指文字著述者，而不包含其書畫。詳細類目與內容，在其著作《潛書》卷末自述云：

> 周歷中外，當世之務略，已知其大凡，為《靖州鄉土志》、《訓俗常談》、《治平牧令格》、《潛書》、《郴州決事比》、《靖州決事比》、《潛廬文鈔》、《靖州議事會章程》、《考查民事冊》、《平議詞訟》，蓋已數十萬言。〔註51〕

〔註48〕顧廷龍主編：《清代硃卷集成》第 302 冊（臺北：成文出版社，1992 年），頁77。該頁「受業師」下云「謹以受業先後為次」，金蓉鏡為第八名。
〔註49〕吳藕汀著，吳小汀整理：《十年鴻跡》（北京：中華書局，2010 年），頁 1。
〔註50〕吳藕汀著：《藥窗詩話》（北京：中國人民大學出版社，2010 年），頁 358。
〔註51〕清·金蓉鏡撰：《潛書》，收入《四庫未收書輯刊·第捌輯》（北京：北京出版社，2000 年），頁 26。

又其從弟金兆蕃著〈從兄永順君事略〉述及部分金蓉鏡著作：

> 君所著有《郴州錄》、《靖州風土記》、《潛書》、《痰氣集》、《潛廬文鈔》、《詩鈔》、《滮湖遺老集、續集》。君出所蘊蓄，發為文章，務力申所見，往往有獨到，而詩尤特工，蒼堅深秀，能自名其家。（頁613）

從題名判斷，應至少有政書類（牧令格、決事比）、別集類與方志類（風土記、鄉土志）等類型；當然金蓉鏡的著作種類，並不僅於金兆蕃於此提及者。而就篇幅完整度而言，有完整著作、單篇文章、題跋批校三種。完整著作者，檢《中國古籍總目》，於作者「金蓉鏡」條目下所收錄者有近三十種，大略除去題名相近而卷數相異者，應至少也有近二十種。將《中國古籍總目》所收錄者與《潛書》、〈事略〉所述及者對照的話，可以發現後者所述多數有流傳至今。至於單篇文章與題跋批校的數量，可檢得者數量也不少。

詳細檢視公藏目錄的著錄狀況，會發現《中國古籍總目》並未將金蓉鏡的著述收錄完整，如《鮑少筠所藏金石文字一卷》民國影印本，藏於吉林省圖書館、吉林大學，未見錄於《中國古籍總目》。而在臺灣公藏者，著錄不全的狀況也不能避免。《臺灣公藏善本書目人名索引》著錄者僅有臺灣師大藏《隋經籍志考證》與國家圖書館（下稱「國圖」）藏《奉天錄》，皆為批校與題跋而非完整著作。未被著錄於臺灣公藏目錄者至少有三例，第一，傅斯年圖書館（以下稱「傅圖」）藏有《靖州鄉土志四卷》清光緒三十四年刻本。第二，傅圖與臺灣大學圖書館藏有《鮑少筠所藏金石文字不分卷》，前者作者題為「香嚴居士」，版本未詳；後者明錄作者為金蓉鏡，版本為宣統間石印本，比前述吉林省所藏版本都還要早。所以若要完整蒐羅金蓉鏡的著述，勢必不能仰賴單一聯合目錄。

本節將依四部分類，逐步討論金蓉鏡的著述成果。清人好刻叢書，四部均涵蓋在內，割裂論述有所窒礙難行，故另立「叢書部」，用以討論金蓉鏡著述的集結狀況及其囑託刻印叢書之事。

一、史部

金蓉鏡的著述，絕大多數是屬於史部，就《中國古籍總目》可檢得屬完整著作者，有傳記、政書、方志類三種，列表如下：

表 2-2：《中國古籍總目》所見金蓉鏡史部著作列表

類	書　名	版　本	典藏地
傳記類	《檇李高逸傳一卷》	民國五年鉛印本；民國九年鉛印本。	上海圖書館；南京圖書館。
傳記類	《光緒十五年己丑科會試硃卷一卷》	清光緒間刻本。	上海圖書館。
政書類	《靖州官紳公訂鄉社自治章程一卷》	清刻本。	中國國家圖書館。
政書類	《均賦餘議一卷雜稿一卷》	民國六年鉛印本。	浙江圖書館。
政書類	《嘉興求減浮糧書一卷》	民國三年鉛印本。	浙江圖書館。
政書類	《痰氣集》	潛廬全集本。	（略）〔註 52〕
政書類	《痰氣集一卷》	清光緒三十四年刻本；清光緒間學務處鉛印本。	中國國家圖書館、浙江中醫大學圖書館；中國國家圖書館。
政書類	《痰氣集三卷》	清光緒三十四年至宣統二年刻本。	中國國家圖書館。
方志類	《萬曆秀水縣志十卷》（校補）	民國十四年鉛印本。	中國國家圖書館、北京大學圖書館、復旦大學圖書館等。
方志類	《民國重修秀水縣志稿不分卷》	民國九年稿本。	浙江圖書館、嘉興圖書館。
方志類	《靖州鄉土志四卷首一卷》	清光緒三十四年刻本。	中國國家圖書館、北京大學圖書館、浙江圖書館等。

　　《痰氣集》同時見錄於《中國古籍總目》之史部政書類、集部別集類，而《中國古籍總目》之四部、叢書部的編纂館別皆不同，可能因此歸類有所出入。筆者未見此書，唯金蓉鏡致王國維信札自述此書內容為「以文牘誌新政」，故應屬史部政書類。本文第二章曾論金蓉鏡是當時有名的仕紳，所以行事著作往往與地方文史有關，如《檇李高逸傳》、《均賦餘議》、《嘉興求減浮糧書》等，都是金蓉鏡積極關注地方建設與利益的史料。進而集大成者，就是金蓉鏡的方

〔註 52〕　《中國古籍總目・編纂說明》云：「叢書子目合併著錄於叢書部，又各依其類著錄於四部，其版本即稱某某從書本」，此為《中國古籍總目》之別裁法。見《中國古籍總目》第 1 冊，頁 7。

志類著作。

　　金蓉鏡的方志類著作頗豐，除了《靖州鄉土志》，又有增補《萬曆秀水縣志十卷》、主編民國本《重修秀水縣志不分卷》，加上其應沈曾植師邀請同修浙江通志，是《浙江通志稿》的共同責任者之一。事實上，金蓉鏡對方志著作觀點發展得相當早，見《萬曆秀水縣志十卷》金蓉鏡跋云：

> 萬曆秀水縣志十卷，黃葵陽先生撰，久無傳本，癸酉（同治十二年，1873 年）、辛亥（宣統三年，1911 年）間遊滬，見於蔣氏（按：即蔣如藻）樂地庵中，亟借歸鈔存副本。瀏覽其書，凡有數善：
>
> 一紀田賦，備載明制，三辨欺目，細數較他志為詳。
>
> 二紀鄉圩，必詳述田畝分數、水道源委，為經野之要。
>
> 三述風俗甄善，而不諱惡。
>
> 四敘人物，必按今地所在。
>
> 五紀其先人，仿元好問《中州集》例引墓志，不自為傳，尤見矜慎，信為實錄也。惜原書闕數十番，據新舊唐書、《康熙秀水任志》補之，俾成完帙。因約同人醵資，重付排印，使考縣故者有所資焉。今續脩縣志將竣，倘能合刊尤善，姑志其緣起於此。
>
> 民國十四年乙丑六月，里後學香嚴金蓉鏡跋。〔註53〕

　　蔣如藻之藏書，後由王國維編成《傳書堂藏書善本書志》，其中有「秀水縣志」一條：

> 明刊本。
>
> 明黃洪憲等修。
>
> 黃洪憲〈序〉萬曆二十四年。　　修志職官名氏　汪文璧〈後序〉
>
> 此書多闕葉，無從鈔補。〔註54〕

　　蔣如藻長居上海，王國維云「此書多闕葉，無從鈔補」，與金蓉鏡所云「原書闕數十番」狀況近似，又無其他相同題名者，故王、金所見應是同本，然金蓉鏡見同一書，卻能見其五善，並以己力增補。而《萬曆秀水縣志》之撰寫體例與內容，金蓉鏡以為《萬曆秀水縣志》相較於其他方志有五善，其中記人物

〔註53〕明・李培等修，明・黃洪憲等纂：《浙江省秀水縣志》（臺北：成文，1970），頁 681。

〔註54〕謝維揚等主編：《王國維全集》第九卷（杭州：浙江教育出版社，2009 年），頁 355。

的部份，金蓉鏡以為比起自行撰寫傳記，不如引用其墓誌銘更為謹慎。但由於
《萬曆秀水縣志》本身已是殘本，故金蓉鏡從新舊唐書與《康熙秀水縣志》等
書補為足本，是故因金蓉鏡編纂《萬曆秀水縣志》，其中有許多內容係引自康
熙秀水縣志。

　　又金蓉鏡在清王朝覆亡後編有《重修秀水縣志》，其書分疆域、建置、食
貨、經政、藝文共五志，其中以藝文志佔了絕大多數的篇幅〔註55〕。藝文志中
再分經籍、儒學、大傳、雜傳、高逸、藝術、寓賢、名宦、耆壽、孝義、方外、
殉難共十二部份。其中經籍即圖書目錄，儒學至殉難則屬於名人傳記。經籍以
經部為例，下分易、書、詩至韻書類，每類先次朝代，後列書名。書名之下有
考證亦為何種目錄所收，如為四庫所收者云「四庫著錄」，其餘另有《續文獻
通考》、朱彝尊《經義考》、各省與各縣地方志等。偶有出處特殊者，如經部易
類清代部份「陳經國《讀易傳義》」下注「陳氏家狀」，史部制誥類明代部份「陳
懿典外制十卷」下注「嘉禾徵獻錄」，可能是來自於名人行狀或傳記資料。出
處之外，又有解題說明書籍版本、內容，或是簡要的考證。如史部目錄類經籍
之屬「莊仲方《映雪婁藏書目考十卷》」，下注「寫本五冊，前有桂林呂璜、宜
興吳德旋、陽湖吳敬承三序」；「張翊清《靈雀軒書目》」下注「伊志作張雍敬，
誤。參《新勝志》。」相較於流水帳式的藝文志或經籍志，重修秀水縣志之經
籍志更具備了一定的考證功能。

　　萬曆、康熙、民國三朝秀水縣志，可以見到金蓉鏡對此三者分別是補志、
引用、撰寫的關係，《中國方志總目提要》云民國本的體例基本上依從康熙本。
以《雕龍》資料庫搜尋，可以發現民國本中命中「任志」的次數有二百餘次，
是故可知民國本引用康熙本相當頻繁。另外，「藝文經籍」方面的撰寫方式其
實是值得注意的一點。已有學位論文提出，萬曆、康熙本在撰寫經籍志的狀況，
是解說文字比例不足全文四分之一的「陽春型」，是故欲利用其二志的經籍資
料，往往幫助有限。〔註56〕然而民國本的考證文字如前段落所述，比起前二朝
本內容更為豐富，自此一端可以見到金蓉鏡對於目錄學的關注，亦表現在其撰
寫方志的方式。

　　金蓉鏡的史部著述，較屬於公共領域的成果是政書、方志類；而私人交遊

〔註55〕影印本分為六冊，藝文志佔了四冊以上。
〔註56〕王曉瑜：《明清浙江地方志藝文經籍資料研究——以型式暨體例為主》（新北：
　　　　國立臺北大學古典文獻學研究所碩士論文，2011年），頁121。

部分,則多表現在金石類。可自三處見到:其一是傅圖《鮑少筠所藏金石文字一卷》。〔註57〕其原件計32頁,時代可能是民國期間,印刷方式亦未明。此書係鮑昌熙(字少筠,生卒年不詳)家中藏金石文物拓片之集合。〔註58〕書中有多位學者之題識,如吳士鑑、周夢坡、王國維等。其中金蓉鏡之題識計有二十條左右。其題識或記其經眼鑑賞,如頁31品「北魏造像」:「殆逾千品無如是之精美者……予獲觀之……以識眼福。宣統三年歲次辛亥閏六月十一日。」或考證以補傳世文獻之不足,如頁27考「天鳳三年郭郡都尉」磚:「會稽三都尉攷輯數家皆未盡蒐,此郭郡都尉尤未有述之者,予補入續通志地理沿革中。……香嚴記。」除了金蓉鏡本身的題識之外,其與其他學者之互動,時常可見他人對金蓉鏡金石學的肯定,如頁1周慶雲題識:

> 香嚴先生出示金石脫本多精品,間有題識而無釋文,以先生博雅乃
> 審慎若此。……凡鐘鼎彝器不宜為釋文,蓋以諷籀亡傳書好古者,
> 率皆肌解,僅據尚書、毛詩之碎義,嚮壁虛造於字體,則復連比意
> 造形,至欲妄希作聖。……出鼎彝其文皆在,文數語遂為後來金石
> 家考據所藉口,甚且以齊人之贋補鄅氏之遺其弊也。……高明以為
> 何如。壬戌九月周慶雲識。

周慶雲以為金蓉鏡收集拓片卻不附釋文,是為了避免後世讀者因釋文而不認識拓片原文,是十分高明的作法。又二端:

> 金石之學,自歐、趙後,至今成為專家詮釋文字、攷訂職官年月,
> 故治經史者多取資焉。……香嚴居士出此拓本見示,間有為余未及
> 經眼者,披覽數過,使余斐然,有子勝之志。癸亥三月德謙。(頁32)

> 留拓紙數紙……選奉甸丞先生法家鑒定。(頁27)

從中可見當時許多士人十分肯定金蓉鏡在金石學方面的學識,以及收藏之豐富。其二是傅圖所公佈的金蓉鏡題跋計四種:《舊拓周壇山刻石延陵墓表》、《漢孝堂山食堂題字一冊》、《漢白石神君碑》、《阮刻吳天發神讖碑一冊》,種類皆屬史部金石類。〔註59〕期間或論書法風格,如《漢白石神君碑》題:「是碑隸勢酷似符秦《鄧艾祠銘》,整齊乏風趣」。或論學術功能,如《舊拓周壇山刻石

〔註57〕清・香嚴居士撰:《鮑少筠所藏金石文字不分卷》,(出版地不詳,出版年不詳)。
〔註58〕文物原件不一定藏於鮑宅,如頁2「史頌敦蓋」有題識云「原有器,今似在滬上周湘雲家」。
〔註59〕湯蔓媛纂輯:《傅斯年圖書館善本古籍題跋輯錄》(臺北:中央研究院歷史語言研究所,2008年),頁316。

延陵墓表》題：「三代石刻禹碑、獵碣外，存此二石，雖經宋翻，允宜護惜」。
《阮刻吳天發神讖碑一冊》題：「此碑百二十一字，存東吳官號極多……皆不見
於陳承祚《志》，近人洪孟慈為《三國職官表》亦未錄，可據說以補正」。金蓉
鏡認為，金石碑帖重要的功能在於可以補充傳世文獻的不足，或糾正其錯誤。

　　其三，為周夢坡《夢坡室獲古叢編》撰〈夢坡室金文序〉。金蓉鏡長時間
寄居周夢坡家中，互相考訂文史，「數年間，盡覽所藏書畫碑版，昕夕析賞，
興至必加題識」〔註60〕，序中讚許周夢坡「雅擅六文，心通五際，繙檢藏真，
別白疑誤」。從中可知兩人交遊之深切與欣賞之真誠。又如《祀三山公碑》有
金蓉鏡題跋云：

> 劉昭《志》每郡皆置諸曹掾，……《後漢‧匈奴傳》有安集掾，王
> 恬烏垣傳有主降掾、兵馬掾，皆因事設官，為《漢志》所遺。此碑
> 將作掾常，亦貫比可援以補《漢志》之闕。光緒二十九年九月廿一
> 日。〔註61〕

劉昭《志》，即《後漢書‧郡國志》。又在《匈奴傳》中，有諸曹掾名是劉昭補
《郡國志》時所遺漏的，而金蓉鏡以為此碑的功能與《匈奴傳》相同，可以補
志之缺。從上述傅圖藏《鮑少筠所藏金石文字一卷》和另四種金石拓本，以及
〈夢坡室金文序〉，可以得知金蓉鏡對於出土文獻的核心思想，在於補充傳世
文獻，使之更為完備。

二、經、子、集部

　　經部著述者，乃是上海師範大學圖書館所藏《田間詩學》的金蓉鏡批校版，
點校者朱一清認為金蓉鏡的批校也能給讀者有所啟發，故全錄之。〔註62〕《田
間詩學》的作者，是明末清初學者錢澄之（1612～1693），字飲光，號田間，
於南明政權任禮部主事、翰林院編修。《田間詩學》是專論《詩經》的作品，
《清史稿》本傳云其書「其治詩，遵用小序首句，於名物、訓詁、山川、地理
尤詳。」而金蓉鏡對《田間詩學》的批校，筆者認為可列入經學範疇的學術成

〔註60〕清‧周慶雲藏器，鄒壽祺編次：《夢坡室獲古叢編》（香港：香港明石文化國際
　　　　出版有限公司，2004年），頁2～3。

〔註61〕中國國家圖書館：《中國國家圖書館碑帖精華》第1卷（北京：北京圖書館出
　　　　版社，2001年），頁43、48。

〔註62〕清‧錢澄之撰；朱一清校點：《田間詩學》（合肥：黃山書社，2005年），頁5
　　　　～6。

果之一。其間對於校勘、義理者皆有評語，舉例如下：

〈周南・葛覃〉小序：「則可以歸寧父母。」（錢書）

宋本作「安」。（金批於寧字下）〔註63〕

〈周南・卷耳〉小序：「而無險陂私謁之心。」（錢書）

毛《傳》作「詖」。（金批於陂字下）〔註64〕

〈召南・殷其靁〉小序：「勸以義也。」（錢書）

古本「勸」下無「以」字，末句「勸」下始有「以」字。（金批）〔註65〕

〈周南・卷耳〉：「陟彼砠矣，我馬瘏矣，我僕痡矣，云何吁矣！」

（錢書）

以意逆志，仍以朱註為近理。遵路登山不必真有其事，蓋風人之設

辭也。（金批）〔註66〕

〈召南・摽有梅〉錢註：「申培說：『女父擇婿之詩也』。」

遵申培之說，尤為敦厚近情。（金批）〔註67〕

　　筆者觀《田間詩學》點校本全書，金批比較集中在國風部分，大小雅與頌
幾乎沒有出現。國風之中的金批，有針對用字的校勘，方法上是存其異，並附
註版本來源，以「某本作某」的形式出校記。這與《隋志考證》中逕改章書原
文的做法相較，是謹慎得多。〔註68〕除了校勘以外，金蓉鏡對義理也有其立
場，如上述引文，金蓉鏡於分別於〈卷耳〉、〈摽有梅〉同意朱熹、申培之說，
認為較近理與近情。

表2-3：《中國古籍總目》所見金蓉鏡子部著作列表

類	書　名	版　本	典藏地
儒家類	《訓俗常談一卷》	潛廬全集本；清末鉛印本。	（略）〔註69〕；國家圖書館。

〔註63〕清・錢澄之撰；朱一清校點：《田間詩學》，頁8～10。
〔註64〕清・錢澄之撰；朱一清校點：《田間詩學》，頁10～13。
〔註65〕清・錢澄之撰；朱一清校點：《田間詩學》，頁46～47。
〔註66〕清・錢澄之撰；朱一清校點：《田間詩學》，頁12～13。
〔註67〕清・錢澄之撰；朱一清校點：《田間詩學》，頁49。
〔註68〕金批針對《隋志考證》的行文，往往逕改而不交代版本依據，詳見本文第四章。
〔註69〕清・趙爾巽等撰，啟功等點校：《清史稿》，頁13834。

儒家類	《訓俗常談一卷治平牧令格一卷》	清光緒三十三年鉛印本。	吉林大學圖書館。
雜家類	《潛書一卷》	潛廬全集本。	（略）
雜家類	《衍微一卷訓俗常談一卷》	潛廬全集本。	（略）
雜家類	《破邪論不分卷》	抄本。	上海圖書館。
釋家類	《淨土義證一卷》	潛廬全集本。	（略）

　　子部著述者，《潛書》有《四庫未收書輯刊》影印光緒三十四年（1908）刻本，分原道、釋性、辨命等共十七目，性質為議論雜述之作。《破邪論》，為金蓉鏡逮捕禹之謨，直到審判的實錄。其內容與版本狀況，為禹之謨孫禹堅白所述，並收於氏著《躍起作龍鳴：禹之謨》中。據氏著，《破邪論》於光緒三十四年刊行，其本扉頁題有「戊申八月潛廬校刊」字樣，係金蓉鏡自刊可確。禹之謨之學生馬頌魯曾得此書，並由禹之謨堂弟禹立亭抄成墨本，又禹堅白據禹立亭墨本再轉抄一本。而禹立亭墨本已經佚失，《禹之謨史料》所排印之依據係據禹堅白之抄本。據現代公藏目錄，上海圖書館藏有《破邪論》抄本，唯不能得知是否即禹堅白抄本；京都大學人文科學研究所藏有《破邪論》光緒三十四年潛廬校刊本，與禹堅白所述相符，但作者著錄為「闕名」，原因暫不可考。〔註70〕

表2-4：《中國古籍總目》所見金蓉鏡集部著作列表

類	書　　名	版　　本	典藏地
別集類	《潛廬文鈔二卷詩集四卷》	潛廬全集本。	（略）
別集類	《澎湖遺老集不分卷》	稿本。	嘉興圖書館。
別集類	《澎湖遺老集四卷》	民國十七年刻本。	中國國家圖書館、山西大學圖書館。
別集類	《澎湖遺老續集四卷》	民國十七年刻本；民國二十年刻本。	中國國家圖書館（十七年）；國家圖書館、中國科學院圖書館（二十年）。
別集類	《澎廬文存》	潛廬六種本。	湖南省圖書館。
別集類	《郴州集一卷》	清光緒間學務處鉛印本。	中國國家圖書館。

〔註70〕京都大學人文科學研究所編：《京都大學人文科學研究所漢籍分類目錄（坿書名人名通檢）》（京都：人文科學研究協會，1965年），頁222上。

　　集部著述者，就題名可推論的訊息有二：第一，有「遺老」二字之著述，不僅版本是民國以後，集結的時間也不會早於民國伊始。至於《郴州集》，由於金蓉鏡在光緒三十一年（1905）署郴州知州，刻印時間應晚於此年。第二，內容應當是雜文的集結，比較沒有核心的思想貫串期間。除了已集結成書的集部著作外，金蓉鏡有不少單篇文章，以碑文、報刊的形式流傳，由於內容龐雜，故統一列於集部討論。

　　金蓉鏡的單篇文章，形式上包含了碑銘、詩作、報刊投稿等。碑銘部分，有〈重修曝書亭碑銘〉、〈清封恭人晉封淑人元配陳淑人墓志銘〉、〈貧兒院碑〉等。曝書亭碑銘，嵌於潛采堂西牆內側，高 34 公分、寬 82.5 公分。曝書亭即朱彝尊（1629～1709）之宅邸，曝書亭修建多次〔註71〕，碑末作「歲在柔兆攝提格涂月」，可知在民國十五年（1926），金蓉鏡知曝書亭又重修完成，十分欣喜，便前往題之。碑論朱彝尊藏書「多至四五百卷，計八十年無日不在編摩諷誦中」，《經義考》「開張門目，搜剔幽祕，至今為紀纂校注者所稱道」，《明詩綜》「闡發東林、復社諸老，為錢謙益《歷朝詩集》所惡而不敢道者」。金蓉鏡曾批點朱彝尊《曝書亭集》，加上碑文所述，足見金蓉鏡十分推崇朱彝尊的藏書與著作。

　　金蓉鏡妻陳蘭（1858～1912）墓誌銘，出土於浙江嘉興，長 48 公分、寬 47 公分，述其家世與言行，後因辛亥兵燹卒，因蓉鏡官贈恭人，遇覃恩晉封淑人事。貧兒院碑，在浙江嘉興，拓片高 100 公分、寬 50 公分。碑云：

> 古無貧兒，授田則有養，設塾則有教。……嘉興之有貧兒院，則始於丙辰（1916）之夏，縣令袁君慶萱為之剙。……民與國皆將大有所賴，豈特慰今日之創辦之苦心乎？……以予稍知學能耐，貧屬為文。

　　龍集丁巳（1917）之歲孟春月乙丑朔二十三日……里人金蓉鏡撰。

　　雖貧兒院實非金蓉鏡所創，但從此碑以及前述其大方捐款、維護地方利益之事，可知其關注地方事務的面向。詩作與報刊部分數量難以計算，書籍著錄部分，檢柯愈春《清人詩文集總目提要》「潛廬集」云「文共百篇，多論興廢之作」、「詩凡三百二首，多涉地方見聞」〔註72〕；資料庫檢索部分，檢「全國報刊索引」、「民國佛教期刊文獻集成」資料庫可得數十篇，列表如下：

〔註71〕分別在嘉慶元年（1796）阮元重建、道光六年（1826）呂延慶重修、道光三十年（1850）朱緒曾重修、同治五年（1866）吳存義重修、宣統三年（1911）忻虞卿重修、民國十一年（1922）汪瑩重修。

〔註72〕柯愈春：《清人詩文集總目提要》中冊（北京：北京古籍出版社，2001 年），頁 1875。

表2-5：「全國報刊索引」、「民國佛教期刊文獻集成」所得金蓉鏡著述

署　名	題　名	來　源	年　度
金蓉鏡	〈書顧少逸日本新政攷後〉	《集成報》第 7 期	1897
金蓉鏡	〈鴛鴦湖無角菱哥和懷公〉	《希社叢編》第 3 期	1914
金蓉鏡	〈和作（前調）〉	《希社叢編》第 6 期	1916
金蓉鏡	〈鷓鴣天（和彊邨宮體詞）〉	《希社叢編》第 8 期	1916
金蓉鏡	〈書郡志浮糧感言〉	《尚賢堂紀事》第 7 卷第 2 期	1916
金蓉鏡	〈國粹學會緣起〉	《教育週報（杭州）》第 112 期	1916
金蓉鏡	〈學術與時務之關係〉	《教育週報（杭州）》第 116 期	1916
金蓉鏡	〈證人篇〉	《教育週報（杭州）》第 127 期	1916
金蓉鏡	〈證人篇（三續）〉	《教育週報（杭州）》第 130 期	1916
金蓉鏡	〈壽錢幹丞總理〉	《檇李》第 1 卷第 1 期	1919
金蓉鏡	〈題陳乃乾藏明萬曆三十一年湖廣鄉試題紙〉	《國學（上海）》第 1 卷第 4 期	1927
金蓉鏡	〈松厓瀺瀑〉	《國粹月刊》第 1 卷創刊號	1929
金蓉鏡	〈題金西厓刻竹拓本〉	《湖社月刊》第 31～40 期	1931
香嚴	〈寄張菊生〉	《世界佛教居士林林刊》第 33 期	1932
香嚴	〈感事〉	《世界佛教居士林林刊》第 33 期	1932
香嚴	〈寫黃山松〉	《世界佛教居士林林刊》第 33 期	1932
香嚴	〈題祝氏苕香館詩稿〉	《世界佛教居士林林刊》第 33 期	1932
香嚴	〈題貫休畫五祖授衣鉢圖〉	《世界佛教居士林林刊》第 33 期	1932
金蓉鏡	〈題陳巨來安持精舍圖〉	《招商月刊》第 2 期	1932
香嚴	〈重過棲真寺〉	《世界佛教居士林林刊》第 35 期	1933
香嚴	〈游烟霞洞〉	《世界佛教居士林林刊》第 35 期	1933
金蓉鏡	〈念奴嬌（懷馬湛翁武林）〉	《佛學半月刊》第 64 期	1933
金蓉鏡	〈募脩祥符寺啟〉	《佛學半月刊》第 100 期	1935
金蓉鏡	〈圍棋〉	《詩林雙月刊》第 1 卷第 1 期	1936
金蓉鏡	〈致楊聖遺同年書〉	《中和月刊》第 1 卷第 6 期	1940
金蓉鏡	〈浙江儒林傳總論〉	《中和月刊》第 1 卷第 6 期	1940
金蓉鏡	〈香嚴盦雜記──東南文獻鈎沈之四〉	《東南（杭州）》第 1 卷第 4 期	1943

上表先依年分、後從來源排列，清楚呈現金蓉鏡投稿報刊的過程。面向涉及頗多，政治議論如〈書郡志浮糧感言〉〔註73〕、〈證人篇〉〔註74〕；地方見聞如〈重過棲真寺〉〔註75〕；文學雜感如〈念奴嬌（懷馬湛翁武林）〉〔註76〕、〈寫黃山松〉〔註77〕等。而有部分刊行時間晚於金蓉鏡之卒年（1929），多數是信札與題詩，筆者推論，可能是受贈者所投稿，唯署名從其原作。

三、叢部

金蓉鏡的自有著作，有部分單行本集結後以叢書的形式出版，名為「潛廬全集」、「香嚴庵雜稿」等。其次，金蓉鏡及其弟金兆蕃，前者曾囑託後者收集嘉興當地人的重要著作，出版為《檇李叢書》。

（一）自著叢書

首先就《中國古籍總目》有收錄者，可得金蓉鏡集結為叢書的著作子目如下：

表 2-6：《中國古籍總目》所見金蓉鏡叢書部著作列表

類	書　名	版　本	典藏地
獨撰類	《潛廬雜記六種（潛廬六種）》： 《潛廬雜記不分卷》 《嘉禾雜事不分卷》 《上浣記不分卷》 《禾錄不分卷》 《談屑不分卷》 《潛廬文存不分卷》。	稿本	上海圖書館
獨撰類	《香嚴庵雜稿八種》： 《香嚴庵筆記不分卷》 《香嚴雜鈔不分卷》 《直廬私載一卷》	稿本	嘉興圖書館

〔註73〕清·金蓉鏡：〈書郡志浮糧感言〉，《尚賢堂紀事》第 7 卷第 2 期（1916 年），頁 28。
〔註74〕清·金蓉鏡：〈證人篇〉，《教育週報（杭州）》第 127 期（1916 年），頁 4～11。
〔註75〕清·香嚴：〈重過棲真寺〉，《世界佛教居士林林刊》第 35 期（1933 年），頁 13。
〔註76〕清·金蓉鏡：〈念奴嬌（懷馬湛翁武林）〉，《佛學半月刊》第 64 期（1933 年），頁 12。
〔註77〕清·香嚴：〈寫黃山松〉，《世界佛教居士林林刊》第 33 期（1932 年），頁 5。

	《潛廬文集一卷》 《法藏一勺錄》 《浙雅不分卷》 《書目不分卷》 《澎湖遺老集不分卷》		
獨撰類	《潛廬全集五種附一種》： 《潛廬文鈔二卷詩集四卷》 《痰氣集三卷》 《潛書一卷》 《衍微一卷》 《訓俗常談一卷》 附《淨土義證一卷》	清光緒三十四年刻本	中國國家圖書館、北京師範大學圖書館、浙江大學圖書館

　　三種叢書子目之題名均不相同，然未見內文，尚不能斷定選本標準。而《嘉興市珍貴古籍圖錄》有收《香嚴庵雜稿》之圖影，其書說明所收八種書，型制規格均不相同，鈐印有「金雙桂堂藏書」、「金蓉鏡印」等，現藏於嘉興市圖書館。〔註78〕《香嚴庵雜稿》中有圖影題名為《穆天子傳》，顧實〈穆天子傳知見書目提要〉提到有考得但「未見」金蓉鏡稿本《穆天子傳集解》六卷，可能即是為《香嚴庵雜稿》所收（詳下節）。

（二）地方叢書

　　金蓉鏡除了出版自身著述為叢書之外，也有收集當地重要著述、企圖集結為叢書出版之舉。除第二節所提到未能付梓之《禾郡叢書》外，又曾以數種書囑從弟金兆蕃付梓，名為《檇李叢書》，見張壽鏞〈四明叢書凡例〉：

> 吾浙各郡，除衢嚴處外，若丁氏（丙）之《武林往哲遺箸》、《武林掌故叢編》；孫氏（福清）之《檇李遺書》；陸氏（心源）之《湖州叢書》；劉氏（承幹）之《吳興叢書》；徐氏（友蘭）之《紹興先正遺書》；宋氏（世犖）、楊氏（晨）之《台州叢書》；胡氏（鳳丹、宗楙）之《金華叢書》及《續編》；孫氏（詒讓）之《永嘉叢書》；黃氏（羣）之《敬鄉樓叢書》。近年平湖金氏（蓉鏡、兆蕃）續刻《檇李叢書》一二集，先哲遺書盡成，叢刻吾郡闕然，寧非憾事！爰輯鄉先生著作彙刊之，顏曰《四明叢書》。〔註79〕

〔註78〕嘉興圖書館編：《嘉興市珍貴古籍圖錄》，頁278。
〔註79〕清・張壽鏞，楊家駱主編：《四明叢書》第一冊（臺北：新文豐，1988年），頁6。

　　張壽鏞（1876～1945）有感於浙江各郡，唯自處之四明地區付之闕如，故刻《四明叢書》。從其〈凡例〉可知，浙江各郡中，金蓉鏡與金兆蕃所刻之《檇李叢書》一二集時間較晚。《檇李叢書》第一集有金兆蕃題識云：

《春秋平義》十二卷　秀水俞汝言撰。

《春秋四傳糾正》一卷　秀水俞汝言撰。

《采山堂遺文》二卷　嘉興周篔撰。

《寒松閣游藝璅錄》六卷　嘉興張鳴珂撰。

己巳秋冬閒，從兄甸丞先生發議刻檇李先哲遺著，先以此四種授梓人，從兄旋下世。辛未春，校刻竟事，編為叢書第一集，相與主持並出資為助者：海鹽張君元濟菊生，桐鄉盧君學溥潤泉，平湖葛君嗣澎稚威。任校讐者：崇德沈君焜醉，愚平湖屈君熾伯剛，嘉興陶君元鑛慧斧，昌善俊人平湖張君福厚佩仁葛君昌楣詠莪，兆蕃與勘勤焉。嘉興金兆蕃謹識。〔註80〕

第二集同樣有金兆蕃題識：

《嘉禾征獻錄》五十卷，《外紀》六卷。　秀水盛楓著。

庚午春，嘉興陶君葆廉拙存，及張君菊生議此書繫七邑文獻當付刻，陶君與葛君稚威各出傳鈔本參校寫定，嘉興姚君福同慕蓮助以鉅貲，桐鄉夏君辛銘頌椒，徐君棠冠南及其弟鈞曉霞，嘉興吳君思豫立凡，平湖陸君希績紀宣盧君潤泉，張葛二君及兆蕃皆出資相助。任校讐者屈君伯剛、張君佩仁、葛君詠報也。辛未秋刻竟，以卷帙較多，編為叢書第二集。兆蕃記。

刻竟葛君雅威覆勘糾違正誤凡得一百二十餘事，如掃落葉亮哉，斯言君又為全書補目，外紀則每卷僅舉門類，改補既畢，爰始印行。時已為壬申之春。兆蕃再記。〔註81〕

　　首次題識提到己巳年由金蓉鏡囑刻四種書，而該年是 1929 年，時金蓉鏡已經七十四歲，不久金蓉鏡旋即過世，直到《檇李叢書》一集刊行的民國二十五年，金蓉鏡過世已經六年許。可以知道，金蓉鏡對於文獻的保存與流傳，除了交流善本、捐贈藏書之外，還有刻印叢書一事。而金蓉鏡所囑託的四種文獻，

〔註80〕清·金兆蕃輯：《檇李叢書（一）》，收入賈貴榮、張忱石輯：《稀見清代民國叢書五十種》第 48 冊（北京：國家圖書館出版社，2014 年），頁 501。

〔註81〕清·金兆蕃輯：《檇李叢書（二）》，收入賈貴榮、張忱石輯：《稀見清代民國叢書五十種》第 49 冊（北京：國家圖書館出版社，2014 年），頁 27。

其一正是曾評議他自己的《寒松閣游藝瑣錄》，對他而言應算是當代人的重要
著作。其餘三種中，俞汝言及周篔都是明末清初人，亦即都是明代遺民。俞汝
言的兩種著作都曾被四庫收入，但《春秋平義》似乎除四庫本外無其他傳本，
《春秋四傳糾正》除四庫本外另有道光年間《昭代叢書》本，流傳不能說是很
廣泛。《四庫全書》中，士人能便利使用的只有南方三閣，南方三閣遭兵燹後，
丁丙雖已補鈔俞氏二書，當時若不使用補鈔本，士人可能就無法很輕易的就獲
得俞氏這二種著作。周篔部分，其另一著作《采山堂詩》八卷在道光年間有刻
本，但《采山堂遺文》有刻本應是自《檇李叢書》開始的。故從版本學與文獻
利用的便利性來說，無疑是提供四庫本另一個未經官方修改過，且更為便利的
選擇。至於第二次付梓的《嘉禾征獻錄》，該書性質是當地名人傳記，金蓉鏡
在撰寫《重修秀水縣志》的時候，引用了非常多次，是故《嘉禾征獻錄》無疑
是嘉興地區重要的地方文獻，故能為《檇李叢書》所收錄。

第四節　金蓉鏡之藏書

　　此節論金蓉鏡的藏書數量、種類，及藏書在金蓉鏡過世之後的處理過程。
在藏書數量上，應至少有超過一萬五千冊，若加上生前捐贈出去的數量更不僅
如此。種類上就筆者所見，以史部為多，如《唐王居士磚塔銘》、《奉天錄四卷》
等。金蓉鏡過世後，藏書與藏所高士祠曾經歷盜賣與產權紛爭，最終入藏嘉興
圖書館。

一、藏書數量

　　金蓉鏡的藏書狀況，需要從其藏書地點、數量、目錄，以及其藏書的題跋、
批校、鈐印逐步剖析，方能知其一二。首先，藏書的地點與數量在《浙江圖書
館館刊》〈嘉興圖書館接收高士祠藏書〉、〈金蓉鏡（甸丞）遺書之歸宿〉二處
報告有很清楚的紀錄：

　　　　高士祠一所，係已故邑紳金蓉鏡作為藏書之處。金於生前，曾經聲
　　　　明該祠所存之大批書籍，悉數捐贈縣圖書館；並在滬上時親函邑人
　　　　張守義先生托為結束捐書事宜；旋是年金病故滬上，次年邑人乃組
　　　　織高士祠保管委員會，由張守義任常務委員；其他委員尚有盛子瑾、
　　　　吳劍寒、陳志羣、陸祖穀等。當時圖書館方面曾一度呈請縣府派員
　　　　接收該祠書籍，但在縣府尚未派員接收前，該祠有金朱氏住居在內，

嗣因祠產忽起糾葛，金朱氏遽以確認產權控訴於嘉典地方分院；……案業經法院三審判決，關於高士祠產權，確定為高士祠所有，由保管會接收。所有圖書，由縣立圖書館接收。故日前保管會方面及圖書館方面，均呈請縣政府授收；經縣府定一月二十九日各方會同圖書館長陸祖穀點收；計有存書十二櫥云。（一月卅一日申報，〈嘉興圖書館接收高士祠藏書〉）〔註82〕

嘉興金甸丞先生……惟積書數萬卷，而猶大公無私，輒不恤陸續捐之本邑縣立圖書館，前後不下萬卷。比其去世，槧書尚滿一樓，遺命仍屬悉贈同館，乃因其篷室無知，妄思占據瀤湖高士祠房產。……經法院三審解決後，始於本年一月杪由圖書館派員接收，曾誌本刊上期；茲聞該項遺書十二廚經點收結果，計共書：八九五部，五二三二冊，但核以甸老原有之書目，已祇剩三分之一；蓋頻年經其妾盜賣者已不少，滋可惜也。至該項書目，現正由圖書館整比籌備中云。（〈金蓉鏡（甸丞）遺書之歸宿〉）〔註83〕

從此二處報告指出，金蓉鏡建高士祠後，以該祠作為藏書之所。金蓉鏡〈刱建高士祠碑記〉曾云「官款不足，續以私財又捐助書籍圖畫若干。」並委託邑人張守義在其身故後將其藏書悉數捐贈于縣立圖書館。然而藏書之所高士祠陷入產權爭訟，經過法院審理確認產權後，嘉興圖書館才得以接收金蓉鏡之藏書。所收十二櫥之書，清點得冊數5232冊，唯以金蓉鏡原有之書目對照，祇剩三分之一。以其比例推算，金蓉鏡過世之時，藏書量應至少有一萬五千冊以上。但金蓉鏡在生前又有捐贈藏書用以建立圖書館之舉，《重修秀水縣志不分卷》〈經政志·學校〉云：

圖書館　光緒三十年，邑人金蓉鏡、陶葆霖等發起，共藏書一千九百七十八種，九千五百六十八冊。內金蓉鏡捐入九百十九種，五千零三十五冊；陶葆霖捐入三百二十七種，一千一百二十冊；募資購入五百十一種，一千六百七十六冊。此外均零星捐入。又募入經費三千元，光緒三十三年購存浙路股票，里人譚新嘉編目錄數種備查，

〔註82〕《浙江省立圖書館月刊》，收入北京圖書館古籍影印室編：《近代著名圖書館館刊薈萃三編》（北京：北京圖書館出版社，2006年），頁161。

〔註83〕《浙江省立圖書館月刊》，收入北京圖書館古籍影印室編：《近代著名圖書館館刊薈萃三編》，頁313。

暫借秀水縣高等小學堂後樓儲藏，現遷入。　　訪稿。〔註84〕

〈金蓉鏡（甸丞）遺書之歸宿〉云浙江圖書館實際所得五千餘冊，係僅原書目之三分之一。然其餘三分之二，是否包含光緒三十年金蓉鏡自主捐贈建館之書目，尚不能得知。若金蓉鏡在光緒三十年贈書過後至過世之前，曾重編其藏書目錄，則金蓉鏡之藏書，由書目所載之一萬五千冊，加上光緒年間所捐贈之五千餘冊，應至少有兩萬冊以上。

至於這一萬五千冊餘（或兩萬冊餘）書籍究竟內容為何，若有書目以資檢視，最為便利。雖《嘉興歷代進士藏書與刻書》中〈明清嘉興科舉世家藏書與刻書〉一節，提及河南師範大學藏有《潛廬書目》〔註85〕，又河南大學曾於1979 至 1984 年間易名為「河南師範大學」，或前引於河南師範大學所見書目，即今河南大學有藏。然經查《河南大學圖書館古籍普查登記目錄》，並未載有《潛廬書目》〔註86〕，又檢周少川《文獻傳承與史學研究》〈清代私藏書目知見錄〉亦不得見。〔註87〕唯經查《中國古籍總目》得《香嚴庵雜稿八種》一條，其中收錄《書目不分卷》，或許就是金蓉鏡之藏書目錄，唯筆者未能見此書目，故難以自此得知金蓉鏡藏書之實際內容。

二、藏書內容

由於書目尚不可見，則金蓉鏡的藏書線索，便得自題跋、批校、鈐印，以及金蓉鏡與友人交遊的紀錄索求。題跋類別，係所有線索中最為豐富者。在公藏原件部份，中國嘉興圖書館、南京圖書館藏有數種。臺灣於國圖藏《查東山年譜一卷》題記、《奉天錄四卷》跋。傅圖藏《唐王居士磚塔銘》、《舊拓周壇山刻石延陵墓表》、《漢孝堂山食堂題字一冊》、《漢白石神君碑》、《阮刻吳天發神讖碑一冊》共題跋五種。〔註88〕而臺灣國圖藏《奉天錄四卷》抄本一種，係金蓉鏡贈于葉德輝。其書跋二種，金蓉鏡跋云：

〔註84〕清・金蓉鏡等纂修：《民國重修秀水縣志不分卷》，頁 457～458。

〔註85〕陳心蓉、丁輝著：《嘉興歷代進士藏書與刻書》（合肥：黃山書社，2014 年）。

〔註86〕本書編委會編：《河南大學圖書館古籍普查登記目錄》（北京：國家圖書館出版社，2014 年）。

〔註87〕周少川：《文獻傳承與史學研究》（北京：北京師範大學出版社，2011 年），頁65～106。

〔註88〕作者於凡例表示若無涉版本與心得，僅記購得或閱校者不收錄，故可能有金蓉鏡題跋之古籍不僅於此。湯蔓媛纂輯：《傅斯年圖書館善本古籍題跋輯錄》（臺北：中央研究院歷史語言研究所，2008 年），頁 94～109。

此奉天錄四卷，為張石州（張穆，1805～1849）先生從永樂大典唐字韻摘錄本。甲辰秋，改官赴都，得於壽陽祁氏。按：此書新唐書採摭其說最多，哥舒曜傳、韓滉傳、陳少遊傳、朱泚傳，皆用其說，亦有新書略而舊書詳者（韓滉築石頭五城設防事，舊書全用其說）。惟牴牾之處亦或時見，如陳少遊傳「包佶以錢八百萬緡將輸京師」，此作「以財帛一百八十萬疋」。朱泚傳「泚至涇州，餘范陽卒三千，北走驛馬關」，舊書云「奔涇州才百餘騎」，此云「奔西戎至寧州官屯」稍有異同。考廣德神異錄，云朱泚奔涇州，收騎兵，才餘一二百人，及去涇州，墜馬被獲，是泚初抵涇州，諸書皆同，此獨言西戎，但略言之耳。

太平興國中，輯《廣記》五百卷，引摭唐人說部極廣，而不及奉天錄，豈宋初輯書時，偶未檢照？抑傳本未出，至歐公脩史時始見歟？乙巳攜至長沙，郋園吏部謂為善本，亟欲繡梓，爰略加校理，以諗讀是書者。秀水潛廬居士蓉鏡跋。

又葉德輝跋文云：

跋。此奉天錄四卷，為金甸丞太守所贈。余有龍萬育敷文閣校刻本，又有秦恩復石研齋刻本，其書原委已詳秦刻本序跋中，此不復贅。此為張石洲家抄本，舊為祁文端所藏，書面題字為石洲手書，中夾文端手跋一紙，名賢手蹟，一字千金，後有得此書者，幸珍襲之。

乙巳（光緒三十一年，1905）冬至，葉德輝。

壽陽祁氏，即祁寯藻（1793～1866），官至禮部尚書、東閣大學士，卒晉贈太保，諡文端，可謂葉德輝所謂「名賢」者。〔註89〕比較金、葉二跋，金蓉鏡考《奉天錄》與新、舊《唐書》二者之間的引用關係，發現對同一事件之記載於詳略異同略有出入；又考《太平廣記》所引諸書不見《奉天錄》，可能當時偶有疏漏，或未見傳本而不能定，所考多重該書內容。葉德輝可能因有金跋，對於內容則不多著墨，而是重於與自身收藏版本比較，以及夾籤、題字等物理性特徵。臺灣國家圖書館又藏有沈起《查東山年譜》一種，末頁有金蓉鏡宣統丁巳〔註90〕年手書題記。以上係公藏原件方面。私人收藏方面，在中國嘉德

〔註89〕 人名權威資料庫。http://archive.ihp.sinica.edu.tw/ttscgi/ttsquerynew?0:0:mctauac:%2835%29@NO

〔註90〕 宣統無丁巳年，最接近之丁巳年為民國六年（1917），或以此感懷清王朝之覆亡。

2010 年秋季拍賣會中，拍賣品《先太傅文恪公冊立儀注稿》，有阮元、金蓉鏡、王國維的長跋，且負責人表示由於有士人的跋文，使拍品價值更為提高。〔註91〕

　　鈐印類別，可自各圖書館之原件與圖錄得知。原件部份，傅圖藏《鮑少筠所藏金石文字不分卷》，鈐印有「闇伯」、「蓉鏡」、「香嚴」、「金蓉鏡印」等。圖錄部份，《嘉興市珍貴古籍圖錄》收錄嘉興圖書館所藏數種古籍圖像，如《留溪外傳十八卷》、《東林列傳二十四卷末二卷》、《楚辭集註八卷楚辭後語八卷楚辭辯證二卷楚辭附覽二卷》、《桐石草堂集九卷》等，鈐印有「秀水金氏雙桂堂」、「闇伯真賞」、「闇伯游藝」等。〔註92〕而《傅斯年圖書館善本古籍題跋輯錄》收錄四種金蓉鏡題跋後均有鈐印，有「潛廬校理」、「闇伯游藝」等。又《碑帖鑒藏》專篇收錄金蓉鏡鈐印六種：「鏡」、「闇伯（陰文）」、「闇伯（陽文）」、「蓉鏡」、「闇伯七十後所作」、「金蓉鏡鉢」。〔註93〕

　　批校類別，除臺灣師大所藏《隋經籍志考證》外，中國又藏有錢澄之《田間詩學》、朱彝尊《詞綜》，均係金蓉鏡批校本。《田間詩學》已點校出版，且點校者云金蓉鏡之批校「時有一得之見」。而《詞綜》係金蓉鏡所捐贈，現藏於嘉興市圖書館。交遊紀錄類別，金兆蕃〈事略〉云金蓉鏡「君居恆惓惓故國，值大昏，出所藏《綿津山人詩集》初校本三卷，為漁洋、竹垞、青門三先生所審定，鬻得數百金，佐嘉禮。」金蓉鏡值清王朝四代更替，又見證清王朝覆亡，被迫成為清遺民之一；在見證長達千年的帝制覆亡時，清遺民的反應形式非常多種，除前文提到拷訊革命黨人禹之謨之外，在溥儀婚禮時，甚至以其珍藏《綿津山人詩集》初校本三卷籌金以為贈禮。以金蓉鏡崇拜朱彝尊的情況，應是十分珍視此書。前文述及金蓉鏡六世祖金德瑛《觀劇絕句》，自然亦曾為其所藏。

〔註91〕此拍品為明萬曆二十九年（1601）稿本，拍賣負責人於 2018 年回憶：「此件拍品原出於 2007 年……估價 50000～70000 元。……朱國祚（1559～1624）……的書法影響和地位完全可以忽略不計。由於其中有十幾位在後世極有地位的學者題跋，包括阮元、馮登府、張廷濟、李嘉瑞、金蓉鏡、王國維等十餘人，最後成交 403,200 元。雖是底價的八倍，也只能說賣了題跋的錢，其中的朱國祚的文稿可以說是白送。」後此拍品於 2010 嘉德秋季拍賣會中，改成展現其歷史而非書法價值，故成交價提高到 2,128,000 元。見拓曉堂：《嘉德親歷：古籍拍賣風雲錄》（上海：上海世紀出版集團上海書畫出版社，2018 年），頁 48～49。

〔註92〕嘉興圖書館編：《嘉興市珍貴古籍圖錄》。

〔註93〕趙海明：《碑帖鑒藏》（天津：天津古籍出版社，2009 年），頁 266。原書誤釋「金蓉鏡鉢」印為「金蓉鏡鈺」。「鉢」係「墨」之異體字。

又顧實《穆天子傳西征講述》附錄〈穆天子傳知見書目提要〉考得有金蓉鏡稿本《穆天子傳集解》六卷，雖云「未見」，而《嘉興市珍貴古籍圖錄》所收《香嚴庵雜稿》的圖影，有題名為《穆天子傳》者，或許即是顧實所未能見者。金蓉鏡又刊有《樓霞郝先生補注穆天子傳》，保存了一部份的金批與釋語，可參。剩餘交遊類別之零碎藏書紀錄，臚列如下：

表2-7：金蓉鏡交遊所見藏品舉隅

藏書或藏品	內　容
〈池陽令張君殘碑〉	此碑諸家考釋詳備，尤以文石觀察所辨為確。惟《張既傳》小子翁歸爵關內侯，子緝嗣西鄉侯，緝乃無兄；既世單家，又無昆弟，可以附證或翁歸即其兄，然先已封侯，與所敘官閥亦不合意。史文有奪誤歟？其云復換征羌者，由斥彰移征羌長耳，所以云「崇保障之治」也。……秀水金蓉鏡校注。鈐「鏡」印。〔註94〕
《陶朗先中丞遺集》	初七日……又得金甸丞同年書贈《陶朗先中丞遺集》一冊，中丞，明萬歷丁未進士，登萊巡撫，為魏璫所陷，斃於獄。秀水人，吳江籍，亦吾鄉先哲也。喜作一函謝之。〔註95〕
《審定明拓本》	宜都楊守敬《審定明拓本》題記。此外尚有一簽題曰「寇君碑」下鈐「古董周氏」一印。冊後有李葆恂、張祖翼、金蓉鏡等人題記八則。〔註96〕

第五節　小結

　　金蓉鏡畢生的成就在各方面差異頗大。在政治經濟方面，雖本身進士第，但其一生所歷官秩——主事、知州等，地位都不高，導致在政治上的建樹並不宏偉，主要的貢獻，在於民國前後皆對於減收賦稅、疏濬水利有不少議論與投書，〈田賦議〉一文被收入《清續文獻通考》中，即是維護地方利益的政治理念受到肯定的痕跡；然而在殘殺革命黨人禹之謨後，可說是幾乎自斷其政治生涯。在文學書畫方面，雖錢仲聯表示得清末大儒沈曾植文學之傳者唯金蓉鏡一人，但對其文學成就仍採取不置可否的態度。且同儕間比起書畫，較少有稱讚

〔註94〕張忠煒：〈芝加哥菲爾德博物館藏秦漢碑拓七種題跋輯錄〉，《國學學刊》2013年第2期（2013年6月），頁67。

〔註95〕清・葉昌熾（1849～1917）撰：《緣督廬日記抄》（上海：上海古籍出版社，2002年），卷八，頁22。

〔註96〕清・方若著，王壯弘增補：《增補校碑隨筆》（臺北：新文豐，1986年），頁232。

其文學造詣的紀錄。書畫方面，金蓉鏡的交友圈內有不少邀其作畫的紀錄，且張鳴珂替其傳記云畫作在大癡、仲圭間，又吳藕汀少時在書畫方面曾受金蓉鏡指導。是故可以推論比起文學，金蓉鏡在書畫藝術方面的價值更高。是故可以推論，金蓉鏡的成就比較不在於政治與文學上。

　　筆者認為，金蓉鏡的生平貢獻主要在於學術著述與藏書建館方面，前者又以方志、金石類著作為重。方志類著述的成就十分顯著，金蓉鏡自蔣汝藻家中鈔得萬曆本《秀水縣志》之後，利用康熙本《秀水縣志》補足並刊刻發行，成為現在通行的本子。又利用康熙本為材料，完成民國本《秀水縣志》，有助於研究秀水地區人文時間上的延伸。且在經籍志中，萬曆本、康熙本的注釋都流於簡略，金蓉鏡所撰之民國本注釋超越前二者不少，其目錄學之成就可見一斑。金石學著述方面，金蓉鏡與周慶雲、鮑少筠相互考訂、鑑賞金石，替周慶雲作序，在鮑少筠書中則時有見解。在版本學上，從其與葉德輝的互動可以發現金蓉鏡亦是注重版本之人，只是未有讀書志之類著作傳世。金蓉鏡藏書估計有二萬卷餘，但其管理藏書十分大方，生前便曾贈書、捐款建立圖書館，亦交代身後將藏書贈于浙江圖書館，是故其藏書史之貢獻值得一書。

　　金蓉鏡的藏書數量與種類都很豐富，但其藏書中的題記與批校，究竟有何思想與價值，少有研究著作闡述之，即便其批校《田間詩學》業已點校出版，但亦非直接研究其詩經學思想。而其所藏章宗源《隋經籍志考證》，批校之豐富，可說是兩岸藏本中首屈一指者，而除了為公藏目錄所收錄外，時至今日便未有深入研究，故下一章將以從章宗源《隋志考證》的版本源流出發，歸納金蓉鏡的批校內容，進而展現其批校思想。

第三章　金蓉鏡批校形式、內容與思想探討

　　此章目的有二：第一，釐清章宗源《隋經籍志考證》的版本系統，兼論臺灣可見的公藏版本；第二，整理金批的批校形式與內容，進而論其批校思想。章宗源《隋經籍志考證》，筆者認為可就光緒初年（1877）為界，分為之後的刊本系統，以及之前的稿鈔本系統。稿鈔本系統的部分，已有學者據各地公藏版本整理出流變狀況；而筆者試圖加入新材料，重新提出一個更完整的流傳系統。金批的內容，可分為增補與逕改二種方面，前者在於完備章書的內容，後者意在校勘章書的行文。筆者以為，金批對於章書的豐富度、正確度，都有很大的改進。

第一節　章宗源《隋經籍志考證》版本源流再探

　　金蓉鏡批校本《隋經籍志考證》（下稱《隋志考證》）係以光緒三年（1877）湖北崇文書局刻本為底本。事實上，在刻本之前已有不少稿本與鈔本流傳。筆者以為，若要研究《隋志考證》，則必須自藏書家所見、以至現今公私單位所藏版本一一釐清，劃別其從屬源流，方能續以論其狀況。為析明其源流，故以一節篇幅考述之。

一、章宗源《隋經籍志考證》的經眼狀況與版本系統

　　崇文書局刻本《隋志考證》其中一個最大的問題，就是它小類次序與《隋

書‧經籍志》不同，據李慶〈關於章宗源《隋書經籍志考證》的三個問題〉一文，應可說是獲得了解決，即是由鈔本付梓時順序錯亂導致。而據李文，又可以深入探討藏書家先後傳鈔、收藏《隋志考證》的過程。首先，目前所見的最早刊本，是湖北崇文書局在光緒元年所刻之《三十三種叢書》本，〔註1〕但在湖北崇文書局刊本以前，各藏書家曾藏有卷帙差異甚大的各種鈔本。李慶在遍覽《隋志考證》的各種鈔本、稿本後，整理出《隋志考證》版本流變如下：

1. 文選樓藏許宗彥校章氏手稿→何夢華抄本→錢儀吉抄本→錢泰吉抄本→崇文書局刊本

2. 章氏手稿→劉壽曾→孫詒讓校本（頁62）

據李慶與王重民考證，刊本中〈章宗源傳〉的作者孫星衍（1753～1818），與章宗源來往十分密切，但在章宗源死後，孫星衍能得到其手稿卻不到五分之一，絕大部分都被葉繼雯（1755～1824）所奪，其中應該也包含了《隋志考證》的手稿，否則以孫星衍後來整理出版章宗源著作的心力，不可能放過出版《隋志考證》的機會。後來《隋志考證》的手稿先後為阮元（1764～1849）、許宗彥（1768～1819）、劉壽曾（1838～1882）、丁丙（1832～1899）所藏。〔註2〕首先李慶考孫詒讓（1848～1908）鈔本云：

原稿每頁廿四行，每行廿字，卷首有「文選樓」白文長方印……「章宗源」白文方印。今藏……劉副貢壽曾處。（頁64）

丁丙《善本書室藏書志》著錄云：

隋經籍志攷證三卷　寫本　許周生藏書。

……舊藏鑑止水齋中，有「漢名臣奏事」條，附一戔：「補唐武后臣軏所引」一則，即周生筆也。〔註3〕

需要留意的是，孫詒讓在劉壽曾處見過此手稿後，自行鈔校了副本，共三冊，並逐錄了上述的原稿行款、鈐印等版本特徵，以及章宗源的跋語、許宗彥的批校。〔註4〕孫詒讓於其鈔校本首冊末錄章宗源自跋云：「甲寅除夕日，書成三卷……續成霸史、起居注二門」，甲寅除夕，即乾隆六十年的前夕，而嘉慶五年章宗源便已去世，從中可以見到《隋志考證》手稿寫作之倉促。而丁丙

〔註1〕 李慶：〈關於章宗源《隋書經籍志考證》的三個問題〉，《復旦學報（社會科學版）》1985年第6期（1985年6月），頁59～64。

〔註2〕 現藏南京圖書館。

〔註3〕 清‧丁丙輯：《善本書室藏書志》（臺北：廣文，1988年），頁647～648。

〔註4〕 現藏杭州大學圖書館。

云卷十二的「漢名臣奏事」條目中有許宗彥增補之語，是故在未能見到手稿的情況下，可以知道刊本的《隋志考證》早已不是手稿原貌。而且除了手稿本身，據錢泰吉的識語，刊本是據許宗彥藏手稿本的鈔本而來，各藏書家互相鈔寫的同時也進行了校勘增補的工作，如卷九《正流論一卷》下有「儀吉補」語。

又筆者所見《隋志考證》之讀書記，尚有朱緒曾（1805～1860）、潘景鄭（1907～2003）、李慈銘（1830～1895）、三者。朱緒曾《開有益齋讀書志》云：

> 余於孫淵如觀察文集中知會稽章孝廉宗源編輯勤苦，思求其書。……
> 有隋書經籍志考證最詳核。……余攝牧海昌，錢警石學博云：全書
> 未見，若史部考證有之。……余假鈔副本。至經子集考證，未知有
> 收藏者否。〔註5〕

朱緒曾是經過孫星衍的文集以及錢泰吉的轉述，分別得知章宗源有著作《隋志考證》及其內容，雖然沒有明言自何者抄錄，但應該可以粗略歸為自錢泰吉所抄。而潘景鄭《著硯樓書跋》云：

> 近常熟丁國鈞氏於此書，搜討尤勤，頃從書林，親丁氏所校一本，
> 其書眉行間，識語甚多，於章書誤遺，頗得是正。綜其所補，不下
> 數十事，予急假歸，破半晝之力，迻錄一過。……丁氏為繆藝風入
> 室弟子，其校讎之學，尤精密，所著晉書校證及補晉書藝文志，為
> 士林所推重。……
>
> 乙亥十一月十一日識于宋韻金篇之居。〔註6〕

丁國鈞（？～1919）師事繆荃孫（1844～1919），撰有《補晉書藝文志》，師出有名，又精於目錄校勘之學，故受士林推重，應其來有自。潘景鄭錄丁氏識語云章宗源誤將戴祚西征記、戴延之西征記、宋武北征記戴氏撰分為三書，然現行刊本有「是祚與延之本一人，祚乃其名，而以字行，隋志兩見，當係重出」等語，即便未將宋武北征記列為重出，亦已指明前二者係同一書，語意與丁國鈞所云「誤分為三」不大相符。若不考慮丁國鈞因個人疏失未查之因素，丁氏所見或許無「當係重出」等語，則此語是否是在傳鈔中所新增之校語仍然待考。另外，繆荃孫《藝風藏書記》、《藝風藏書續記》、《藝風藏書再續記》三書俱無《隋志考證》，故丁國鈞校本亦非繆荃孫有藏，其版本源流亦待考。

李慈銘所見者可能是刊本系統，《越縵堂讀書記》云：

〔註5〕清·朱緒曾撰：《開有益齋讀書志》（臺北：廣文書局，1969年），頁 177～179。
〔註6〕潘景鄭著：《著硯樓書跋》（上海：上海古籍出版社，2006年），頁 45～46。

閱章氏《隋書經籍志考證》……其經子集三部皆已亡，即史部亦不載每篇敍錄之文，而移地理、譜系、簿錄三類本居末者為第六第七第八，在舊事之前，或章氏有意改定，或稾本傳寫偶亂，皆不可知。前有錢警石〈識語〉，謂嘉慶末其從兄衍石鈔自何夢華家，今因以得傳也。其中引證極為詳博，遠非王伯厚漢藝文志考證之比，間亦列志未著錄之書，則仍王氏例也。

光緒戊寅（1878）四月十三日〔註7〕

李慈銘所述次序倒亂情況，以及前有錢泰吉識語等，都與現行刊本系統的特徵相符。且此文作於光緒三年（1877），亦晚於崇文書局始刊《隋志考證》的光緒元年（1875）。又李慈銘〈與王弢甫書〉云：

章逢之先生宗源《隋經籍志史部考證》，夏初於寶森借觀一過，惟一入湖北《叢書》中，不能拆買，幸託仲容別致一部，為感其書甚可觀也。〔註8〕

上述引文可以確知，李慈銘得知《隋志考證》一書之時，其書業已經崇文書局刊印發行，《湖北官書處書目》載有《叢書三十三種》，其中有《隋志考證》四本，分竹連紙、官堆紙二種價格。〔註9〕唯叢書不得單買一種，有幸由孫仲容（詒讓）贈與一部。孫詒讓已經見過《隋志考證》稿本並鈔校之，是否再鈔一部並贈與李慈銘暫不可考。

湖北崇文書局刊印《隋志考證》多次，光緒元年以叢書的形式發行，後來至少於三年、十三年〔註10〕、三十四年以同版印刷。在刊本系統出現後，則有排印本與點校本，前者如開明書店《二十五史補編》本，係據崇文書局光緒三年刊本排印；後者有《二十五史藝文經籍考補萃編》本，係據崇文書局光緒三年刻本、《二十五史補編》本點校。

綜上所述，筆者以為，《隋志考證》粗略能以光緒元年為分界，之前為鈔本系統，之後為刊本系統。〔註11〕而各藏書家所見，大可透過此系統略顯示其

〔註7〕 清·李慈銘撰，由雲龍輯：《越縵堂讀書記》（北京：中華書局，2006年），頁253。

〔註8〕 清·李慈銘撰：《越縵堂文集》（新北：文海出版社，1975年），頁165。

〔註9〕 北京圖書館編：《中國近代古籍出版發行史料叢刊》第三冊（北京：北京圖書館，2003年），頁662。

〔註10〕 王重民：〈清代兩大輯佚書家評傳〉，收入氏著：《中國目錄學史論叢》（北京：中華書局，1984年），頁289。

〔註11〕 這並不代表在光緒元年之後便無鈔本。

差異，只不過無論是鈔本或是刊本系統，其源頭多數可以追溯到章宗源的手稿，亦即，李慶雖然將版本沿革分為二條，各自源頭題為「文選樓藏許宗彥校章氏手稿」與「章氏手稿」，實際上是同一個本子，僅是一直易主。是故在版本沿革的呈現上，應該將自阮元至丁丙的手稿本視為共同起點，再分支出何夢華鈔本以至刊本，以及孫詒讓鈔校本二條路線：

圖 3-1：章宗源《隋經籍志考證》流傳與收藏系統

朱緒曾抄

何夢華抄→錢儀吉抄校→錢泰吉抄→崇文書局刊

章宗源手稿－許宗彥藏－阮元藏－劉壽曾藏－丁丙藏

孫詒讓鈔校

…………丁國鈞抄→潘景鄭抄

至此，筆者以為新增朱緒曾、丁丙、李慈銘等人的藏書志、讀書記資料後，能夠在李慶〈關於章宗源《隋書經籍志考證》的三個問題〉一文的基礎上，使章宗源《隋經籍志考證》的流傳與版本演進更為完善，並且顯示章書在轉手的過程中，因為抄校的關係，早已非本來面目。

二、臺灣公藏《隋經籍志考證》的版本特徵

目前在國內可經眼者，不分原件或影印本，皆是由湖北崇文書局刊刻的刊本系統，沒有上述的稿、鈔本系統。而最早的版本，是由《四庫未收書輯刊》所影印之光緒元年（1875）刊本，金蓉鏡批校者即屬此刊本系統。國內公藏單位，除臺灣師大藏本外，臺大圖書館特藏組又藏有四種版本，雖均為刊本系統，但原件特徵各有差異，紀錄如下：

表 3-1：國立臺灣大學圖書館藏章宗源《隋經籍志考證》版本列表

條碼〔註 12〕與簡稱	版本特徵
0771434～0771437 無牌記本	高 30 公分，四冊一函。函套與書本體均遭嚴重蟲蛀，狀況甚為惡劣，第四冊甚至與函套黏連，故疑此書函套疑為原裝。題簽於函套無、各冊有。外觀特徵與師大藏本較為相近。無扉頁，牌記遭撕除，經館方自行判斷為清光緒 34（1908）戊申年刻本。書根處四冊均刊「隋經籍志考證」六字，又各題「一凡四」、「二」、「三」、「四」，以便平放時檢閱。

〔註 12〕為使讀者便於調閱原件核對，故以館方管理條碼區別。

0068097～0068100 帝大本	高 28 公分，四冊一函。各冊原有封面題籤，然蟲蛀嚴重，已揭下，於第三、四冊內有之。無扉頁。牌記頁鈐「臺北帝／國大學／圖書印」，同頁下鈐「68097」〔註13〕、「昭和 4.10.20」〔註14〕館藏管理章。各冊首卷鈐「臺北帝國大學圖書」印、「滿氏橐雲樓藏」印，卷末鈐「子彭」、「洪祖年印」。〔註15〕書根手寫題「隋經籍志攷證」六字，且除各標冊數外，又有標示各冊內容，第一冊題「正史　霸史」。第二冊題「起居注」。第三冊題「譜系　簿錄　舊事　職官　儀注」。第四冊題「刑法　雜傳」。卷七頁三、四有墨筆圈點。
1486542～1486545 無函套本	高 28 公分，四冊。封面無題籤，外無函套，橘色扉頁。書根處四冊均刊「隋經籍志攷證」六字，又各題「凡四」、「二」、「三」、「四」。紙質泛黃。
1483346～1483348 三冊本	高 29 公分，三冊。封面無題籤，外無函套，橘色扉頁。卷一至卷五為第一冊，卷六至卷九為第二冊，卷十至卷十三為第三冊。書根處三冊均刊「隋經籍志攷證」六字，又各題「一凡三」、「二」、「三止」。又此書紙張較為白皙，蟲蛀痕跡甚少，為四種版本中狀況最為良好者。

　　臺大藏四種版本中，除無牌記本外，其餘三種牌記均為「光緒三年三月湖／北崇文書局開雕」，與師大藏本無異。又匡高〔註16〕、分行、魚尾、黑象鼻等版本特徵亦均與師大藏本同，是故臺、師大藏本應均屬湖北崇文書局所刊，僅刊印時所使用紙張大小、材質不同。〔註17〕而卷前的錢泰吉〈題識〉、孫星衍〈章宗源傳〉次序有所不同，除帝大本為〈章宗源傳〉在前、〈題識〉在後，其餘版本與師大藏本，均為〈題識〉在前、〈章宗源傳〉在後，或疑為裝訂時錯頁所致。值得注意的是書根題字，僅帝大本的題字是手寫，且標示各冊內容，其餘則為刊印且無各冊內容。又三冊本標示為「一凡三」，亦即三冊裝訂並非錯簡，而是刊印時有意為之。需要留意的是，臺大館方管理此四種版本時，將帝大本與無函套本歸為同一個書目資料之下，雖此二種版本牌記相同，代表是崇文書局同時印刷的版本，但帝大本有「滿氏橐雲樓藏」等藏書印，以及帝國大學的管理印記，而這是無函套本所無，應當列為不同版本為佳，或於稽核項著錄印記特徵，以便研究者發掘資料或深入利用。

〔註13〕首冊之數字為 68097，末冊之數字為 68100。
〔註14〕即 1929 年。此據末冊得知，首冊此處蟲蛀無法辨識。
〔註15〕洪祖年，未知何許人也。
〔註16〕匡均高 19.3 公分，半廣 14.8 公分。
〔註17〕《湖北官書處書目》載《隋志考證》有分竹連紙、官堆紙二種。

第二節　金批本《隋經籍志考證》的版本特徵與批校形式

筆者於上節將章宗源《隋經籍志考證》的版本系統重新梳理，得到比李慶更為完整的結果。此節將探討重點回到臺灣師大藏本《隋經籍志考證》本身（以下稱「金批本」），首先探究金批本的版本特徵，以及修補、鈐印的特殊狀況。其次對金批的形式：位置與墨色，作出初步的說明，以利下節探討金批的具體內容。

一、臺灣師大館藏《隋經籍志考證》版本特徵

金蓉鏡批校本《隋經籍志考證》，現藏於國立臺灣師範大學圖書館。書凡四冊，高 30，廣 17.5，匡高 19.4，半廣 14.8。書根有凡四、一、二、三、四手寫標明冊數。封面無題簽。牌記為「光緒三年三月湖／北崇文書局開雕」，是屬於現今較為通行的刻本系統。其中亦有少許蟲蛀與破損的部分，已透過褚皮紙修補。楊時榮〈圖書維護學．中國古籍的修補法〉云：

> 古籍如有破洞，可找色澤質料相同或接近之紙補之，補紙需與破洞大小相同，以補紙毛邊接破洞毛邊，破洞四周如無毛邊，須用刀片刮，使洞邊起毛，再用稀漿糊水接之，兩面再以吸水紙夾之待乾。」[註18]

筆者觀察原件發現，修復並未完全遵照撕補的方式，是直接以矩形紙張襯於破洞之下補之，也有部分破損的地方沒有補上。而有部分破損的地方十分令人疑惑，可能是人為刻意破壞：

圖 3-2：金蓉鏡批校本《隋經籍志考證》數位典藏影像與實體書比較

〔註18〕楊時榮：《圖書維護學》（臺北：南天書局，1991 年），頁 269。

　　圖左為數位典藏之電子檔，圖右為實體書之狀況。《隋志考證》的實體共四冊，每一冊的首卷都有撕掉首行最下方原書頁的痕跡，疑似為刻意破壞鈐印。而除了第一冊外，其餘三冊遭撕除的地方已有修補。遭破壞的鈐印高1.8(cm)、寬1.1(cm)。師大圖書館過去曾接收一批東北大學藏的古籍善本，但查閱目錄可知金批本並非當初所寄存的古籍之一。

　　章書總計十三章，仔細檢查可以推斷，金批本原先每一章首行下方應該都有金蓉鏡的鈐印，現將金批本所有的鈐印臚列如下：

表3-2：國立臺灣師範大學藏金蓉鏡批校本《隋志考證》鈐印列表

冊　　數	各卷鈐印與特徵
第一冊	卷一：未見，遭撕除，據殘存外框，疑是朱文方印，未修補。 卷二：「金」，朱文圓印。 卷三：「金」，朱文圓印。 卷四：「闇伯遊藝」，朱文方印。
第二冊	卷五：未見，遭撕除，已修補。 卷六：「闇伯」，白文方印。
第三冊	卷七：未見，遭撕除，已修補。 卷八：「金」，朱文圓印。 卷九：「金」，朱文圓印。 卷十：「金伯子」，右白左朱，方印。 卷十一：「金」，朱文圓印。
第四冊	卷十二：未見，遭撕除，已修補。 卷十三：「蓉鏡」，朱文方印。

　　就鈐印的破壞與殘存痕跡，以及藏書家的合理習慣，筆者推測如下：首先，卷一鈐印的殘存外框，其長寬與卷四的「闇伯斿埶（游藝）」長寬幾乎相等，故推測原來該印是鈐與卷四相同的「闇伯斿埶」朱文方印。

　　其次，藏書家用藏書章鈐在個別實體書的首卷是常見的做法，現代的圖書館也會在相同位置鈐上館方印章用以昭示此書的管理單位。要破壞收藏痕跡，首卷的鈐印一定是目標之一，金批本也是各冊的首卷鈐印都遭人破壞，唯第一冊不慎留下了鈐印的外框。然而兇手並未察覺金蓉鏡除了首卷之外，每卷都鈐上了藏書印，是故，兇手當初在破壞鈐印時，可能是在一個十分緊急的狀況下施行的，或是兇手本身對於藏書家的收藏習慣較為不熟悉，以為僅破壞首卷鈐

印便可消弭擁有者的痕跡，但以卷六「闇伯」、卷十三「蓉鏡」〔註19〕判斷收藏者絕非難事。

　　最後，藏書家收藏古籍，往往以有前人之印為寶，而金批本的狀況正好相反，雖金蓉鏡過世後的藏書曾遭到側室盜賣，但撕除鈐印反而減損價值，故可能非其所為，是故究竟何人所為，暫不可考。

　　在進入金蓉鏡主要的批校前，有其餘重要訊息必須揭露。首先，金蓉鏡批校《隋志考證》時，在首冊與末冊分別有題記如下：

> 逢之此書，僅輯史部一類，亦多漏落，有《隋志》本有，而輯本轉略，茲用朱筆補入；有新、舊《唐志》有，而此書亦未采入，亦為補輯存之。又從他書輯出數條，坿書眉耑。長夏無事，隨手輯錄。苦於博奕而已。癸卯（光緒二十九年，1903）閏五月闇伯記。（首冊，錢泰吉〈識語〉頁）

> 癸卯閏五月銷夏梧桐街，賃宅讀訖記此。金蓉鏡。（末冊，頁48-2）

　　從此二條題記，可以知道以下資訊：時間：金蓉鏡是在光緒二十九年時將《隋志考證》閱讀完畢，但是否在該年批校完成則不能斷定。批校動機：金蓉鏡是認為章書的補輯遺漏頗多，而判斷標準在於《隋書經籍志》、《舊唐書經籍志》、《新唐書藝文志》本有，但被《隋志考證》所遺漏，故以硃筆補入，此類批校在書中確實頗多。換言之，金蓉鏡認為《隋志》、《舊唐志》、《新唐志》是必須補輯的文獻範圍。此外，金蓉鏡又從其他文獻輯出引文，記錄在書中的天頭、地腳、行間之處。批校深度：金蓉鏡自云只是「長夏無事，隨手輯錄」，細索校語，雖仍不能避免一些漏落之處，但其中還是有不少的考證過程可以深入探究。

　　其次，金蓉鏡抄錄了前引李慈銘《越縵堂讀書記》對《隋志考證》的讀書記，並最後附註「右抄自《越縵堂讀書記》」。這可能代表金蓉鏡基本上同意李慈銘對《隋志考證》的看法，這同時也代表金蓉鏡有見到抄本系統《隋志考證》的可能性是很低的。第三，金蓉鏡在牌記頁抄錄了張鳴珂對自己的傳記：

> 《寒松閣談藝璅錄》云：
> 金甸丞蓉鏡，檜門總憲之裔，遷居禾城，遂為秀水人。由進士授工部主事，考取軍機，丁父艱旋里服闋，改直隸州，曾權湖南、郴州、知州，詩文皆淵雅，尤究心輿地之學，嘗以《水經注》參考碑版文

〔註19〕清代名「蓉鏡」者不只一位，但加上「闇伯」此一線索，判斷仍不成問題。

　　字，所題跋尾皆有根據，又喜畫山水，簡略荒率，在大癡、仲圭間。

　　除了金兆蕃〈從兄永順君事略〉之外，這段傳記資料可說是少數對金蓉鏡的官爵與專長較為具體且完整的評論〔註20〕，金蓉鏡刻意抄錄此段文字，或可說他亦同意張鳴珂對自己此種觀點的評價。

二、批校形式概述

　　翻開金批本，首先映入眼簾的就是硃、墨二色的校語，充斥著天頭、地腳、行間，在第二、第四冊的扉頁也寫上了不少校語，且若紙面不敷使用，又使用了夾籤持續補充。金批雖然未成嚴謹的篇章節系統，但這些批校形式其實也反映了金批的一些習慣與規律，這至少可以從墨色與位置兩方面來探討：

（一）墨色

　　金批使用了硃、墨二色，金蓉鏡曾自述硃筆的主要功用是「輯本轉略，茲用朱筆補入」，有部分條目在下方會以硃筆補入《隋志》、兩《唐志》的書名，大致上的規律是：若章書考證了甲、乙條目，而《隋志》在甲乙二條書名之間有其他書名的話，金批就會將中間未考證的條目補在書名下方。

　　需留意的是，硃筆的金批內容未必比墨筆的金批更為重要，時常有大量校語是硃、墨夾雜，但硃筆與墨筆校語的內容就性質、內容或獨創性，差異往往是不大的；且為數不少的考證過程、個人觀點反而是使用墨筆寫成。如卷十二刑法類頁 1-1 金批云：「此門攷訂甚疏，前摭史文補列之」。又考訂版本、佚文、作者時，常有「不著撰人」、「疑是兩書」、「疑是一書」、「是某某書原文」的判斷句，這些強烈反應個人學術立場的校語都不是使用硃筆寫成。

（二）位置

　　古籍上的空白處可以有天頭、地腳、行間等處，而不同位置的金批也大略有不同的性質，而性質差異主要據與章書行文的關係而定。行間與書名正下方的金批是與條目本身最密切相關的，這其中包含了前述的補充書名，以及對章書內文的考證，或是逕自修改，由於古籍時常有異名實則同書，或是作者以字行的狀況，古人在引用書籍時使用與《隋志》著錄完全相同的書名、卷數與作者並不常見（就金批所引用的狀況而言），是故若引文使用的書名等資訊與章書完全一致，譬如作者或書名完全相同時，就會寫在書名的正下方，或是該條

〔註20〕《清代傳記叢刊索引》中，金蓉鏡的傳記資料僅有張鳴珂此段文字一種。

目行文的結尾。若該條目行文過多而導致無空間可容納批校時，才會轉至天頭處，地腳自然是真寫不下時才採用的空間，並不常見。所以，在行間出現的校語是與條目最為相關的。

　　由於古籍的書名流傳時常有變化，金批會另外補錄近似的書名在天頭處備考，以便與鄰近的章書條目對照。如《臨海異物志》外，又增錄《臨海水土異物志》；《盧山記》外又增錄《盧山記略》等。是故天頭與地腳通常是近似的書名用以比較。最明顯的例子是卷十三頁 24-1 至 27-1 大量的人物別傳，金批在天頭處記載的多是由其他文獻出現的人物別傳，如頁 26-1 天頭處引用了《剡錄》出現的別傳近二十筆。而章書本有著錄的別傳，下方會有金批注何處有該別傳的原文，達到了和「輯佚」一樣的效果，如頁 24-1「王丞相別傳」條下注《剡錄》「羲之……導從子也」等語，因《剡錄》云出《王導別傳》，故金批引之。頁 25-1「許邁別傳」條下注《法苑珠林》有其原文云「邁少名映」，可說相關度比天頭處的金批更大。

　　至於扉頁，章書考證者並非皆出於《隋志》，時有「不著錄」之語〔註21〕，而金批將收錄範圍更為擴大，如《太平廣記》、《法苑珠林》、《水經注》、《剡錄》等書籍曾出現的書名，但章書未考證者，就會予以補錄。如第四冊末的扉頁從《法苑珠林》補錄了《京師塔寺記》、《釋老子化胡傳》、《開皇三寶錄》等古籍，顯然是金批隨手摘錄章書未錄書名。這些被補錄的書籍，也常常出現在內頁的天頭處，且往往與鄰近的章書條目相關度很低。如卷六頁 1-1 天頭處出現了《出關志》、《中山記》、《南海地記》等書名，但這些書名除了可能是地理類文獻外，與章書該頁的《山海經》、《地理風俗記》關係並不緊密。

第三節　批章書內容

　　《隋經籍志考證》中金蓉鏡的批校形式，嚴格而論，可分為「批」與「校」二部分。「批」係指書頁中空白處針對刊本內文作出的補充；「校」則是對於刊本的文字，有積極的修正動作。這個觀點見於陳先行《明清稿鈔校本鑒定》：

　　　　批校本……是指稿本、抄本或印本在流傳過程中，經藏書家與學者手書其批校的本子。……「批」，主要指對書籍內容所進行的箋論評

〔註21〕據前人統計有四百餘筆。楊璐：《章宗源《隋書經籍志考證》研究》（黑龍江：黑龍江大學圖書館學專業碩士論文，2015 年），頁 50～66。

說;「校」，則是對文字的比勘改動……有批又有校者，才稱「批校
本」。〔註22〕

「批校本」雖然「批」「校」二字連用，但陳書指出需批、校兼有，才能
稱為批校本，是古籍編目者所需要留意的。所以筆者認為應當將「批」與「校」
分別敘述，較能完整清晰地展開金批的價值。至於批校的體裁，姚名達云專科
目錄中的歷史目錄，可分為「篇目」、「書目」、「解題」三種，姚氏評高似孫《史
略》屬於第三種解題類，並說明高書有以下特質：

> 其體例龐雜，有似書目者，有似提要者，有盡鈔名文者，有移錄舊
> 事者，然其大體既近目錄，且其對象純為歷代史籍，集中有關史籍
> 之書目於一處，以備學者之研究，頗為有功。〔註23〕

又王重民說明編寫提要的方法時，認為解題之類型，可以分為「綜述」、
「傳錄」、「輯錄」三種。王氏說明輯錄體的內容是：

> 輯錄體……就是不由自己編寫，而去鈔輯序跋、史傳、筆記和有關
> 的目錄資料以起到提要的作用。這一方法……由馬端臨的《文獻通
> 考·經籍考》、朱彝尊《經義考》得到進一步發揮。

綜合姚、王的說法來看，有一種撰寫提要的方式，並非完全由自己撰寫提
要內文，而是以收集他人著作文字，斷章取義，達到提要的功能。陳仕華指出，
輯錄體肇始於經書集解式的著作，藉由收集眾家之說，達到相互補充辯證的功
能。〔註24〕而姚氏提到高書具體的作法是「有盡鈔名文者，有移錄舊事者」，
這與金批的方法可說是不謀而合。雖然金蓉鏡本身沒有明言批校時的通則，但
前文曾提到他在補輯《萬曆秀水縣志》時，認為該書有五善，其一為「紀其先
人，仿元好問《中州集》例引墓志，不自為傳，尤見矜慎，信為實錄也。」這
代表金蓉鏡比起自行撰寫提要，引用文獻是更不容易失真，而金批的實際狀況
也符合上述條件。是故筆者認定金批的體裁基調即是「輯錄體」。

一、輯錄佚文

具體而言，金批究竟涉及了哪些內容？筆者以為，至少可以分析為四個方

〔註22〕陳先行、石菲：《明清稿鈔校本鑒定》（上海：上海古籍出版社，2009 年），頁
83。
〔註23〕姚名達：《中國目錄學史》（臺北：臺灣商務印書館，1988 年），頁 367。
〔註24〕陳仕華：〈輯錄體解題形成探析〉，《淡江中文學報》第 32 期（2015 年 6 月），
頁 223～251。

面：輯錄佚文、流傳梳理、增補書目、異同辨析。輯錄佚文，係指金批以章書
著錄者為線索與基準，從文獻中收集近似的書名以及其下的行文，多數僅是謄
錄原書行文而無說明；但有部分會在原書行文中注「是某某書中文」，代表金
批有較積極地判斷此行文原屬某書。最明顯的例子，見卷四頁 9-1：

《十六國春秋》一百卷。魏崔鴻撰。（章書）

《法苑珠林》卷七十六引崔鴻《國春秋》：「《北涼錄》曰：玄始十四

年七月，西域貢吞刀嚼火祕幻奇伎。」今輯本無此條，並補錄之。

（金批）

《漢魏叢書》所收錄之《十六國春秋》，有王謨跋云：「《十六國春秋》，非
鴻全書，則在宋時已散軼久矣。……今世所傳……乃後人采《晉書》、《北史》、
《冊府元龜》、《太平御覽》等書集成之，非原書也」，故今本《十六國春秋》
實為輯本。筆者檢《十六國春秋》之四庫本與《漢魏叢書》輯本，俱無金批據
《法苑珠林》所引此條佚文，故可用於增補現有之輯本。其餘的例子，多數是
根據作者、書名、時代等線索判斷是否為該書原始行文，根據作者判斷，如卷
六頁 16-1：

《蜀記》。卷亡，李膺撰。　不著錄。（章書）

《丹鉛錄》又引李膺《笮橋贊》云：「複引一索飛絙枑閣，其名曰笮，

人懸半空，度彼絕壑。」　或是《蜀記》之文，因坿記之。（金批）

卷一頁 9-1：

《魏畧》三十八卷。魏·京兆魚豢撰。　不著錄。

《史通·題目篇》：曰「魚豢、姚察……著魏、梁二史。……牓〔註25〕

之以『畧』。」《稱謂篇》曰：「魚豢、孫盛等沒吳、蜀號謚，呼權、備

姓名。」（章書）

《宋書·天文志》引魚豢云：「五星聚冀方，而魏有天下。」當是《魏

畧》語。（金批）

《蜀記》者，章書中書名著錄為之者有二，其一作者為李膺；而金批另引
同出李膺之文，但沒有其他積極證據顯示即出《蜀記》，故附記以待考。又《魏
畧》者，章書引《史通》云魚豢作魏之史，且直呼孫權、劉備姓名，故魚豢的
政治認同應以曹魏為正統，故金批引《宋書》中魚豢語，認為魏得天下，故此
語應出《魏畧》。又如卷六頁 17-1：

〔註25〕義通「牓」。

《陳留風俗傳》三卷，圈稱撰。

《元和姓纂》：後漢末有圈稱，字幼舉，撰《陳留風俗傳》。……愚
按：《水經注》、《史記索隱》諸書所引《陳留風俗傳》皆無圈公一事。
（章書）

《漢・地理志》師古注引：「圈稱云：襄邑宋地，本承匡襄陵鄉也。」
此《陳留志》原文。（金批）

可確定者，是圈稱撰有《陳留風俗傳》。而檢《水經・渠沙水注》中，有
引《陳留志》、《陳留風俗傳》二書，皆為記一地之歷史沿革，則二書性質相近。
唯《後漢書》屢引《陳留志》，卻俱無撰名，據《隋志》、《舊唐志》，《陳留志》
應為江敞撰。又章書考《陳留風俗傳》不記圈公事，則金批引《漢書・地理志》
注引有記圈公事，則為《陳留志》所出。筆者按：《隋志》史部地理類有《陳
留風俗傳》三卷，又史部雜傳類有《陳留耆舊傳》二卷，俱為圈稱撰，則圈稱
著不僅一書。

根據書名或時代背景判斷，如卷三頁 8-1：

《南越志》八卷，沈氏撰。

《宋書・沈懷文傳》：懷文弟懷遠，撰《南越志》。《玉海》引《中興
書目》曰：沈懷遠，載三代至晉南越疆域事跡。（章書）

《馬援傳》注引「徵側起兵，都麊泠縣。及馬援討之，奔入金溪穴
中」，作《越志》，當亦沈《志》中語。（金批）

卷六頁 38-1：

《西河舊事》一卷。　不著錄。（章書）

《水經・河水注》引：「《西河舊事》曰：『蔥嶺在敦煌西八千里，其
山高大，上生蔥，故曰蔥嶺也。』」　所引繁簡稍異。章氏失引，今
為補輯。（金批）

《南越志》與《越志》者，前者明載為沈懷遠作，而後者未見有著撰人。
《南越志》之內容，為記錄南越疆域之事。《馬援傳》中所引《越志》載於麊
泠縣發生之事，地域屬南越，故以為此《越志》應亦沈《志》中語。《西河舊
事》者，章書引《後漢書・明帝紀》中有引《西河舊事》一條。唯《後漢書》
中引《西河舊事》有近十次；而云蔥嶺者，位於《章帝紀》、《班超傳》、《馬融
傳》中，引文如金批所云各稍有不同，而章書未引之，故云「今為補輯」。

上述輯錄佚文的例子，無論是根據作者、書名或是時空背景，目的都是為

了考證該佚文是否出於某書，所需要的僅是考證功能。然而金批以為，除了考證之外，引用佚文也可以使讀者預先了解該書的大概內容，以省去翻檢原書的時間，如卷二頁 2-2：

> 《魏氏春秋》二十卷，孫盛撰。（章書）

> 《宋書》引孫盛《魏氏春秋》云云，<u>詞甚華整，義亦美備，當引列其語，以省繙閱。</u>「曰：夫諡以表行，廟以存容，皆於既歿然後著焉。所以原始要終，以示百世者也。未有當年而逆制祖宗，未終而豫自尊顯。昔華樂以厚斂致譏，周人以豫凶違禮，魏之羣司，於是乎失正矣。」（金批）

值得注意的是，章書在此條中，用了大量篇幅考證《魏氏春秋》的實際作者與撰寫過程，而沒有使用《魏氏春秋》的原始行文。然而金批以為除考證之外，具藝術、教化性的行文也可以引用在條目下。當然可以主張，書既名為「考證」，則無涉者自不必煩引；但金批認為詞藻華美、義理正統者可以引列，則若讀者翻閱該目錄，可以更有效的了解該書風格與內容，可說是見解獨到。

二、流傳梳理

此類涵蓋方面廣泛，大致從撰寫動機、修訂過程、流傳狀況、他人評價、到現存版本都包含在內。筆者以為，目錄的「提要」，除了作者、書名、卷數三者之外，應該還要包含撰寫動機、流傳過程、後人評價等內容。否則，僅能作為考證的史料之用，而難以成為一項完整的書目。首先撰寫動機部分，可分為私人撰述與官方敕撰二種，私人撰述的動機如卷九頁 12-1：

> 《雲仙雜錄》引《宣武盛事》云：「戴宏正每得密友一人，則書於編簡，焚香告祖考，號為金蘭簿。」（金批）

後者可能還會涉及考證遴選作者的理由。如卷二頁 11-2：

> 《晉紀》四十五卷。　宋中散大夫徐廣撰。（章書）

> 《宋書・荀伯子傳》：「著作郎徐廣重其才學，舉伯子及王韶之並為佐郎，助撰晉史及著桓玄等傳。」　顯徐廣著書非出一手。

> 《宋書》作徐度，《考證》云當作徐廣。（金批）

這裡的晉史，是確定的書名或是泛指晉朝歷史仍待考證，但可以確定荀伯子因為才學被徐廣注意到，故舉薦助撰史書，也表示徐廣並非以一人之力撰書。這筆金批同時引用了姚振宗的《隋書經籍志考證》，表示金蓉鏡除了古籍外，也很關心當時近人的研究成果。

除了上述二者，也有介於此二者之間的狀況，起先為私人著述，後來官方注意注意到其才學，因而授官以便續書；或是因事罷官，以布衣身分撰書。前者如卷二頁8-2：

《晉陽秋》三十二卷。　訖哀帝。孫盛撰。（章書）

《王韶之傳》：「私撰《晉安帝陽秋》。既成，時人謂宜居史職，<u>即除著作佐郎，使續後事</u>，訖義熙九年。善敘事，辭論可觀，為後代佳史。」（金批）

後者於罷官後撰史如卷一頁14-2：

《晉書》八十六卷。　本九十三卷，今殘缺。晉著作郎王隱撰。

《後魏書·李彪傳》云：「近僣晉之世有佐郎王隱，為著作虞預所毀，亡官在家，晝則樵薪供爨，夜則觀文屬綴，集成《晉書》，存一代之事，司馬紹敕尚書唯給筆札而已。國之大籍，成於私家，末世之弊，乃至如此，……同王隱故事，白衣修史。」

據章書引王隱本傳，隱父有撰史之舉，唯父業未竟，而子繼其志。然而王隱之書遭到虞預剽竊，隱竟又遭誹謗而罷官，僅能依附庾亮，勉強成書。隱雖好著述，卻文辭拙劣，故書中流暢可觀者出其父，拙劣混亂者出於隱。金批所引，為李彪為修史之事向魏宣武帝上表，當時有王詳、王肅與王隱一樣以布衣身分修史，而李彪認為修國史為大事，卻成於私人之手是一大弊病，因而求復史官之職，可視為章書所引資料的延伸。

在相近的時代內，也可能有多人撰書均付同名，金批便會輯錄放在一起比較，如卷八頁6-1：

《四部書目序錄》三十九卷　殷淮撰　不著錄。（章書）

《梁書·何思澄傳》：「撰……《古今四部書目》五卷。」

《魏書·崔景融傳》：「時詔〔撰〕《四部要略》，竟無所成。」

《南齊書·蕭子良傳》：「集學士抄五經、百家，依皇覽例為《四部要略》千卷。」　是有兩□略矣。

《香廚四部目錄》四卷。　《隋大業正御書目錄》九卷。（金批）

卷九頁10-1：

《東宮典記》七十卷　左庶子宇文愷撰。（章書）

《梁書》：蕭子雲撰《東宮新記》二十卷。

　《蕭子顯傳》：撰「《普通北伐記》五卷，《貴儉傳》卅卷。」

《王僧孺傳》：尚書王晏使僧孺撰《東宮新記》。

《何思澄傳》：撰《東宮新舊記》三十卷。

《南史‧劉杳傳》：有「《東宮新舊記》三十卷」。（金批）

章書中以「四部」為開頭的書目僅《四部書目序錄》一種，故金批亦蒐羅相同條件的書名以便比較。劉杳於梁時除太學博士，與沈約、任昉有論學。是故梁朝內名「東宮某某記」之書頗多，且卷數各有不同，金批不單以章書所錄宇文愷撰者為限，博錄近似書名以便比較，也有資料彙編性質之用。

值得注意的是，在卷十二頁 1-1 金批云：「此門攷訂甚疏，前摭史文補列之。」這樣的評論可說是非常尖銳的。該卷為刑瀁（以下稱「刑法」）類，綜觀該卷金批，大抵旨在補充法律的修訂過程，與章書相較的話，過程往往更為詳細，亦即，金批認為撰寫之外，還要將修訂過程交代清楚才不致粗疏。如該卷頁 3-1：

《齊永明律》八卷　宗躬撰。　不著錄。

見〔兩〕《唐志》。《通典》曰：「齊武帝令刪定郎王植之，集注張、杜舊律，合為一書，凡千五百三十條，事未施行，其文殆滅。」《唐六典》曰：「宋及南齊律之篇目及刑名之制略同晉氏。」《南齊書‧東昏侯紀》：「永泰元年冬，詔刪省科律。」（章書）

《南齊書‧孔稚珪傳》：永明「七年，尚書刪定郎王植撰定律章……取張注七百三十一條，杜注七百九十一條。或二家兩釋，於義乃備者，又取一百七條。其注相同者，取一百三條。集為一書。凡一千五百三十二條，為二十卷。……至九年，稚珪上表云：『……使兼監臣宋躬、兼平臣王植等抄撰同異，定其去取。……律文二十卷，錄敘一卷，……凡二十一卷。」是永明兩次定律，始定於王植，繼成於稚圭。（金批）

章書引用《通典》，簡略的敘述了南齊永明年間由王植（之）〔註26〕集注了張、杜二人舊律以成新律；而金批是引用了正史中更為詳細的敘述，包含了選定的數量、取捨的理由，以及後來由稚圭續成該律法的經過，可說是比《通典》的敘述更為詳實。又該卷頁 4-2：

〔註26〕南齊永明年間王氏刪定律章一事，王氏名字頗為不一。《南齊書》、《南史》、《資治通鑑》作「王植」；《隋書》、《通典》、《通志》作「王植之」；《文獻通考‧刑考》甚至是兩者混用，則王氏其名早有流傳混用的情況。

《陳律》九卷　范泉撰。

《陳書‧高祖紀》:「永定元年,立刪定郎詔定律令。」《王沖傳》:「沖參撰律令。」《沈洙傳》:「梁代舊律,測囚之法,日一上,起自餔鼓,盡於二更。及比部郎范泉刪定律令,以舊法測立時久,非人所堪。」《通典》曰:「陳武令刪定郎范泉參定律令,又令徐陵等知其事,制律三十卷。」(章書)

《隋書‧刑法志》:「范泉參定律令。……沈欽……徐陵……宗元饒……賀朗參知其事,制律三十卷,令律四十卷。採酌前代,條流冗雜,綱目雖多,博而非要。其制唯重清議禁錮之科。……自餘篇目……一用梁法。」又主測立注。(金批)

　　章書雖此條的引用文獻較多,也自《通典》得知陳時律的責任者除范泉外,又有徐陵一人。而金批除此二人外,又自《隋書》中採擷到沈欽、宗元饒、賀朗三個責任者,且補充了修訂理由是「綱目雖多,博而非要」。雖然文獻來源不多,但對章書的考證也豐富了不少。

　　古籍成為定本之後,可能被抄寫、傳刻、收藏、轉手,也有因意外、兵燹導致沒有傳本的狀況,《隋志》中時有「梁有」之語,即屬之。其餘如以下舉例:

表3-3:金批「流傳梳理」古籍佚失狀況舉隅

卷　數	章　書	金　批
卷一頁13-2	《晉書》八十六卷。本九十三卷,今殘缺。晉著作郎王隱撰。	《晉書》:束晳著《晉書》紀、志,遇亂亡失。
卷一頁22-1	《齊紀》二十卷,沈約撰。	《陳書‧許亨傳》:初撰《齊書》并志五十卷,遇亂亡失。
卷八頁6-2	《隋大業正御書目錄》九卷。……又寫五十副本簡為三品,《隋志》序曰:上品紅琉璃軸,中品紺琉璃軸,下品漆軸,於東都觀文殿東西廂搆屋貯之。	《廣記》二百八十卷引《大業拾遺記》云:「武德四年,東都平〔後〕,觀文殿寶廚新書八千許卷將載還京師,上官魏夢煬帝大叱……陝州下書。著大船……值風覆沒,一卷無遺。」

　　古籍流傳至今,佚失者十之八九,能流傳至今實屬不易;然而雖已佚失,代表它仍曾經存在過,仍然有補輯的需要(詳見「三、增補書目」)。而卷六頁1-1有一筆金批十分特殊:

《黃圖》一卷。　記三輔宮觀、陵廟、明堂、辟雍、郊畤等事。（章
書）

周密《癸辛雜識》云：「大廟前尹氏書肆中，有彩畫《三輔黃圖》一
部，每一宮殿繪畫成圖，極精妙可喜……為衢人柴望號秋堂者得之。」
（金批）

《黃圖》與《三輔黃圖》，差異在三輔之有無，由於《黃圖》記三輔諸事，
故後人傳本可能冠以三輔二事，而成《三輔黃圖》之名。柴望（1212～1280），
字仲山，號秋堂，又號歸田，江山人，薦授史館國史編校，宋亡後不仕；而《癸
辛雜識》是宋末元初學者周密（1232～1298）的史料筆記，兩人的生存年代大
抵重疊，此段紀錄的可信度應該頗高。從中可以知道宋末元初《三輔黃圖》的
傳本有手繪形式，且精緻度很高，此亦可以與今日的傳本（章書云「今本六卷」）
互相比較。

時至金蓉鏡處身的晚清，許多文獻仍有傳本，有許多是以叢書本或輯佚本
的形式流傳，如卷四頁 3-1：

《華陽國志》十二卷。常璩撰。今存。（章書）

今有《漢魏叢書》本，王謨云翁覃溪有全本，未見。（金批）

……往時，閣學翁覃溪先生提學江右，嘗為謨言「家有《華陽國志》
全本」，惜未攜入行篋，無憑抄補。今故祇仍原本校刻。惟叢書舊編
載籍，今入別史。汝上王謨識。（〈《漢魏叢書》江西本《華陽國志》
王謨跋〉）

筆者以為，金蓉鏡既知此書有《漢魏叢書》本，故王謨〈跋〉亦應得見。
唯金批鈔錄此文卻未列來源，稍有不察可能會以為是金蓉鏡的原創研究成果。
又其他相同性質的金批列舉如下：

表 3-4：金批「流傳梳理」古籍現有版本舉隅

卷　　數	章　　書	金　　批
卷六 頁 35-1	《三秦記》卷亡，辛氏撰。　不著錄。	武威張澍有輯本。
卷七 頁 1-1	《世本》四卷。宋衷撰。	近陽湖洪齮孫輯《世本》。

卷十三 頁 39-2	《高僧傳》十四卷。僧惠皎撰。見《大藏目錄》。	今《海山仙館叢書》〔註27〕有其書。
卷十三 頁 39-2	《續高僧傳》三十二卷。僧道宗撰。不著錄。見《新唐志》。《舊唐志》：三十卷，作道宣。《大藏目錄》亦作道宣。	道宣《續高僧傳》四十卷，宋刊本，見《訪書志》，然《〔舊〕唐志》少十卷。
卷十三 頁 43-1	《述異記》十卷。	任昉《述異記》二卷刊入商氏《稗海》。
卷十三 頁 46-2	《詳瑞記》十卷。	今長沙葉德輝輯《瑞應圖記》佚文，多至一百四十餘事。〔註28〕
卷十三 頁 47-2	《周氏冥通記》一卷。	《宋秘省續編四庫闕書目》作四卷，《崇文目》作《冥通錄》三卷。今汲古閣刊四卷。

　　《三秦記》者，張澍（1781～1847），字介侯，嘉慶四年進士，選庶吉士，館散後改知縣，其輯《三秦記》，傅圖藏有清道光元（1821）年武威張氏二酉堂刊本，收於《二酉堂叢書》中。《世本》者，洪齮孫為洪亮吉（1746～1809）子，唯洪齮孫無有輯《世本》，亮吉另有子洪飴孫（1773～1816），其有輯《世本》，「被秦嘉謨容納在《世本輯補》中」〔註29〕。《高僧傳》、《續高僧傳》者，《日本訪書志》有記載，行文似金批，疑金批引《日本訪書志》而未注來源。《瑞應圖記》者，有清光緒壬寅（二十八，1902）年長沙葉氏刊本，收於《觀古堂所著書》、《郋園先生全書》中。《周氏冥通記》者，國圖藏有明崇禎庚午（三年，1630）虞山毛氏汲古閣刊本。上述諸叢書，均現代人所能及，則隋志、章書所錄諸書，何者今日仍可得見，觀金批之流傳梳理，可知一二。

三、增補書目

　　金批習於自諸多文獻，就該卷類別補充章書未著錄的文獻，從關係最緊密的《隋志》、兩《唐志》，到史部的其他正史、地理、筆記類著作，直至另外三部文獻都在引用範圍之內。多數情況僅作「某人撰某書」，舉例如下：

〔註27〕清・潘仕成輯，傅圖藏有清道光、咸豐間（1821～1861）番禺潘氏刊本。
〔註28〕同頁天頭處又有一金批云「《瑞應圖》，葉煥彬有輯本。」應屬同事。
〔註29〕漢・宋衷注，清・秦嘉謨等輯：《世本八種》（上海：商務印書館，1957年），頁 3。

表 3-5：金批「增補書目」「某人撰某書」例舉隅

頁　　數	章　　書	金　　批
卷一 頁 1-1	《史記》一百三十卷。……《史記章隱》五卷。不著錄。	張昶著《龍山史記注》。
卷三 頁 3-2	《春秋後傳》三十一卷　晉著作郎樂資撰。	《楊終傳》：終「著〈春秋外傳〉十二篇，改定章句十五萬言」。
卷六 頁 11-2	《徐地錄》一卷　劉芳撰。	《後魏書·劉芳傳》：撰「《徐州人地錄》二十卷」。
卷七 頁 10-2	《顧氏譜》卷亡　不著錄。	《陳書·顧野王傳》：「著……《顧氏譜傳》十卷。」
卷十 頁 1-2	《漢官儀》十卷　應劭撰。	《魏志·應瑒傳》注引：劭又著《中漢輯敘》、《漢官儀》及《禮儀故事》凡十一種百卅六卷。
卷十一 頁 6-1	《皇典》二十卷　梁豫章太守邱仲孚撰。	邱仲孚撰《南宮故事》百卷、《尚書具事雜儀》。
卷十二 頁 8-2	《律略論》五卷　應劭撰，梁有隋亡。	《魏志·劉劭傳》：著《律略論》，又有〈說略〉一篇。
卷十三 頁 46-2	《嘉瑞記》三卷……《符瑞記》十卷。	《南齊書·祥瑞志》云：「黃門郎蘇侃撰《聖皇瑞應記》，永明中庾溫撰《瑞應圖》。」

　　上述的狀況，有根據作者增補其餘著作者，如應劭除《漢官儀》外，又有《禮儀故事》、《律略論》等。有根據類似書名增補近似性質著作者，如據《史記》補《龍山史記注》。若連作者也無，僅有書名，仍能以作為史料的腳色「俟考」，此多以「不著撰名」表示：

表 3-6：金批「增補書目」「不著撰名」例舉隅

位　　置	章　　書	金　　批
卷六 頁 21-1	《異物志》一卷，後漢議郎陽孚撰。	《癸辛雜識》引：「《異物志》云：靈狸一體，自為陰陽，故能媚人。」不著撰名，始坿志此以候攷。
卷六 頁 22-1	《異物志》，卷亡，曹叔雅撰。	《贛水注》引《異物志》然石事。不著撰名，以載豫章故實，坿錄于此。
卷六 頁 16-1	《蜀記》，卷亡，李膺撰。 《蜀記》，卷亡，段氏撰。	《丹鉛錄》引：「揚雄《蜀記》云：星橋土應七星。李膺《益州記》云：一長星橋、二員星橋、三機星橋、四羨星橋、五尾星橋、六沖星橋、七曲星橋。」今雄書不著，而李書語亦未引。

相較於上表，部分金批會明言「某某書應補輯之」、「宜補入」，表現出此書應補入的意圖：

《漢書注》一百二卷，陸澄撰，梁有隋亡。（章書）

劉孝標注《漢書》一百四十卷，亡。宜補入。（金批，卷一頁 3-1）

《後漢書》一百卷，蕭子顯撰，梁有隋亡。（章書）

王韶《後漢林》二百卷，韋闡《後漢音》二卷，亡。宜補入。（金批，卷一頁 9-1）

涊水注兩引《南越志》，多詳物產，應補輯。（卷六頁 30-2）

《武陵記》，卷亡，黃閔撰。（章書）

《廣記》三百五十一卷：「辰州漵浦縣西四十里有鬼葬山。黃閔《沅川記》云：其中巖有棺木，〔遙〕望可長十餘丈，謂鬼葬之墟」云云。《沅川記》可輯補。（卷六頁 42-1）

上述劉孝標注《漢書》，以及王韶、韋闡書，均出《隋志》史部正史類亡佚書，金批以為均應補入。《南越志》者，見錄於《隋志》史部雜史類、《舊唐志》史部地理類，同為沈懷遠書。《水經注》兩次引之，均涉及當地奇異物產。《沅川記》則與《武陵記》同為黃閔著作，且僅《太平廣記》一處題黃閔為作者。故《南越志》、黃閔《沅川記》均可補入。

多數金批是直接自文獻輯錄到書名；而有部分文獻是提供了已成書的線索，雖未明錄書名，金批仍云應補輯，如：

《晉紀》四十五卷，宋中散大夫大夫徐廣撰。（章書）

《隋書·律歷志》引徐廣、徐爰、王隱等晉書苟勗較律尺一事。今攷廣、隱皆有，《晉史》而獨缺爰書。（金批，卷二頁 11-2）

《論衡》卷二十：「漢司馬長卿為封禪書，文約不具。司馬子長紀黃帝以至孝武。楊子雲錄宣帝以至哀、平。陳平仲紀光武。班孟堅頌孝明。漢家功德，頗可觀見」云云，今子雲、平仲之書不見錄，應補出之。（金批，卷一頁 3-1）

《隋書·律歷志》作「徐廣、徐爰、王隱等晉書云」，則二徐一王是《晉書》共同作者，或是三人各有作《晉書》，不可就此武斷。檢《隋書·經籍志》正史類有王隱撰《晉書》八十六卷、古史類有徐廣撰《晉紀》四十五卷，皆晉

史，故二徐一王應皆有撰史涉晉事。然著錄徐爰撰者，有《宋書》六十五卷，卻無涉晉史者，故應可補輯「徐爰撰《晉史》」云云。

司馬相如（字長卿）作〈封禪文〉，《文選·符命》中有收。司馬遷（字子長）作《史記》，眾所周知。唯揚雄（字子雲）、陳宗（字平仲）〔註30〕之書不見於諸藝文、經籍志，故應補之，唯金批未考可補書名為何。案《論衡》案書篇注：「師古曰：劉歆〈七略〉云：……其後劉向，向子歆，及諸好事者，若馮商、衛衡、揚雄……等，相次撰續。迄於哀、平間，猶名『史記』。」〔註31〕《隋志》史部正史類小敘云：「先是明帝召固為蘭臺令史，與諸先輩陳宗、尹敏、孟冀等，共成〈光武本紀〉。」則揚雄、陳宗各為《史記》（與司馬遷所作，別為一書）、〈光武本紀〉之共同作者之一，故可補錄之。

四、異同辨析

這可以分為二種狀況，各自包含了作者與書籍二方面。第一，是疑為一書或一人。《隋志》、兩《唐志》著錄的作者因以字行、減省官職、責任者著錄不完全的情形，但可能實屬一人；或書名彼此不同，但有擅自減省行文、避諱、通同字等狀況，故可能實屬一書。

《三巴記》一卷，譙周撰。（章書）

又有譙周《巴記》，當是一書。（金批，卷六頁 16-2）

《太康地記》，卷亡。　不著錄。

今有緝本，亦從《續漢志》諸書抄撮為之。（章書）

《寰宇記》一百十七卷引《大康地志》，當即此書。（金批，卷六頁28-1）

《海內先賢行狀》三卷。（章書）

未著錄。《隋志》有《先賢集》三卷，卷數合，或即此書。（金批，卷十三頁 3-1）

譙周《巴記》或《三巴記》，《後漢書》、《晉書》、《宋書》引譙周書，均作《巴記》而無《三巴記》；唯《隋志》、兩《唐志》均作《三巴記》，而無《巴記》。則《巴記》或《三巴記》，應屬同書。太、大，記、志各自義近，故《太

〔註30〕　《論衡校釋》出校記云：據班固傳，可知子仲係陳宗字。參漢·王充；黃暉撰：《論衡校釋》（北京：中華書局，1990 年），頁 854。
〔註31〕　黃暉撰：《論衡校釋》，頁 1168。

康地記》即《大康地志》，今有王謨輯《太康地記》、王仁俊（1866～1913）輯《太康地志》。《海內先賢行狀》，章書云「他書所引亦多省『先賢』二字」，則是書多以「海內行狀」之名被引用；檢《隋志》，除《先賢集》外，其餘多冠以地名，卷數亦不合，如《兗州先賢傳》一卷、《魯國先賢傳》二卷等。唯又有《海內先賢傳》四卷，卷數不合、書名近似；《先賢集》三卷，卷數相同，書名卻較為不相像。雖金批云可能《先賢集》易名為《海內先賢行狀》；但也可能是《海內先賢傳》四卷佚一卷為《海內先賢行狀》三卷。如果引用文獻尚有殘本，則可以考定是否與古籍引用者為同一書：

> 《西京記》三卷。（章書）
>
> 《太平廣記》引《西京記》數條。內引懿德寺一條，與《兩京新記》
> 同，疑為一書。（金批，頁 47-1）
>
> 《雲麓漫抄》卷二引韋述《西京記別》一卷。　韋述有《兩京新記》，
> 此所引《西京記》或是《新記》之誤。

　　韋述《兩京新記》，有《佚存叢書》本、《粵雅堂叢書》本等。《太平廣記》卷九十五、《兩京新記》均載唐中宗為懿德太子追福，故寺易名為懿德寺事，唯行文略有出入，如《太平廣記》作「懿德禪院」、「以為神助」，《兩京新記》作「懿德寺」、「以為神力」等。故金批疑《太平廣記》所引《西京記》即當時（清末）所存之《兩京新記》。至於「西京記」、「西京新記」，以金批的意見，若為書名訛誤，則兩者應為一書。文獻作《西京記》者，《四庫提要》「《長安志》二十卷」條目：「唐·韋述《西京記》，疎略不備」；《雲麓漫抄》卷八〔註32〕：「長安圖……大率以舊圖及韋述《西京記》為本」。韋述《兩京新記》已如上述。檢《太平御覽》居處部，雖無《西京記》，但有《兩京記》、《西京新記》、《兩京新記》，均題為韋述撰，大凡記東、西京事，則「新」字無論有無，應均屬一書。

　　第二，是疑為兩書、異人或續修。經考證得到確切的作者，自然可以得知是否為同一書。如：

> 《文章錄》，卷亡，邱淵之撰。（章書）
>
> 《文章敘錄》。　《王粲傳》注引「荀勗撰」，與丘淵之《文章錄》實
> 是兩書，此未分曉，嘗補正之。（金批，卷八頁 9-1）

〔註32〕或作卷二，係因版本不同，詳見下一章。

　　檢《三國志・魏志》引作《文章敘錄》數次，僅《王粲傳》題作者為荀勗。
又《世說新語》中，引《文章敘錄》時，皆不題撰名；引《文章錄》時，皆題為
「邱淵之《文章錄》」，則邱淵之《文章錄》、（不著撰名）《文章敘錄》為兩書，
應無疑義。〔註33〕金批引書並無《世說新語》，若細查之，也能得到相同結論。

　　由於行文涉及晚近朝代，故可能由時代較晚的人著作，或是續前人之書。
金批的狀況，通常是以《隋志》所收書不應出現唐代人事為標準，若有，則應
為後人補輯，金批習以「涉唐事」、「別一書」表示：

　　　《廣記》三百九十八卷引《豫章記》云：「唐顯慶四年，漁人……網
　　　得〔一〕青石……鳴聲清越……都督滕王表送，納瑞府。」下涉唐
　　　事，疑別一書。　即董慎所續者。（金批，卷六頁 15-1）

　　　《廣記》三百八十二卷引《冥祥記》云楊師操貞觀中任藍田縣尉一
　　　事。涉唐事，恐是後人補緝，候攷。（金批，卷十三頁 42-2）

　　　（《太平廣記》）三百七卷樊宗訓遊硤石縣聖女祠。如涉唐事，自別
　　　一書。（金批，卷十三頁 43-2）

　　上述的例子都出現了隋唐時的年號，所以與章書所著錄的雷次宗、張僧鑒
《豫章記》，王琰《冥祥記》都不是同一種書。據年號考證，除了可以區分書
籍的初撰與續修外，也可以判斷文獻中所引為何者：

　　　《述異記》十卷，祖沖之撰。（章書）

　　　《廣記》四百十一卷引《述異記》隋煬帝大業末改茄子為崑崙紫瓜。

　　　下涉隋事，宜是祖沖之書。（金批，卷十三頁 43-1）

　　章書此條有自注：「任昉亦有《述異記》，故諸書所引，其不著名祖沖之者，
不採入。」任昉、祖沖之皆有撰《述異記》，《梁書・任昉傳》云昉卒於天監二
年（503），下不涉陳、隋，故非任書。唯祖沖之卒於永元二年（500），亦不涉
隋，且金批於卷十三頁 43-2 亦云「《太平廣記》引《述異記》極多，不詳撰名。」
則《太平廣記》所引此條，可能亦非祖沖之書。

第四節　校章書內容

　　上述的輯錄佚文、流傳梳理、增補書目、異同辨析，基調都是另外起批語

〔註33〕南朝宋・劉義慶著，劉孝標注；余嘉錫箋疏；周祖謨等整理：《世說新語箋疏》
　　　（臺北：華正書局，1984 年）。

用以補充說明章書的原始行文；而相較於外部說明，金批有為數不少逕改章書原文的部分，或是增加說明，具備了強烈想將章書原文改正的意圖。此種批校便屬於此節討論的範圍。

此類批校均以硃筆進行。而逕改的具體形式，可分為增、刪、改三類。〔註34〕增字時，是逕自書寫於脫字之句附近，並加上「＜」代表應增入的位置。刪字時，便以硃筆畫圈在衍字上，代表此字應刪去。改字時有二種做法，若僅需改一字，往往直接將其認為的正字書寫覆蓋在章書原字上方，甚至僅以增加筆畫的方式代表修正，時常導致辨識上的困難；若需改正多字，則在誤字上畫圈，另寫正字於旁。全書經金批更動的部分對照如下：

表3-7：金批增、刪、改章書內文處列表

卷數	頁　數	章　書	金　批	性質
一	4-2	《唐志》一百二十六卷。	《唐志》一百二十七卷。	改
一	5-1	《新唐志》同。	《新唐志》一百三十三。	改
一	5-1	《舊唐志》三十三。	《舊唐志》一百三十三。	增
一	12-1	《初學紀·地部》。	《初學記·地部》。	改
一	21-1	《唐志》五十八卷。	《新唐志》五十八卷；《舊唐志》四十六卷。	改
一	25-1	《唐志》一百七卷。	《唐志》一百二卷。	改
二	5-2	干寶《晉紀》四十卷。	干寶《晉紀》二十二卷。〔註35〕	改
二	9-2	《唐志》卷同。	《唐志》二十卷，同。	增
二	11-2	《新志》作《晉陽秋》。	《新志》作《晉春秋》。	改
二	15-1	《唐志》卷同。	《唐志》三卷，《新志》卷同。	增
二	15-2	梁湘東世子蕭方等撰。	梁湘東世子蕭萬等撰。	改
二	20-2	《齊志》十卷。	《北齊志》十卷。	增
三	1-2	見《新唐志》。	見新、舊《唐志》。	增
三	17-2	記武帝事。	記元帝事。	改
四	8-2	夜於御前當軒而坐。	夜於御前當軒而見。	改
五	1-1	《輿服志》注。	《輿服志》、《郡國志》注。	增

〔註34〕王叔岷：《斠讎學（補訂本）；校讎別錄》（北京：中華書局，2007年），頁17～23。王書又有表內文順序應互換的「乙字」類，唯金批未出現此類。
〔註35〕此處金批以墨筆表示。

五	8-1	《宋永初起居注》三卷。	《宋永初起居注》十卷。	改
六	6-2	緬面盡在。	緬焉盡在。	改
六	14-1	湘東雨母山采陽縣雨瀨。	湘東雨母山耒陽縣雨瀨。	改
六	20-2	後漢儀郎楊孚撰。	後漢議郎楊孚撰。	改
六	22-2	《涼州異物志》二卷。	《涼州異物志》一卷。	改
六	27-1	《永初山川古今記》一卷。	《永初山川古今記》二十卷。	改
六	30-1	《**南蠻**西夷傳》注。	《西夷傳》注。	增
六	40-2	華信立塘。	華信義立**此**塘。	增
六	45-2	自然樓櫓御敵。	自然樓櫓卻敵。	改
六	49-1	伍緝之《從征記》。	伍緝之《從西征記》。	增
六	52-1	《齊州記》一卷。	《齊州記》四卷。	改
六	55-1	藥食延年萃焉。	藥食延年**者**萃焉。	增
六	55-1	《聘北道里記》二卷。	《聘北道里記》三卷。	改
七	3-2	《唐志》有《齊梁宗簿》二卷。	《唐志》有《齊梁宗簿》三卷。	改
七	3-2	《梁大同四年表簿》三卷。	《梁大同四年**中**表簿》三卷。	增
七	3-2	《梁親表簿》五卷。	《梁親表**譜**》五卷。	改
七	7-1	庾遁支嗣克昌為世盛門。	庾遁**胤**嗣克昌為世盛門。	改
八	4-2	《梁天監四年書目》四部。	《梁天監四年書目》四卷。	改
八	6-2	《史目》二卷。	《史目》三卷。	改
九	4-1	《永平故事》三卷。	《永平故事》二卷。	改
九	4-2	記士燮乃陶璜事。	記士燮**及**陶璜事。	改
十	4-1	兩《唐志》作《司徒儀注》。	兩《唐志》作《司徒儀注》**五卷**。	增
十	5-1	《唐志》作《齊職官儀》。	《唐志》作《齊職儀》，**范曄撰。王珪之《齊職官儀》五十卷。**	增
十	5-1	《梁選部》三卷。	《梁選簿》三卷。	改
十	5-2	《唐志》作陶彥藻，三十六卷。	《新唐志》作陶藻，三十卷。	刪
十	11-1	《□令古今百官注》十卷。	《職令古今百官注》十卷。	增
十一	2-1	《宋尚書儀注》十八卷。	《宋尚書雜注》十八卷。	改
十一	2-1	《唐志》三十六卷。	《新唐志》三十六卷。	增
十一	6-1	《梁大行皇帝皇后崩儀注》一卷。	《梁大行皇后崩儀注》一卷。	刪
十一	6-1	見《唐志》。	見《新唐志》。	增
十一	6-2	《政典》十卷。	《政禮》十卷。	改

十一	6-2	《舊唐志》一百一卷。	《舊唐志》一百八卷。	改
十一	7-2	《北齊皇太后喪禮》十卷。	《北齊皇太子喪禮》十卷。	改
十一	10-2	《魏氏郊丘》三卷。	《魏氏郊丘》二卷。	改
十二	5-1	趙肅《周律》二十五卷。	趙肅《周大律》二十五卷。	增
十二	7-1	《唐志》八卷。	《唐志》「令」八卷，「律」二十卷。	增
十二	7-2	《漢建武律令故事》二卷。	《漢建武律令故事》一卷。	改
十三	6-2	《唐志》作《先賢傳像讚》。	《唐志》作《先賢像讚》。	刪
十三	8-1	《舊唐志》入集部，作《先賢讚》四卷。	《舊唐志》入雜傳，作《先賢讚》四卷，賀氏撰。	改
十三	9-2	《吳都錢塘先賢傳》五卷。	《吳郡錢塘先賢傳》五卷。	改
十三	10-1	《武昌先賢志》三卷。	《武昌先賢志》二卷。	改
十三	10-1	郭緣生撰。	宋天門太守郭緣生撰。	增
十三	10-1	兩《唐志》皆作《先賢傳》。	兩《唐志》皆作《先賢傳》三卷。	增
十三	11-1	《唐志》同。	《唐志》作《零陵先賢傳》一卷，不著撰名。	改
十三	11-2	《舊志》入集部。	《舊志》入雜傳。	改
十三	13-2	《唐志》作《上古以來聖賢高士傳》。	《唐志》作《上古以來聖賢高士傳讚》。	改
十三	14-1	卞隨投洞水而死。	卞隨投洞水而死。	改
十三	14-1	《唐志》作「逸人」，三卷。	《唐志》作《逸人傳》三卷。	增
十三	14-2	《水經·穎水注》。	《水經·洛水注》。	改
十三	16-1	《孝子傳》十卷。	《孝子傳》十五卷。	增
十三	17-2	《孝子傳》三卷。	《孝子傳》二十卷。	改
十三	19-1	區目之篇。	區目十篇。	改
十三	21-1	戴逵撰。	晉太子中庶子戴逵撰。	增
十三	21-2	張隱《文林傳》。	張隲《文林傳》。	改
十三	23-1	《唐志》一卷。	《唐志》二卷。	改
十三	38-2	虞通之。	虞道之。	改
十三	40-1	《神仙傳》十卷。	《列仙傳》十卷。	改
十三	41-2	《唐志》入子部道家。	《新唐志》入子部道家。	增
十三	42-1	《唐志》入子部道家。	《唐志》入雜傳。	改
十三	43-1	《古異傳》三卷。	《石異傳》三卷。	改

十三	43-1	宋永嘉太守王壽撰。	宋永嘉太守袁王壽撰。	增
十三	45-1	《唐志》入子部小說。	《唐志》入雜傳小說。	改
十三	46-1	《唐志》入子部小說。	《唐志》入雜傳。	改
十三	46-1	宋散騎侍郎東陽无疑撰。	宋散騎侍郎東陽元疑撰。	改

若依據批校的卷數分布與性質類別進行統計，可以發現狀況如下：

表 3-8：金批增、刪、改章書內文數量統計

卷　數	內　容	頁　數	增	刪	改	該卷總數
一	正史	26	1	0	5	6
二	古史	22	3	0	3	6
三	雜史〔註36〕	25	1	0	1	2
四	霸史	10	0	0	1	1
五	起居注	13	1	0	1	2
六	地理	57	4	0	8	12
七	譜系	13	1	0	3	4
八	簿錄	9	0	0	2	2
九	舊事	12	0	0	2	2
十	職官	11	3	1	1	5
十一	儀注	12	2	1	5	8
十二	刑灋	11	2	0	1	3
十三	雜傳	48	7	1	19	27
該類總數			25	3	52	80

統計發現，金批增修章書原文總計有 80 處，增、刪、改三類中，改字類就佔了一半以上，加上增字類就佔了 77 處、96%。而分布上，第一名雜傳類雖然頁數比第二名地理類少了近 10 頁，修改數量卻有兩倍以上。章宗源《隋經籍志考證》雖已有點校本問世，改正的部分也與金批有重疊，但若以金批的標準而言，仍然非常稀少。如卷一頁 12-1，刻本作「初學紀」，點校本與金批已俱改「紀」為「記」。又卷八頁 4-2，刻本作「梁天監四年書目四部」，點校本與金批俱改「部」為「卷」。有些明顯不符的部分未出校記修改說明，如卷四頁 8-2 章書引《後漢書‧五行志》「夜於御前當軒而坐」，「坐」應作「見」。

〔註36〕章書於該卷未標類目，與《隋志》對照，應屬雜史類。

卷六頁 45-2 引《後漢書‧南蠻西南夷列傳》「自然樓櫓御敵」,「御」應作「卻」。卷六頁 55-1 引《水經注》「藥食延年萃焉」,「年」下脫「者」字。故自金批可以知悉,要使用章書仍需留意此種引用上的明顯錯誤。

　　就內容進一步分析,又可以區分為修改著錄內容與引文內容兩種。著錄內容亦即書名、卷數、作者等書籍基本資訊,引文內容即是章書引用文獻內文。著錄內容,由於章書時常兩《唐志》區分不確,僅作「唐志」云云,考慮到兩《唐志》著錄的差異,金批故為此而發。如卷一頁 4-2 有劉珍等撰《東觀漢記》一百四十三卷,章書云「《唐志》:一百二十六卷」,實據《新唐志》所作,《舊唐志》則作一百二十七卷,金批即據《舊唐志》改之。又卷十頁 5-1 有王珪之《齊職官儀》,章書云「《唐志》作《齊職官儀》」,實據《新唐志》所作;而金批據兩《唐志》,增補了兩《唐志》同是五十卷,但書名與作者均不同的《齊職儀》(范曄撰,《舊唐志》)與《齊職官儀》(王珪之撰,《新唐志》)。又卷十二頁 6-2 至 7-1 有王叡等撰《北齊令》五十卷,章書云「《唐志》八卷」,實據《舊唐志》所作;金批則據《新唐志》所云「趙郡王叡《北齊律》二十卷,《令》八卷」逕改之。

　　從金批逕改的部分,由於部分與現行的點校本不符,也可能推論出金批所使用的文獻版本。如卷一頁 5-1《後漢書》一百三十卷,章書云「《新唐志》同」,檢《新唐書》,點校本亦同,唯四庫本作一百三十三卷,與章書、點校本不同,故金批可能據此改。卷二頁 15-2《三十國春秋》的作者,金批改蕭方為蕭萬,蕭方與點校本合,蕭萬與四庫本合。卷十三頁 43-1《古異傳》三卷,金批改古為石。點校本《隋志》與兩《唐志》均作「古異傳」,唯四庫本《舊唐志》作「石異傳」,即與金批合。大體而言,逕改的金批對於修正章書原文有很大的幫助,然而與額外增補的狀況一樣,金批逕改的內容也未必正確,甚至有可能初批為正,終批卻誤,而導致矛盾、反誤的情況,詳見下章。

第五節　批校思想綜述

　　金蓉鏡的批校思想,應就《隋書‧經籍志》、章宗源《隋經籍志考證》兩者的承繼關係考察。實際上,三者各自的編纂、撰寫目的都不相同。首先《隋志》的編纂目的,並不是為了完整保存當代經籍面目:

　　　　今考見存,分為四部。……其舊錄所取,文義淺俗、無益教理者,

並刪去之。其舊錄所遺，辭義可采，有所弘益者，咸附入之。

　　《隋志》的編纂目的，可說是和《四庫提要》相同，無益於教理的就沒有收錄的必要，而且會積極地刪去之，所以《隋志》其實反映的是當時經籍被選擇過後的面貌，也因此後世產生了為數不少「志補」的工作，目的在於恢復隋時經籍應有的完整面貌而不遺漏。

　　其次是章宗源《隋經籍志考證》，趙飛鵬〈唐以前正史藝文志、經籍志之續補考正著作提要〉云章書體例有三：「現存之書，不加考訂，僅注今存；已佚而有輯本者，考書源流，不附佚文；已佚而無輯本者，條列佚文於條目下。」〔註37〕金蓉鏡在錢泰吉〈識語〉頁以硃筆寫下他的批校原則是：「有《隋志》本有，而輯本轉略，茲用朱筆補入；有新、舊《唐志》有，而此書亦未采入，亦為補輯存之。又從他書輯出數條，坿書眉耑。」就此校語並與金批參看，金批的核心思想是「補輯」無誤。從《隋志》總序來看，章書、金批的作為無疑是與《隋志》完全相反的。又金批相對於章書，金批時有「章書遺之」等語，所以金批以為無論隋志或章書，只要有所遺漏的，應悉數採輯補入，無涉其教理之有無。至於補輯的原則，筆者以為從氏著《靖州鄉土志》〈例言〉所言最為精要：「採摭古事，悉標原書。……事非作者，存以徵信。」〔註38〕除了充分補充文獻之外，其來源也應積極交代。

一、現象：與王頌蔚批校本《隋經籍志考證》比較

　　學者黃壽成提到，其父黃永年藏有一部王頌蔚（1849～1896）批校本《隋經籍志考證》，其批校梗概見於黃著《《隋經籍志考證》及其王頌蔚批校研究》。〔註39〕王頌蔚，字芾卿，號蒿隱，長州人，光緒五年（1879）進士，官戶部，精明代史事，嘗蒐羅殿板明史殘本，寫成《明史考證攟逸》四十二卷，這也是王頌蔚較為人知的學術著述之一。至於其批校《隋經籍志考證》內容有三，第一，增補章書、隋志所沒有之書目，達一百六十三種。第二，針對章書進行內容考證及行文修正，考證者有二，其一為成書經過、其二為作者生平。第三，針對章書所述文獻進行輯佚工作，輯出《晉太康地道記》、《隆安故事》等書。

〔註37〕趙飛鵬：《圖書文獻學考論》（臺北：里仁書局，2005年），頁25。
〔註38〕清・金蓉鏡纂輯：《靖州鄉土志》（臺北：成文出版社，1975年），頁10。
〔註39〕黃壽成：《《隋經籍志考證》及其王頌蔚批校研究》，頁166～190。作者也指出了章宗源《隋經籍志考證》及王頌蔚批校的一些訛誤，見該書頁375～424。

　　由於筆者僅見黃壽成對王頌蔚批校本《隋經籍志考證》（以下稱「王批」）的研究成果，而不能見到其原件，該書也未將王批進行全面釋文與展現，故筆者僅能就該書所述，進行一初步之比較。首先就增補書目部分，這是金、王批都有積極進行的部分，王批增補了一百六十三種文獻，金批增補數量應亦不下於此。其次是內容考證與行文修正的部分，內容考證又區分為成書經過與作者生平，金批對於成書經過所下的工夫頗深，從著述動機到現存版本，幾乎網羅在內；但作者生平，牽涉到官爵、際遇、學業等事，王批則略優於金批。行文修正者，實指章書引用文獻時所產生的疏漏，如卷一「《宋書》六十五卷　宋中散大夫徐爰撰」條，章書引《宋書・徐爰傳》中徐爰上表，作「皇宋剿定鯨鯢，天人仁屬」，王批刪去「皇宋剿定鯨鯢」六字，增「臣聞虞史炳圖……剿定鯨鯢」近三百字，使之合乎《宋書・徐爰傳》徐爰上表行文之實。又卷六「《洛陽記》一卷　陸機撰」條，章書引《後漢書・光武紀》，作「太學在開陽門外，講堂長十丈，廣三丈。」王批增「洛陽城故」於「開」字下；「去宮八里」於「外」字下，使之合《後漢書》原文。從此二端，可見王批對於章書所引文獻，經過了很嚴格的考證，雖然金批也有對章書進行許多的校訛，但如王批還原引用文獻原貌之舉是幾乎沒有的。

　　最後在輯佚部分，與增補書目相同，金、王批都有積極進行此項工作，作者指出王批針對單一書籍輯出的佚文，少則一二條，多則動輒一二百條，字數多達上千，數量上可與金批匹敵。金、王二批，相同的地方在於都非常積極的增補書目與輯錄佚文，以及批校出現的類別好發於正史、地理與雜傳，作者認為這是因為這三類文獻散布在傳世文獻中的佚文最多的緣故。若能將王批全數釋文，或是以數位典藏方式面世，勢必對於《隋經籍志考證》的校勘有極大的助益。

　　而兩者相異之處，筆者認為，就黃壽成舉例所見，王批較偏向針對單一書目進行深入的考證，企圖將該書目直接相關的作者、成書訊息具體且真實的還原，使之與傳世文獻所載無所出入；而金批的關注方向有二，其一是該書目的成書過程與流傳，企圖與現存（指金蓉鏡活動之清代）書目產生關連；其二是關注書目之間的關係，金批習於傳世文獻收集許多題名相近的文獻並聚集之，這可以表現出單一時代或議題所產生的文獻數量，這與高似孫《史略》的寫作策略是很相近的，詳見下述。

二、思想：與高似孫《史略》比較

　　筆者以為，金批的形式及內容所展現的思想，與高似孫的《史略》（以下稱「高書」）非常相像。高書在並非直接對單一文獻撰寫提要，而是將名稱或性質相近的文獻或記載聚集在一起，以利比較異同、考證流變、展現影響等。如卷一以《史記》為首，其後條列了班彪作後傳以續史記，班固因八書造十志等續《史記》或受《史記》影響之事。卷二條列注漢書者有三：晉灼、敬播、陸澄，並考顏師古注漢書時僅引晉灼書。高似孫《史略》刻本其實不久就在中國失傳，後來才由楊守敬在日本發現，於光緒十年刻入《古逸叢書》中。雖高書有如上特點，但缺失也不少，楊守敬記云：

> 高似孫《史略》六卷，宋槧，原本今存博物館。〔註40〕此書世久失傳，此當為海外孤本。〔註41〕……原本亦多誤字，今就其顯然者改之；其稍涉疑似者，仍存其舊。
>
> 按：史家流別，已詳於劉知幾《史通》；高氏此書，未能出其範圍，況餖飣雜鈔、詳略失當，其最謬者，如《後漢書》既採《宋書》范蔚宗本傳，又採《南史》及蔚宗獄中與諸甥書，大同小異，一事三出，不恤其繁。又如既據《新唐書》錄劉陟齊書十三卷，為齊正史；又據《隋志》錄劉陟《齊紀》十三卷為齊別史，既出范質《晉朝陷蕃記》四卷，又出范質《陷蕃記》四卷，而不知皆為一書，其他書名之誤、人名之誤，與卷數之誤，不可勝紀。
>
> 據其自序，成書於二十七日，宜其罅漏，如斯之多也。……唯似孫聞見終博，所載史家體例，亦略見於此篇。又時有逸聞，如所採《東觀漢記》為今四庫輯本所不載，此則可節取焉耳。
>
> 光緒甲申〔註42〕春正月，宜都楊守敬記。〔註43〕

　　金批與章書的條目相比，不單是為了增補與修正章書的行文，也顯現出「聚類相從」的傾向，這種寫作書目的方式，可說是相當罕見；且金批顯然有更多判斷兩書可能為一書、相同書名實為兩書的作為，且以章書的卷帙及金蓉鏡自敘「長夏無事，隨手輯錄」為線索，金批使用的時間勢必比高書多出不少。

〔註40〕有藏於日本國立公文書館，已有影印行世。

〔註41〕史語所傳斯年圖書館又藏有清光緒癸未（九）年（1883）虞山鮑氏影刻宋本。

〔註42〕光緒十年。

〔註43〕清・楊守敬撰：《日本訪書志》，收入賈貴榮輯：《日本藏漢籍善本書志書目集成》第9、10冊（北京：北京圖書館，2003年），頁295～297。

就兩者的狀況看來，金批可說是比高書更完整與成熟，唯未成完整架構。但是否可以因此確定金蓉鏡的目錄學思想受到高似孫《史略》的影響，是需要再商榷的。首先，金批有引用高似孫《剡錄》24次，以及楊守敬《日本訪書志》，這代表金蓉鏡有極大機率知悉高似孫其人與《史略》其書；其次，較金蓉鏡更早出生的姚振宗，其《隋書經籍志考證》亦引《史略》不少，金批又引姚書數次，則金蓉鏡對姚書曾提及之《史略》應不可能忽略。然而，全部的金批都隻字未提《史略》這本書，故筆者仍不能篤定金批是受到高似孫《史略》的影響。但可確定的是，高書與金批在目錄學史中都是相當罕見的作法，兩者恰恰都是處理史部文獻，且後者相較前者有高度成熟的現象，故金批可說是此種特殊體例一個重要的體現文獻。筆者以為，金批的思想核心，在於「聚類以相從」；表現形式，便是「採摭以徵信」。

第六節　小結

此章的主要目的有二，其一為再考證章宗源《隋經籍志考證》的版本系統與收藏過程，企圖對師大藏本《隋志考證》的版本來源有更為清楚的交代，其二是整理出金批的內容，企圖展現金批的基本思想。筆者以李慶〈關於章宗源《隋書經籍志考證》的三個問題〉一文為基礎，並且參考諸讀書志，使李文提出的版本系統更為豐富。而臺灣公藏的《隋志考證》，在臺大圖書館又有四種本子，其皆屬崇文書局刊本，但彼此的外在特徵各有差異，尤其條碼為0068097-0068100的帝大本，其中有藏書家的印記以及帝大時期的館藏管理章。又關於裝訂形式，雖筆者所經眼以四冊為多，但臺大又藏有三冊本一種，從書根的題字判斷，並不是四冊拆分為三冊，所以當初《隋志考證》發行時可能有不只一種裝訂模式。其次，師大藏本中有被撕去鈐印一枚，筆者經外框比對，假設可能是大小相同的「闇伯斿埶（游藝）」印。

批校形式，可分為墨色、位置二部分來探討。墨色部分，顯然批校的重要性與墨色沒有必然關係，許多內容具考證性的批校反而是以墨筆書寫，故以墨色判斷此批校重要與否並不準確。而硃筆的主要用途，金批自述以硃筆補輯書目，主要的方式是在章書的前後條目之間，比對《隋志》，若有遺漏條目便補輯之。位置部分，則是與章書條目的相關度有關，由於金批有「聚類相從」的特質，所以若是真與章書條目密切相關的，會書寫在條目之下或行間，如上述

的補輯缺漏書目，都是寫在條目之下，或是有文獻引用書名完全相同者，也會書寫在鄰近位置。其次類似書名或性質的文獻，便會書寫在天頭處，以利參考。至於地腳處，或是天頭空間已滿，或是行間溢出才會利用的書寫空間。

　　批校內容，可以分為額外增補（批）與逐改增修（校）兩部分。額外增補包含了輯錄佚文、流傳梳理、增補書目、異同辨析。輯錄佚文部分，主要是以章書為線索，輯錄可能出自該書的佚文，若某書今日有輯本，則又可以用於補充該輯本。流傳梳理部分，所涵蓋的層面比較廣泛，從某書被撰寫的動機，到流傳過程，直至今日有何版本都在討論範圍之內。值得注意的是，相同的時代內可能有數人撰寫類似或相同的書名，金批也時常引用臚列，起到「聚類相從」的功能。直到金蓉鏡身處的晚清，有許多文獻以輯佚本、叢書本的形式出現，金批也會適時補充，如此何種文獻今日仍能得見、是否完整，則能略知一二。增補書目部分，除了依照章書內文，補充相同作者的文獻之外，相較於以硃筆補入的書名，有的會明言「應補入」，甚至是只有成書線索而沒有書名的，也是金批的涉獵範圍。所以相較於章書的部分考證，金批更重視文獻收錄的完整性。異同辨析部分，上古、中古時期，文獻名稱、作者名銜擅自減省的情況非常多見，可能兩書實為一書；或因書名非常近似，實為兩書的狀況也不少，金批常用的方法是以時代劃分，若涉及隋唐，則可能另為一書。

　　逐改增修部分，經筆者統計有八十筆之多，相較於上述的額外增補，此類的金批有著要改正章書原文的強烈意圖。由於章宗源生前疑遭仇視，書亦遭毀，且流傳甚久、經手多人才有刊本，並沒有經過較大規模的校勘過程，而金批的一大工作，就是批校其中的行文錯誤。從這些行文錯誤也可以看到，現代的點校本有改正的部分也十分有限，是故利用章書時需十分謹慎。而從改正的依據，也可以推論金批所使用的是四庫本。

　　金批的思想，筆者認為從金蓉鏡的其他著作也可窺見其梗概，即是「採摭古事，悉標原書」、「事非作者，存以徵信」，相較於《隋志》有意的篩選，以及章書的不完整，金批的目的，很明顯地是在於恢復隋代文獻的完整面貌，即便是不著撰名者，也悉數採入以俟考。與王頌蔚的批校相較，二人相同處，在於增補書目與輯錄佚文的，這方面的成果，王批幾乎足以與金批匹敵。二人相異者，王批傾向針對單一書目進行深度的考證與校對；金批偏向關注相似文獻的產生與聚散，筆者推論可能是來自於高似孫《史略》的啟發。金蓉鏡從閱讀經驗與時間上，都極有可能知悉高書。而高書的策略，是以一種書為中心，將

類似性質與書名的文獻，甚至是與該文獻形成有關的文章採入，這種從單一文獻展現文獻流變與傳衍的方式，是目錄學著作中所罕見者，而金批相較於高書，又有更加完整與成熟的趨勢。所以金批的思想，筆者以為是「採擷徵信」，進而「聚類相從」。下章將從金批的引用文獻，以及諸文獻可能使用的版本，做出考證與梳理。

第四章　金蓉鏡批校引用文獻性質探討

　　金蓉鏡好以大量引用原典的方式進行批校，而其批校的引用文獻（以下稱金批、引文）有近百種，遍及經史子集與叢書類。筆者發現從這些引文的行文用字、卷數著錄等資訊，可能可以分析出金批當初所使用的文獻版本，如此一來，對內可以對金批進行校勘，對外可以補充文獻的傳播史。以下先統計金批所使用的文獻種類，並試圖分析引文的版本類別及使用分布，從而展現金批使用文獻的特質與傾向。

第一節　種類總覽

　　此節將臚列、統計金批引用文獻之名及其所屬部類。金批所引文獻遍及四部與叢書，有二十一類，都計一百一十種，分類臚列如下：

表 4-1：金批引用文獻總覽

部	類	書　　名	數量
經部	小學類	《方言》、《匡謬正俗》。	2
史部	正史類	《史記》、《漢書》、《後漢書》、《三國志》、《晉書》、《宋書》、《南齊書》、《梁書》、《陳書》、《魏書》、《北齊書》、《隋書》、《南史》、《北史》、《舊唐書》、《新唐書》、《宋史》。	17
	編年類	《漢紀》。	1
	別史類	《通志》、《九家舊晉書輯本》。	2

	載記類	《吳越春秋》、《越絕書》、《華陽國志》、《十六國春秋》。	4
	地理類	《太平寰宇記》、《剡錄》、《水經注》、《水經注箋》、《洛陽伽藍記》、《南方草木狀》、《北戶錄》、《岳陽風土記》、《六朝事迹》、《嘉慶常德府志》、《光緒湖南通志》。	11
	政書類	《唐律疏義》。	1
	目錄類	《崇文總目》、《郡齋讀書志》、《遂初堂書目》、《宋祕省續編四庫闕書目》、《日本訪書志》、《隋書經籍志考證》。	6
	史評類	《史通》。	1
子部	儒家類	《申鑒》。	1
	農家類	《齊民要術》。	1
	藝術類	《畫跋》。	1
	譜錄類	《硯譜》、《香譜》、《茶經》、《竹譜》、《筍譜》、《禽經》、《蟹譜》。	7
	雜家類	《金樓子》、《顏氏家訓》、《古今注》、《刊誤》、《蘇氏演義》、《雲谷雜記》、《困學紀聞》、《丹鉛錄》、《論衡》、《封氏聞見記》、《尚書故實》、《五總志》、《墨莊漫錄》、《雲麓漫鈔》、《老學庵筆記》、《文昌雜錄》、《齊東野語》、《霏雪錄》、《說郛》、《巢林筆談》。	20
	類書類	《元和姓纂》、《太平御覽》、《冊府元龜》、《雞肋》、《玉海》、《姓解》。	6
	小說家類	《雲仙散錄》〔註1〕、《東齋記事》、《侯鯖錄》、《癸辛雜識》、《拾遺記》、《太平廣記》、《博物志》、《述異記》、《酉陽雜俎》、《玉潤雜書》、《養痾漫筆》、《藝林伐山》。	12
	釋家類	《廣弘明集》、《法苑珠林》、《高僧傳》、《續高僧傳》、《觀音義疏》。	5
	道家類	《抱朴子》、《真靈位業圖》、《周氏冥通記》〔註2〕	3
集部	別集類	《弇州四部稿》。	1
	總集類	《文選》、《古樂府》。	2
	詩文評類	《詩品》、《苕溪漁隱叢話》。	2
叢部	叢書類	《嶺南遺書》、《漢魏叢書》、《稗海》、《二酉堂叢書》。	4
全部	全類別	總計	110

〔註1〕 其又名《雲仙雜記》。《四庫提要》:「陳振孫稱《雲仙散錄》一卷,此乃作《雲仙雜記》十卷,頗為不同。然孔傳續《六帖》所引《散錄》,驗之皆在此書中,其為一書無疑。」

〔註2〕 《隋志》、《舊唐志》置《周氏冥通記》於史部雜傳類,唯四庫全書中無此類,而《抱朴子》、《真靈位業圖》、《周氏冥通記》均有收於《道藏輯要》,姑置於此。

在數量統計上，經史子集四部以及叢書，依序引用了 2、43、56、5、4 種文獻，可以見到金批的文獻取材非常偏重在史、子部文獻。而各類的前三名，分別是子部雜家類 20 種、史部正史類 17 種、子部小說家類 12 種，筆者以為這代表金批不會獨重官方正史、輕賤稗官野史，只要裨益於史料的收集，甚至是神異傳記，都會兼採而收之。

細索內容，可以發現金批的兼容採納，不僅表現在類別上，也表現在時間上。唐代及以前的正史幾乎都包含在內（《周書》除外），也採用當代較新的官方紀錄：《嘉慶常德府志》、《光緒湖南通志》，以及較為新穎的研究成果（對金蓉鏡的時代而言）：如楊守敬《日本訪書志》、葉德輝《宋祕省續編四庫闕書目》、姚振宗《隋書經籍志考證》等。清代學術盛行過往學術成果的考證與整理，這至少體現在輯佚與編叢書二方面，且金批也會提到叢書之名，可知他關注此較為新興的文獻整理方式。

批校目錄類文獻，其他的目錄自然是不可少的材料。而金批除了最核心的目錄類文獻，除《隋志》與兩《唐志》以外，也充分利用了目錄學的研究著作，即上述的楊、葉、姚三氏之書。此外，金批也引用了如董逌《畫跋》這一類的專科目錄。王重民云：「董逌……《廣川藏書志》是一部有解題的系統目錄，……還有《廣川書跋》十卷、《廣川畫跋》六卷，他編藏書志的整個計畫可能和李淑一樣，是有書志和畫志的。」〔註 3〕所以光論目錄性質文獻，也能見到金批取材的多元性。

最後需要提到的是上表的著錄與計算方式。著錄方面，金批引用文獻並不如現代人般，嚴格規範書名應如何書寫，同樣文獻往往出現多種寫法，如《後漢書》往往從簡，以「劉昭續志」、「續漢」、「百官志」表示。或《丹鉛錄》實可分為「總錄」、「餘錄」等各部件，為計算方便，故統稱為《丹鉛錄》。計算方面，若該文獻可以被獨立計算，而非僅有被輯佚的斷簡殘編，皆會算作獨立的一種文獻。具體而言，上表中有《遂初堂書目》、《茶經》、《玉澗雜書》等近二十種文獻，雖本身有獨立單行，卻也有被收錄在類書性質文獻《說郛》中，由於此涉及版本判斷與歸屬，故筆者於此節皆單獨計算，至於詳細版本考證，詳見下節。

〔註 3〕王重民：《中國目錄學史論叢》，頁 116～117。

第二節　版本考述

「版本」一直都是文獻學中的重要議題；所以金批引用文獻的版本也是值得探討的問題之一。雖綜觀全書，金批都未交代引文的版本；但從金批的行文異文、引用卷數等特徵，仍然可以推論金批所據的版本，及其抄錄時漏失之處。

材料上，筆者使用之版本，以紙本文獻為主、電子資料庫為輔。紙本文獻的底本、校本的決定準則，並不以古籍善本為尊；若有廣泛影響的點校本，由於其標點、校記亦有助於校勘金批，故將採之為底本，如中華書局版《二十四史》、繆啟愉校釋《齊民要術校釋》、段熙仲點校《水經注疏》等。方法上，以底本核對金批，若互有出入，對內先採校記判斷原因；若不可得，則向外覆核文淵、文瀾閣、佛教藏經、諸叢書本或善本，以圖釐清來源與因素。

之所以採文淵、文瀾二閣本，是因為筆者在比對後發現，許多行文雖與現代通行的點校本或叢書本有所出入，卻有不少與四庫本相合之處；其次，金批所引近百種文獻中，有七十餘種文獻有收於《四庫全書》；再者，基於金蓉鏡本身的歷史、地緣因素，應當可以推論金蓉鏡有機會利用四庫本。至於金批引文來源，應至少可區分為屬「四庫本」與非屬「四庫本」二種。但由於四庫閣書各曾遭兵燹、補鈔、搬遷等過程，勢必得先行交代「四庫本」的差異。

一、「四庫本」的差異與釐清

乾隆初命《四庫全書》繕錄四部，藏於中祕；後來思考江浙一帶人文薈萃、地靈人傑，又命抄錄三份，置於南方三閣，分別是鎮江文宗閣、揚州文匯閣、杭州文瀾閣，且許士人到閣抄錄，於是南方三閣便具備了如圖書館般，供大眾閱覽皇家藏書的功能。然咸豐十年，南方已遭太平天國兵燹，金振聲，金蓉鏡父子亦舉家避難海上。而文宗、文匯閣書盡燬；文瀾閣亦閣滅書燬，有幸閣館在譚仲麟（1822～1905）任浙江巡撫時，主持重建，並於光緒六年（1880）竣工；閣書則有賴丁丙從光緒八年（1882）至十四年（1888）全力搶救與主持補鈔，仍然保存、恢復了不少閣書面貌，此為首次補鈔，且閣書首次鈔畢入庋時，仍開放給士人閱覽，一如往常。後來又有第二次錢恂（生卒年不詳）主持，起於民國四年（1914年）、終於民國十二年（1923）的「乙卯補鈔」；以及第三次張宗祥（1882～1965）主持，起於民國十二年（1923）、終於民國十三年（1924）

的「癸亥補鈔」。〔註4〕至此，若不嚴格考慮版本問題，文瀾閣之館、書可說是悉數恢復本來面貌。

又時間上，金批云閱畢時為癸卯（光緒二十九，1903）年，且在該年應已經補入不少內容：

> 癸卯閏五月銷夏梧桐街，賃宅讀訖記此。（卷十三頁 48-2）

> 有《隋志》本有，而輯本轉略，茲用朱筆補入；有新、舊《唐志》有，而此書亦未采入，亦為補輯存之。又從他書輯出數條，坿書眉耑。長夏無事，隨手輯錄。苦於博奕而已。癸卯閏五月闇伯記。（錢泰吉〈識語〉頁）

光緒二十七年，金蓉鏡丁父憂，二十九年服闋，是介於丁丙兄弟首次與第二次錢恂乙卯補鈔之間，閣館已重建、閣書仍開放，所以就時間、地緣上，金蓉鏡應有機會參考首次補鈔過的文瀾閣四庫全書。又就《四庫全書》本身，亦可以確定金蓉鏡知情《四庫全書》的存在，且可能使用過。第一，金蓉鏡的批校曾經明言「四庫」：

> 《漢武帝故事》二卷。（章書，卷九頁 1-1）

> 《四庫》著錄一卷，舊題班固撰。（金批）

> 《高僧傳》十四卷，僧惠皎撰。不著錄。（章書，卷十三頁 39-2）

> 《四庫》收《宋高僧傳》，贊寧撰。（金批）

檢《四庫提要》，子部小說家類有《漢武故事》一卷、子部釋家類有《宋高僧傳》三十卷。早在 1795 年，浙江學政阮元為使《四庫提要》能夠得到士人廣泛利用，便集資將文瀾閣本《四庫提要》翻刻，於是《四庫提要》在社會上開始有廣泛的流傳。〔註5〕所以應當可以肯定金蓉鏡曾利用過《四庫提要》。第二，周慶雲發起第三次補鈔之時〔註6〕，金蓉鏡作〈題《文瀾閣缺圖》〉讚頌此一盛事：

> 芸閣逼三清，英光冠百城。令威前度鶴，樓護合時鯖。落落五千卷，遙遙萬里情。墨卿勞故紙，藜杖對囊螢。出入玄黃戰，編摩歲月輕。籀金揮寶手，書桄挈崇楹。美矣弁陽老，今之劉更生。珠塵包藝海，

〔註 4〕顧志興：《文瀾閣與四庫全書》（杭州：杭州出版社，2004 年），頁 127～164。
〔註 5〕陳曉華：《「四庫總目學」史研究》（北京：商務印書館，2008 年），頁 51。
〔註 6〕周慶雲為發起人兼會計幹事。見〈補抄文瀾閣四庫缺簡在事諸員姓錄〉。

流略貫文衡。叙錄聯荀勖，傳抄正衛宏。星源探必達，汗簡定知名。
慧命證證續，犀渠寸寸英。回瀾真砥柱，坦步得修程。在昔毌昭裔，
艱難蜀石成。茲來月泉社，吟嘯古懷清。如意王戎舞，風零點瑟鏗。
湖山誇有美，巾卷理先盟。黃道仍分照，青氈為致聲。稟經吾輩事，
肄業爾須精。益志終鄰聖，爭奇那用兵。心靈增感激，耳食飽噌吰。
遜學言猶在，無嗼世自平。請看圖畫上，喬采已崢嶸。

周慶雲在丙寅（1926）年補鈔完成、送閣貯藏時，於《補鈔文瀾閣四庫缺簡紀錄》〈弁言〉表示，在丁申、丁丙兄弟首次補鈔後，雖已經號稱完善，但缺漏仍然尚多，故在沈銘昌、姚昱、吳振春，及周慶雲自己等十數人為幹事領導之下，先就各圖書館有之本補鈔，繼而向已搬遷至北京的文津閣本借抄其闕，若有餘力，仍將丁申兄弟補鈔者再行校對。如此第三次補鈔計 4497 卷、2046 冊，寄望能夠為浙江文獻留下一紀念事蹟。而與四庫初次抄錄時相同的是，《四庫全書》中的繪圖、篆隸、滿文等需要特殊專長的工作都有專人專任。唯金蓉鏡僅題詩，沒有參與此次補鈔的實際工作。〔註7〕然金、周曾互相考訂金石文字，學術關係匪淺，若知三次補鈔，卻不知前二次業已完成，應當不能成說。

雖然第三次補鈔之時，周慶雲已經可以參考搬遷過後的文津閣本四庫，但尤其是首次補鈔，所據版本可說是紛亂龐雜、無法盡善，對今人而言，考其版本可說是甚有難度。所幸文瀾閣四庫全書業已於 2015 年全帙影印出版，能夠直接比對行文是否確如北方之文淵閣本四庫，或與其他版本對照。筆者之比對方式，係以金批與文淵閣四庫電子版之電子全文及影像對校，發現不少金批行文雖異於通行的點校本，卻與文淵閣四庫之行文相符，再檢《文瀾閣四庫全書》，可發現雖異於文淵、卻合於文瀾閣四庫本的跡象。

二、疑屬「四庫本」者

據上述，筆者就時間、機緣等外在線索，推論金蓉鏡很有可能利用《文瀾閣四庫全書》進行批校工作。在筆者直接比對金批與二閣書發現，可歸類為「疑屬四庫本」者，主要會滿足二種條件：第一是該書有有收於《四庫》，上述的一百一十種文獻中，有八十九種書有收於《四庫全書》中。第二是行文、分卷等洽與四庫本相合，而與點校本等校本不同。亦即，有的文獻雖有收於《四庫》，

〔註7〕〈補抄文瀾閣四庫缺簡在事諸員姓錄〉中，沒有金蓉鏡之名。

但分卷、行文與兩閣《四庫》有較大的差異，可能就不是屬於四庫本，詳下述。

就筆者發現，行文不符點校本，卻合文淵或文瀾閣本者，有五十處左右，發生此種情形的文獻有《史記》、《後漢書》、《齊民要術》等十二種文獻。因考慮到文瀾閣補鈔所據版本不同，可能導致與文淵閣行文有所差異，將金批與文瀾閣三者比對得結果如下：

表4-2：金批與點校本、文淵閣四庫本、文瀾閣四庫本行文對照表

章書位置	文　獻	對照（點校本等）	金批（同文淵閣）	文瀾閣
卷六頁 25-1	史記	造橫橋	造長橫橋	（同金批）
卷六頁 25-1	史記	香聞十里	香聞十里中	（同金批）
卷六頁 25-1	史記	上有仙人	有僊人	（同金批）
卷六頁 26-1	史記	相江記	湘江記	（同金批）
卷十一頁 1-1	史記	坺如菜畦	如種韭畦	（同金批）
卷十一頁 1-1	史記	祭四瀆用三正牲	祭四瀆用三牲	（同金批）
卷十一頁 1-1	史記	沈圭	圭沈	（同金批）
卷六頁 26-2	漢書	漢記云朔五年	漢記云元朔五年	（同金批）
卷三頁 10-1	後漢書	統三十六部	統三十六郡	（同金批）
卷三頁 10-1	後漢書	將以示卓	持以示卓	（同金批）
卷六頁 31-1	後漢書	是謂五領	是謂五嶺	（同金批）
卷六頁 45-1	後漢書	城在郡南山中	白城在郡南山中	（同金批）
卷六頁 55-1	後漢書	此泉元出鹽	此泉原出鹽	（同金批）
卷八頁 8-1	後漢書	王愔文志	王愔文字志	王愔文志
卷十三頁 6-1	後漢書	洛陽令身出案行	洛陽令自出案行	（同金批）
卷十二頁 10-2	三國志	魏名臣奏	魏名臣表	魏名臣奏
卷六頁 9-2	宋書	吳地志	吳地誌	吳地志
卷六頁 28-1	宋書	永寧地志	永寧地誌	永寧地志
卷十一頁 1-1	宋書	執板入閤	皆執板入閤	（同金批）
卷三頁 25-2	魏書	三千二百七年	三千二百七十年	（同金批）
卷六頁 11-2	魏書	徐州人地錄四十卷	徐州人地錄二十卷	（同金批）
卷一頁 21-2	隋書	宋大明中	宋文明中	（同金批）
卷五頁 9-1	隋書	明帝在蕃注	明帝在藩注	明帝在蕃注
卷六頁 57-2	隋書	西域道里記三卷	西域道里記一卷	（同金批）

卷十三頁 39-1	隋書	釋僧祐	釋僧祐	（同金批）
卷十頁 11-1	舊唐書	太建十一年	大建十一年	（同金批）
卷十三頁 19-2	舊唐書	劉畫	劉畫	劉畫
卷十三頁 38-2	舊唐書	虞通之	虞道之	（同金批）
卷十三頁 48-2	舊唐書	戴祚	戴異	戴祚
卷十三頁 14-1	新唐書	逸人傳七卷	逸人傳十卷	（同金批）
卷一頁 12-2	齊民要術	安定縣	定安縣	安定縣
卷六頁 31-1	齊民要術	平興縣有花樹	平興縣有華樹	（同金批）
卷六頁 35-1	齊民要術	大梨如五升	大梨如斗	（同金批）
卷六頁 38-2	齊民要術	尋陽記	潯陽記	尋陽記
卷六頁 43-1	齊民要術	永嘉美瓜	永嘉襄瓜	（同金批）
卷六頁 12-2	太平廣記	孔口會稽記	孔靈符會稽記	（同金批）
卷八頁 9-2	太平廣記	楊雄琴清英	揚雄琴清英	楊雄琴清英
卷十三頁 43-1	太平廣記	述異錄	述異記	（同金批）

若以文獻、與金批相同分類可得統計如下：

表 4-3：金批同於文瀾閣四庫本行文數量統計

文　獻	全　部	同文瀾
史記	7	7
漢書	1	1
後漢書	7	6
三國志	1	0
宋書	3	1
魏書	2	2
隋書	4	3
舊唐書	4	2
新唐書	1	1
齊民要術	5	3
太平廣記	3	2

　　就種類來說，金批的引用文獻，與文淵閣四庫本相合，而與點校本不合者，好發於史部正史類文獻，以及子部農家類的《齊民要術》，子部的《太平廣記》與《法苑珠林》也有零星的現象。在正史類文獻中，金批所引種類，始於《史

記》、終於《宋史》，總計有十七種，而上表所示與文淵閣四庫相合者有《史記》、《漢書》、《後漢書》、《三國志》、《宋書》、《魏書》、《隋書》、《舊唐書》、《新唐書》共九種，行文共近三十處。再者，全數與文瀾閣四庫本相較，雖有七處反而與點校本相合，但仍然有二十三處與文淵閣（金批）無異，比例上仍然超過四分之三，考慮到金蓉鏡知悉文瀾閣《四庫全書》重鈔之事，應能假設金蓉鏡曾使用過文瀾閣《四庫全書》的正史類文獻批校章書。正史類之外，《齊民要術》、《太平廣記》也有一樣的狀況發生。至於《法苑珠林》，有反而因引文缺漏等因素，可能並非四庫本，不列入此統計，詳見下述。

　　值得注意的是，金批所引部分引文，與文淵閣四庫本所作差異甚大，但與文瀾閣四庫本無異，所以這些文獻很可能也使用了文瀾閣四庫本：

表 4-4：金批異於文淵閣、合於文瀾閣行文處舉隅

文　獻	位　置	狀　況
齊民要術	卷三 頁 8-1	金批作「南越經」；點校本與文淵閣四庫本均作「南越志」，文瀾閣本與金批合。〔註 8〕
	卷六 頁 18-1	金批引：「周景式《廬山記》曰：『香爐峰頭有大盤石，可坐數百人，垂生〔山〕石榴。二月〔註 9〕中作花，色如石榴而小淡，紅敷紫萼，煒燁〔註 10〕可愛。』」，為文淵閣四庫本無，文瀾閣四庫本有。〔註 11〕
太平御覽	卷六 頁 43-1	金批有「浮丘公相鶴經曰青田之鶴」十一字，文淵閣四庫本無，文瀾閣四庫本有之。〔註 12〕

　　上述《齊民要術》、《太平御覽》的情況，與正史類文獻的差異更大，並非僅一二字的不同，而是有數十字完全消失於文淵閣四庫本中，而金批可能因引用了補鈔的文瀾閣四庫本，反而輯佚到了更多行文。其次，除了上述有發生正與四庫本相符的正史類文獻，以及《齊民要術》、《太平廣記》、《太平御覽》外，其餘金批使用的文獻，有收於《四庫全書》者，由於引文、分卷等特徵於四庫本與對校本尚不能看出差異，筆者亦推測這些文獻可能也是四庫本。

〔註 8〕　《文瀾閣欽定四庫全書》冊 744 頁 79 下。
〔註 9〕　二月：點校本出校記云：「各本作『二月』，僅金抄作『三月』，《初學記》及《太平御覽》引同。」
〔註 10〕　煒燁：點校本作燁燁。
〔註 11〕　《文瀾閣欽定四庫全書》冊 744 頁 50 下。
〔註 12〕　《文瀾閣欽定四庫全書》冊 914 頁 563 下。

金批引用文獻時，未必會將最外層的實體文獻實錄，這就導致了檢索來源的困難，如金批引《藝苑雌黃》、《復齋漫錄》、〈上林賦〉，實來自《苕溪漁隱叢話》：

> 《吳錄》三十卷，張勃撰，梁有隋亡。（章書，卷一頁 12-1）

> 《藝苑雌黃》引《吳錄》云：「朱光祿為建安，庭有橘，冬覆其樹，春夏色變青黑，味絕美」，〈上林賦〉曰：「『盧橘夏熟。』近是也。」

> 《復齋漫錄》引張勃《吳興錄》云：「建安郡中有橘，冬月於樹上覆裹之，至明年春夏色變青黑，味尤絕美。〈上林賦〉云：盧橘夏熟。盧，黑也，蓋近是乎？」（金批，頁 12-2）

《藝苑雌黃》本身有單行，但版本甚少，可能亦未收入叢書中；《復齋漫錄》實為《能改齋漫錄》〔註13〕，四庫中有收《能改齋漫錄》十八卷。但上述金批，係自《苕溪漁隱叢話》後集卷二十八節引，故金批云引《藝苑雌黃》、《復齋漫錄》，實源自《苕溪漁隱叢話》一書。又金批引有〈太和山記〉二條，應實引自《弇州四部稿》。

如上述所言，金批時常不將最外層的載體文獻據實著錄，導致有二十種文獻狀況較為複雜。《四庫》中收有《說郛》一百二十卷，屬子部雜家類，但其輯錄多種文獻之佚文，實有類書的功能，而金批引用數種文獻，同時有說郛本與四庫所收的單行本，卻並未明言來自何者。其中說郛有收而四庫無收單行本者僅《就日錄》、《玉潤雜書》二種；其餘十八種亦有單行、亦收於《說郛》中，難以判斷究竟來自何者，現臚列如下：

表 4-5：金批引用文獻有收於《說郛》者列表

疑引《說郛》本	疑引《四庫》單行本
《東齋記事》、《香譜》、《遂初堂書目》、《北戶錄》、《竹譜》、《蟹譜》、《禽經》、《南方草木狀》、《硯譜》、《茶經》、《蘇氏演義》、《雲谷雜記》。	《侯鯖錄》、《五總志》、《文昌新錄》、《雲仙散錄》、《抱朴子》、《筍譜》。

疑引《說郛》本者計十一種文獻，由於引文於《說郛》本、《四庫》單行本俱有，故無從判斷者歸類於此。有七種文獻則因為引文未錄於《說郛》，故

〔註13〕宋·王讜撰，周勛初校證：《唐語林校證》（北京：中華書局，1987年），卷二，頁95。

疑其引《四庫》單行本，舉例如下：

> 《劉向別傳》。《文昌新錄》卷三引。云燕地谷美而〔寒〕不生五穀，
> 鄒子吹律召，溫氣至，五穀生。（金批，卷十三頁 24-2）

> 《雲仙散錄》引《衡山記》云：「凌倚〔隱〕衡山，往來自負書劍，
> 削竹為擔，裹以烏氊，倚既死，山僧取以供事。」又引李明之《衡
> 山記》云：「小兒髮初生為小髻，十數其父母為兒女相勝之辭曰：蒲
> 桃髻十穗勝五穗。」（金批，卷六頁 17-2）

　　金批作《文昌新錄》者，實與宋・龐原英《文昌雜錄》內文均合。《說郛》本引作「律呂」，金批作「律召」，與四庫單行本合。唐・馮贄《雲仙雜記》，又名《雲仙散錄》、《雲仙雜記》，金批引該書時書名亦未固定，唯上述二條引文作「衡山記」者，《說郛》本均作「衡山詩」，故金批與單行本合。是故《文昌雜（新）錄》、《雲仙散錄》，應屬單行本而非《說郛》本。其餘如引《五總志》，金批引「時人以為舊姓要錄」云云，為《說郛》本未收。又如金批引趙令時（字德麟，1061～1134）《侯鯖錄》二條，其一引「李衡密遣十人於武陵新陽洲上作宅」等語，為《說郛》本未收；其二引「朱虛侯撰《百官本草》」，其單行本與《說郛》本俱有，故《侯鯖錄》亦為四庫所收之單行本。

三、應非與疑非「四庫本」者

　　此類文獻的判斷依據有二，其一是因為《四庫全書》未收該文獻，其二是四庫本的卷帙與金批不合。未被《四庫全書》所收者如下：

表 4-6：金批所引未收於《四庫全書》之文獻

清以前著作	清代著作
南朝宋・陶弘景《真靈位業圖》	湯球《九家舊晉書輯本》
南朝宋・陶弘景《周氏冥通記》	龔煒《巢林筆談》
梁・釋慧皎《高僧傳》	葉德輝《宋祕省續編四庫闕書目》
隋・智顗《觀音義疏》	楊守敬《日本訪書志》
唐・釋道宣《續高僧傳》	姚振宗《隋書經籍志考證》
宋・趙滋《養痾漫筆》	伍崇曜《嶺南遺書》
宋・邵思《姓解》	應先烈修，陳楷禮纂《嘉慶常德府志》
明・朱謀㙔《水經注箋》	曾國荃《光緒湖南通志》
明・楊慎《藝林伐山》	伍崇曜《嶺南遺書》
明・商濬《稗海》	王謨《漢魏叢書》
	張澍《二酉堂叢書》

　　清代著作中，金蓉鏡利用了三種不同面向的文獻：當代研究成果、地方志、叢書，這代表金蓉鏡頗為重視當時的學術動態並且善加利用。清以前著作中，前五種是屬於宗教類文獻；其餘著作，《養疴漫筆》有《古今說海》本、《藝林伐山》有《函海》本，《稗海》本身即是叢書。值得注意的是宋・邵思《姓解》應為《古逸叢書》本，由於《古逸叢書》是黎庶昌、楊守敬駐日期間將海外孤本影印回國，所以邵思《姓解》又同時具備了當代研究成果的性質。《日本訪書志》云：

> 《姓解》三卷，北宋槧本，刻入《古逸叢書》。
>
> 宋・邵思撰，陳振孫《書錄解題》尚著于錄，以後遂無及之者。……今按其書，詳略失當，有經史著姓而遺之者，有不見經史第，就《姓苑》錄出者。……與《元和姓纂》等書，絜長較短也。惟其中所引有逸書，又引《風俗通・姓氏篇》之文甚多，或亦好古者之所樂觀乎？

　　《古逸叢書》有光緒九年（1883）遵義黎氏影宋校刊本，故金蓉鏡完全有機會可以利用。也可以知道《姓解》的謬誤並不少，學術價值可能不如《元和姓纂》，但由於其具輯錄佚文的史料價值，所謂「好古」者應會樂於使用此書。而金批於《元和姓纂》、《姓解》二書均有使用，故金蓉鏡並不貴古賤今，而能古今兼採。朱謀㙔《水經注箋》，見引於卷六頁49-1：

> 《從征記》，卷亡，伍緝之撰。（章書）
>
> 《水經・渠水注》：「《續述征記》：……自醬魁城到酢溝十里。」　朱《箋》以為伍續之《述征記》。（金批）
>
> 其水東流，北徙注渠水。《征續記》。征當作伍，伍續之有述征記。（朱謀㙔《水經注箋》，又有眉批：「明抄：水作述；續作續。」）〔註14〕

　　朱《箋》即朱謀㙔《水經注箋》，未收於《四庫全書》中。此引文又見錄於清・沈炳巽《水經注集釋訂訛》卷二十二，沈書屬癸亥補鈔之書，金批自云閱畢為1903年，比癸亥補鈔之時早。雖不能肯定金批勢必於1903年完成，只是以時間點而言，引《水經注集釋訂訛》的機率應該不是很大，故筆者以為此處係引《水經注箋》之原書。

　　不合者有《太平寰宇記》、《雲麓漫鈔》等文獻。第一，在《四庫提要》「太

〔註14〕明・朱謀㙔撰：《水經注箋》，收入《四庫未收書輯刊》第玖輯第5冊（北京：北京出版社，1997年），頁49。

平寰宇記」條目云：

> 原本二百卷，諸家藏本竝多殘闕，惟浙江汪氏（汪啟淑）進本所闕
> 自一百十三卷至一百十九卷，僅佚七卷；又每卷末附校正一頁，不
> 知何人所作，辨析頗詳，較諸本最為精善，今據以著錄。

而金批引《太平寰宇記》二十餘次中，取用四庫本尚存卷數僅有二次，其餘皆是使用四庫本所佚卷數，檢文瀾閣本《太平寰宇記》，也未將佚失的卷數補鈔。又檢《古逸叢書》，有收《太平寰宇記》殘本，除了卷一百十九外，卷一百一十三至卷一百十八已被補齊〔註15〕。《日本訪書志》云：

> 《太平寰宇記》殘本，宋刻本，刻入《古遺叢書》。
> 此書《太平寰宇記》中土宋刊本，久不存。《四庫》著錄據浙江汪氏
> 所進鈔本，闕一百十三至一百十九，凡七卷。……余於森立之《訪
> 古志》見有此書宋槧殘本，藏楓山官庫，意或有足以補中土所佚
> 者。……其一百十三至一百十八，……未為完書，亦足以慰好古之
> 懷矣。

《太平寰宇記》殘本仍缺卷一百十九，而金批亦未引用《太平寰宇記》卷一百十九之處，故金批有可能採用此本，並搭配四庫本使用。第二，梁・任昉《述異記》，此書有收於四庫本之《說郛》中，但卷十三頁43-1，金批云「任昉《述異記》二卷，刊入商氏《稗海》，多述物異。」若能經眼《稗海》，則金蓉鏡或許無取用四庫本之必要，故筆者以為《述異記》可能也非四庫本。

第三，金批引《雲麓漫抄》，卷數與點校本、四庫本均不合，唯內文均合。《雲麓漫抄》傅根清點校本附錄三〈雲麓漫鈔版本源流考證〉云《雲麓漫抄》有四種版本系統，四庫本為十五卷本系統，而四卷本系統「是今傳十五卷本的七至十卷」，金批有註明卷數者為卷一與卷二，正與點校本、四庫本之卷七、卷八合，故金批所據為四卷本系統。〔註16〕四卷本系統中又有刊本與鈔本等不同形式，而金批曾引商濬刊《稗海》一書，或金批所據即此。

第四，是《法苑珠林》，附論《廣弘明集》、《高僧傳》、《觀音義疏》、《續高僧傳》。五部佛教藏經中，僅有《廣弘明集》、《法苑珠林》收於《四庫全書》中，金批引《廣弘明集》未見有行文與四庫本有所不合處。然《法苑珠林》問題甚大。雖經比對，有部分引文異於文淵閣、合於文瀾閣本：

〔註15〕金批未有引用《太平寰宇記》卷一百十九之處。
〔註16〕宋・趙彥衛撰；傅根清點校：《雲麓漫鈔》（北京：中華書局，1996年），頁287。

表 4-7：金批引《法苑珠林》合於《徑山藏》、文瀾閣處

位　　置	金　　批	文淵閣	《徑山藏》、文瀾閣
卷四頁 7-2	目重童子。	目重童。	目重童子。
卷六頁 6-1	桓仲。	桓冲。	桓仲〔註 17〕。
卷六頁 52-2	大秦國人長一丈。	大秦國人長丈。	大秦國人長一丈。
卷十三頁 39-2	隋著作郎。	隋著作。	隋著作郎。
卷十三夾籤小張	首楞嚴經。	楞嚴經。	首楞嚴經〔註 18〕。
卷十三頁 43-2	搜神異記。	搜神記。	搜神異記〔註 19〕。

　　除《四庫全書》外，《法苑珠林》在諸藏經幾乎均有收，其書有一百卷與一百二十卷本兩種。一百卷本在宋至清各藏經幾乎都有收；唯一百二十卷本僅見於《嘉興藏》、《四部叢刊》、《四庫全書》，《四部叢刊》本、四庫本起初應皆自《嘉興藏》而來〔註 20〕。從金批所記載的卷數來看，可以確定是使用一百二十卷本。然而，雖四庫本皆屬一百二十卷本，但文淵、文瀾閣四庫本之分卷頗為不同，舉例來說，文淵閣本自「三界篇第二之二」劃分為卷五之始，與《嘉興藏》本同；文瀾閣卻仍將之劃分為卷四之內，則卷數雖狀似相同，實各卷內容多寡必有出入，且《嘉興藏》、文淵閣四庫本卷末均有〈釋音〉，文瀾閣本卻悉數刪除。筆者推論，可能是補鈔之時雖得同為一百二十卷本，鈔者卻不知如何分配卷數，故導致分卷與文淵閣本不同。考慮到內文於文瀾閣四庫本可能有卷數移易的問題，金批應非使用文瀾閣四庫本。《嘉興藏》，又名《徑山藏》、《方冊藏》，始刊刻於萬曆十七年（1592），於萬曆二十年因天氣因素，遷至浙江餘杭縣徑山，於嘉興、金壇等地募刻，由嘉興楞嚴寺集中經板刷印，事竟於乾隆年間，所收藏經數量是所有漢文大藏經最多的。其採方冊線裝，製作簡單，攜帶方便，故而流佈廣泛，又金批引諸釋

〔註17〕《徑山藏》編委會編：《徑山藏》第 87 冊（北京：國家圖書館出版社，2016年），頁 556 上。《文瀾閣欽定四庫全書》第 1078 冊，頁 524 下。

〔註18〕《徑山藏》第 87 冊，頁 411 上。《文瀾閣欽定四庫全書》第 1078 冊，頁 353下。

〔註19〕《徑山藏》第 88 冊，頁 507 下。《文瀾閣欽定四庫全書》第 1079 冊，頁 394下。

〔註20〕李華偉：《法苑珠林研究》（北京：中國社會科學出版社，2015 年），頁 11～13。

家文獻於《嘉興藏》均有收，以地緣就近、收書完整的便利性而言，金批使用《嘉興藏》中藏經的機率頗大。

最後就是《剡錄》。金蓉鏡在批校章書之外，也十分重視《剡錄》作為地方志的功能，其《靖州鄉土志》〈例言〉云：「採摭古事，悉標原書，高氏《剡錄》可為前馬。」這也表現在金批引用《剡錄》的次數上。其引共 24 次。有二處金批是不符文淵閣，而合於文瀾閣，卷七頁 7-2 金批作「阮脩」；文淵閣四庫本作「阮牖」；文瀾閣四庫本作「阮脩」，與金批合。〔註21〕卷八頁 7-2 金批作「文章志」，文淵閣四庫本作「文字志」；文瀾閣四庫本作「文章志」，與金批合。〔註22〕乍看之下，金批所引是文瀾閣本，唯卷十頁 6-2 引《剡錄》一條：「《百官名》曰三公拜賜貙皮一」，此條引文於文淵、文瀾閣四庫本均無，又二閣本《剡錄》卷三「羆」與「猿」條目之間，皆缺「狸」、「貙」二條目，金批引即「貙」條目之文。故《剡錄》非四庫本的機率尤大。

綜上所述，有收於《四庫全書》，但可能不是四庫本的文獻可能有宋・樂史《太平寰宇記》、梁・任昉《述異記》、宋・趙彥衛《雲麓漫抄》、唐・道世《法苑珠林》、宋・高似孫《剡錄》。雖金批本來就是「隨手輯錄」的特性，不會明確標示所用的版本；但其又具備「採摭古事，悉標原書」的原則，所以還是有線索判斷版本的異同。

第三節　用法分析

章書從《隋志》分為十三卷，涵蓋了正史、古史、雜史、霸史、起居注、地理、譜系、簿錄、舊事、職官、儀注、刑法、雜傳等類別。而金批使用的前述一百一十種文獻，實際上的引用次數，以及在這十三種類別中產生的使用傾向，也是值得關注的議題之一。從前述統計，金批使用最多的文獻，前三名是子部雜家類 20 種、史部正史類 17 種、子部小說家類 12 種。《隋志》本屬史部正史類的《隋書》，以正史批校之是很自然的。雖史部正史類文獻數量較子部雜家類略少，但實際上的使用次數遠遠大於後者。經筆者統計如下：

〔註21〕　《文瀾閣欽定四庫全書》第 487 冊，頁 534 下。
〔註22〕　《文瀾閣欽定四庫全書》第 487 冊，頁 535 下。

圖 4-1：金批引用漢至宋史部正史類文獻次數

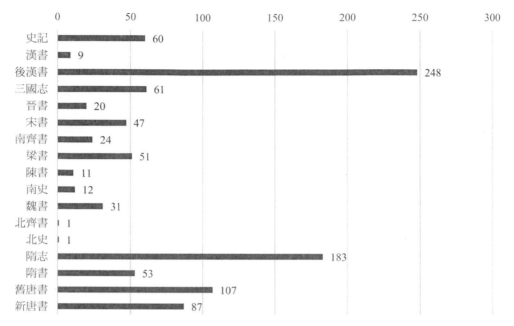

統計顯示，在漢至宋正史類文獻的引用次數，比例相差非常懸殊，顯示金批習慣引用的文獻，是以隋代為中心，時間越久就逐漸遞減，但由於《後漢書》相較於《三國志》又有劉昭補志，金批時常引用之，所以《後漢書》引用次數又遠遠大於《三國志》。南北朝時期，引用南方政權史書的次數，也遠大於北方政權。

所有正史類文獻，引用次數最多的是《後漢書》的 248 筆；但由於金批常常自《隋志》輯錄書名，《隋書》其餘部分作為他用，故筆者將《隋志》與《隋書》分開計算，若兩者合計，將達 236 筆，直逼《後漢書》的引用數量。金批引《後漢書》，紀、列傳、劉昭補志均有涉及，除了卷四霸史類之外，其餘十二卷均有引用紀錄。而卷一到卷三僅引用四十餘筆，有兩百餘筆都用於批校卷六及以後的卷數。事實上，有不少紀錄是《後漢書》、《三國志》均有，好發於人物列傳，但金批未明顯交代文獻出處，所以無法納入上表計算，是故《後漢書》、《三國志》的引用數量應不只於此。其次於《隋志》與兩《唐書》部分，金批自述「有《隋志》本有，而輯本轉略，茲用朱筆補入；有新、舊《唐志》有，而此書亦未采入，亦為補輯存之。」十三卷中，均有來自《隋志》與兩《唐書》的資料。金批引《隋志》，皆為補輯書名，僅一筆不同，位於卷五頁 12-1，由於該處章書並非考證書名，而是逐引《隋志》史部起居注類小敘之語並註解

之，故金批云「此行下皆隋志敘文中語，摘敘如此」。兩《唐書》的部分，多用《藝文志》、《經籍志》的部分，除補充書名外，亦時常與《隋志》著錄者作比較，作「《舊唐志》作某某卷」「《新唐志》作某某人作」等語，用以顯示文獻名稱與卷數的流變，或是用於異書考證。《史記》與《三國志》，前者有用於卷二、三、六、九、十一、十三，佔將近一半卷數，然後者則僅卷五、十一沒有，其餘皆有引用紀錄。此外，金批又有自《漢書·藝文志》與《宋史·藝文志》各引用一筆，但前者僅為輯佚文，後者僅為補充書名，考證效果並不大。這也顯示雖然《隋志》以前官方紀錄雖還有《漢志》，但比起《漢志》，金批更偏向使用時間更晚近的志、列傳等資料。

子部雜家類 20 種文獻，以引《丹鉛錄》14 次為最多，使用對象集中在卷六地理、卷十三雜傳類，引用方法都是「《丹鉛錄》引某書云云」，即為輯錄佚書、佚文的基本形式。其次是《金樓子》9 次，使用對象在卷三雜史類，以及卷六、卷十三，引用方法多為「某人撰某書」，等較為涉及成書歷程的史料。其餘的雜家類文獻，多用於批校地理與雜傳類，如《蘇氏演義》、《困學紀聞》、《五總志》等。僅《論衡》於正史、雜史類，《墨莊漫錄》於起居注類，《霏雪錄》於正史類，但除《霏雪錄》僅涉及佚文外，金批引《論衡》、《墨莊漫錄》均有記載文獻的成書過程，可用於補純史部文獻的不足。是故就種類而言，雖雜家類文獻使用種類頗多，只是就總數而言並非浩繁，但其中仍有可以做為補充史部文獻的部分。

子部小說家類 12 種文獻，以《太平廣記》引用最為頻繁，有 237 次，種類涵蓋了正史、古史、雜史、霸史、地理、簿錄、舊事、雜傳等類別，除佚書佚文外，於卷一引王蕭攸著《梁史》百卷，卷三引國史撰《任城舊事》藏秘閣等流傳史可補充，又有被金批用作考證異書之用，如韋述《西京記》事屬之。其餘文獻與雜家類相似，多用於補充佚文，如《雲仙雜錄》僅有 3 次於舊事類中。《癸辛雜識》則是有一筆為《三輔黃圖》善本流通的紀錄，頗為特殊。此外，還有一個異數是釋家類的文獻《法苑珠林》，金批引用達 227 次，幾乎與《太平廣記》相等，而金批引《法苑珠林》，分布較《太平廣記》僅少了簿錄類，數量幾乎分布在地理類以及之後的卷數。由於《太平廣記》、《法苑珠林》具類書性質，材料豐富，取材相當便利，且時有神異記載，用於補充雜傳類文獻十分有幫助，故引用數量都很大。

第四節　小結

筆者經過統計與分析後，得知三項結果。第一，金批所引用的文獻數量達到一百一十種，且涵蓋的類別相當廣泛，代表金批在文獻的取材上相當廣泛。具體而言，廣泛並不只是種類上，時間與來源也是面向之一。時間上從最早的周‧師曠《禽經》，到晚近的楊守敬《日本訪書志》、《光緒湖南通志》都涵蓋在內。來源上，金批除了官方的正史類文獻外，也大量採用了筆記、小說、神異類等非正式文獻，使資料來源豐富不少。

第二，在版本考證方面，基於時間與地緣關係，金批所引用的文獻應多數是《文瀾閣四庫全書》本，從金蓉鏡本身的批校與其他文獻，可以肯定他知悉、利用過《四庫全書》相關文獻。又金批自注批校時間，正合金蓉鏡丁父憂將服闋之時，其身在家鄉，長夏無事，也有足夠時間前往文淵閣閱覽。回到批校本身，金批的引用文獻絕大多數有為《四庫全書》有收，又行文往往與文瀾四庫本合，有《齊民要術》、《太平御覽》等文獻，雖行文與文淵四庫本不符，甚而有缺漏，但又與文瀾四庫本合，故應該可以推論多數文獻是來自《文瀾閣四庫全書》。雖有部分文獻如《南方草木狀》、《抱朴子》因收於《說郛》，導致難以判斷是《說郛》本還是單行本，但終究是《文瀾閣四庫全書》的範圍內。

至於不屬《文瀾閣四庫全書》的文獻，最明顯的就是未收，如《高僧傳》、《水經注箋》、《宋祕省續編四庫闕書目》、《光緒湖南通志》等。其餘是因為卷數出入或行文闕漏，如《太平寰宇記》、《雲麓漫抄》、《剡錄》等。《法苑珠林》與其他釋家藏經的部分，《法苑珠林》已經從文瀾四庫本的分卷得知應不屬於此，加上其他藏經也未被《四庫全書》所收，所以應不可能使用四庫本的釋家文獻。而嘉興楞嚴寺有主持刷印《嘉興藏》（又名《徑山藏》），流傳廣泛，與《文瀾閣四庫全書》有著容易接觸使用的特性，所以金批使用的五種釋家文獻可能是《嘉興藏》本。

第三是利用分布方面，金批習於引用正史類文獻，且利用的種類以隋代為中心，時代越遠，引用數量就有遞減的趨勢，南北朝時期，南方政權史書的利用次數也遠大於北方政權。但由於《後漢書》比《三國志》多了制度類「志」的資料，所以前者的引用數量遠遠大於後者。其次，雖然金批狀似使用大量雜家、小說家類文獻，但以實際的使用數量來看，還是以正史類為大宗，而唯二能匹敵引用數量的是《太平廣記》、《法苑珠林》，因其有類書性質，資料豐富，加上適合補充神異事驗，所以相較於正史之外，利用數量也不少。

第五章　金蓉鏡批校價值與缺失

　　此章企圖分析金蓉鏡的批校有何價值與缺失。金蓉鏡身為進士與藏書家，所能見到的史料是相當廣泛的，而呈現出來的價值，也涵蓋了目錄、版本、校勘等諸多方面。至於缺失，由於古人並沒有現代較為便利的數位工具，加上每個人的知識才學也有所出入，所以也不能避免地有所產生。

第一節　價值

　　價值部分，筆者以為可分為廣錄多種文獻、慎查橫向異同、詳考縱向流變、細究原書訛誤、博採散失逸文共五個方面，文獻學以版本、目錄、校勘學三者為基底，向外延伸有輯佚、辨偽學等應用。而廣錄多種文獻、慎查橫向異同、詳考縱向流變三者，涉及到書目的完整、書籍的差異，以及版本的流傳，是目錄學方面的價值。細究原書訛誤，是積極考證並校章書之訛，是校勘學方面的價值，可供未來欲出版點校本之出版社作為參考。最後是博採散失逸文，有助於散失典籍的重現，自然屬於輯佚學方面的價值。

一、目錄學方面的價值

　　昌彼得、潘美月著《中國目錄學》指出，目錄就體制的不同可以區分為三類：小序與解題俱有、有小序無解題、小序與解題俱無。而《隋經籍志考證》有各書解題，但沒有小序，也沒有針對《隋志》原有的大、小序進行批評或補充的動作，金批亦然，應可劃分為與「有小序無解題」相同的類別。而小序、解題的功用，章學誠認為在於「即類求書、因書究學」，對於治學者，自然比

僅記書名的目錄更有幫助。〔註1〕而金批在章書的基礎上，對許多書目的題要進行了大量資料採擷與補充的動作，所以有目錄學方面的價值，具體區分如下：

（一）廣錄多種文獻

此可分為引用文獻與著錄文獻二方面論述。引用文獻部份，第四章已統計金批引用文獻達一百一十種，且時間上涵蓋廣泛、不貴古而賤今，類別上從官方正史到野史筆記，只要有裨益於文獻史料收集的，基本上都悉數採入。

著錄文獻部分，無論撰名與否，都會採集之；甚而沒有書名、僅有撰寫過程的描述性文字，也會有「應列其名」等語，代表金批採擷文獻的並非僅以成名為限。採擷之後，金批會在章書天頭、地腳、行間臚列之，除了扉頁可能用於筆記之外，內頁中的批校基本上都與章書該頁的文獻有所關聯。筆者以為金批有受到高似孫《史略》的影響，採入的文獻不僅是名稱類似，且性質也十分相近，可以藉此看出文獻彼此的相關度，對於文獻的衍生歷史也有很好的借鏡。

（二）慎查橫向異同

由於書籍與作者名稱混亂，在採擷佚文後，仔細區分書籍之間的不同也是重要的工作。金批時有「不著撰人」、「俟考」等語，代表金批在採擷書名的同時，也謹慎地注意到書籍的異同，不輕易將相同書名劃分為一書，時有「別是一書」、「應是兩書」等語，而判斷的依據主要是作者的名字或是涉及的時代。至於多名實屬同書的部分，金批亦有「實屬一書」等語。除了實為一書或二書的部分，也考慮到的「續修」的狀況，作「為某某所續」等語。

（三）詳考縱向流變

縱向流變應是金批除了採錄文獻與佚文之外最為豐富的部分，考察的範圍從文獻的創作動機、作者身分，直至流傳的過程，到今日有何版本都涵蓋在內。值得注意的是卷十二刑法類，由於法律類文獻與今日相同，都有持續修訂的特性，所以金批以為章書該類考訂不夠仔細，將法律文獻的修訂過程節錄，並且考見有的文獻其責任者不只一人，這對於文獻的著錄是十分重要的一環。至於今日可見何種文獻，時有「某某叢書有之」等語，目錄往往有讀書指導的

〔註1〕 昌彼得、潘美月：《中國目錄學》（臺北：文史哲出版社，1986年），頁12～13。

功能，對於讀者而言，也不失為指引之一。

二、版本學方面的價值

　　論及版本學價值，猶如在論此書是否能名列「善本」之中，但善本的定義與條件一直是浮動的。張之洞《輶軒語》云讀書宜求善本，善本之義有三：足本、精本、舊本，這是以治學的角度論善本。〔註2〕曹之《中國古籍版本學》則認為善本依照使用者的目的，價值就會有所不同，是「因人而異」的。〔註3〕而臺灣習用的《中國編目規則》第四章〈善本圖書〉，具體定義了善本的範圍如下：

1. 明弘治十八年（1505）以前之刊本、活字本。
2. 明嘉靖元年（1522）以後至近代，刊本及活字本之精者或罕見者。
3. 稿本。
4. 名家批校本。
5. 過錄名家批校本之精者。
6. 舊鈔本。
7. 近代鈔本之精者。
8. 高麗日本之漢籍古刊本、鈔本之精者。〔註4〕

　　若僅由第三項判斷，《隋經籍志考證》本體是難以躋身善本之列的，必須要以第五項「名家批校本」來看，才能顯示金批本《隋經籍志考證》的版本價值。也可以說，有了金批才使《隋經籍志考證》的版本價值有所提升。陳先行則更具體地指出了批校本的價值：

> 批校本的版本價值在於批校文字，而不是批校版本本身。……藏書家……雖然沒有最終達到校勘學認為的校書目的，但卻為包括校勘家在內的專家學者提供了相對全面的第一手資料。〔註5〕

　　陳先行將具有校勘功能的批校，區分為校勘家、藏書家二種，而前者的目

〔註2〕 清・張之洞撰，司馬朝軍點校：《輶軒語詳注》（上海：華東師範大學出版社，2010年），頁135。
〔註3〕 曹之：《中國古籍版本學》（武昌：武漢大學出版社，2007年），頁606～615。
〔註4〕 圖書館自動化作業規劃委員會、中國編目規則研訂小組研訂，中華民國圖書館學會分類編目委員會增修：《中國編目規則・第三版》（臺北：中華民國圖書館學會，2005年），頁97。
〔註5〕 陳先行、石菲：《明清稿鈔校本鑒定》，頁83。

標在於「求真」，後者的目的在於「存異」。王叔岷指出，斠讎學「概括地說，是恢復古書本來面目之學」，與陳先行所說的「校勘家」立場一致。〔註6〕而金蓉鏡有藏書之舉，又利用四庫全書館藏，引錄不少史料，故筆者認為金批可屬藏書家的批校。而校勘為了求真，一手資料勢必是不可多得的，所以金批本《隋志考證》的版本學價值，在於提供史料以及校訛。

三、校勘、輯佚學方面的價值

（一）校勘學：細究原書訛誤

章宗源過世之時，《隋經籍志考證》成書倉促、僅有稿本，章宗源本人也可能無暇進行較為頻繁、深度的校對，即便經過多位藏書家的校補，流傳最廣的刊本仍有不少訛誤，而金批本舉出應增、刪、改者，就有多達八十處，現代出版的點校本，所能校訛的數量也不如金批，是故金批用於校對《隋經籍志考證》行文的訛誤，具有很高的價值。

（二）輯佚學：博採散失逸文

歷史上能流傳至今的文獻只是鳳毛麟角，多數的文獻已經佚失，其中若有重要的資訊，經過「輯佚」的動作，就能有限度的恢復其面貌。金批用了大量的篇幅，以「某書引某書云某某」的形式保留了大量的佚文，且確實有考得可以補入輯本的佚文，如金批自《法苑珠林》採得《十六國春秋》之佚文一條，確為今本所無。雖然由於古籍異名過多的現象，佚文是否屬於某書仍待考證，但金批已對大量文獻進行了初期的採摭工作，若能利用之，對於輯佚或是判斷書及異同應當有所助益。

第二節　缺失

金批採摭材料豐富、考證仔細，而行文時為全引、時為節引，但在補輯與增修引文的時候，也不可避免的犯了句讀失誤，或是出處交代不周的狀況，筆者將金批的缺失，區分為理解錯誤、引據瑕疵、批校重出共三種情況。

一、理解錯誤

由於二十四史、《法苑珠林》、《太平廣記》等基本文獻今日已有點校本，

〔註6〕王叔岷：《斠讎學（補訂本）；校讎別錄》，頁1。

從近人的點校成果可以看出金蓉鏡在引文時對於文義理解是有出入或是錯誤的。如卷三金批引《後漢書》注云：

> 《公孫述傳》注引《南越志》曰：「有番山、禺山，因以為名。」（金
> 批）

> ……故城在今廣州西南。《越志》曰……（《後漢書·公孫述傳》）

是故，金批誤將廣州西南之南字與越志相連，誤將越志解為南越志。又卷六頁28-1：

> 《水經·洛水注》引《故地說》。（金批）

> 《山海經》曰：熊耳之山，浮豪之水出焉，西北流，注于洛。疑即
> 是水也。『筍渠』蓋熊耳之殊稱，若太行之歸山也。故《地說》曰：
> 熊耳之山，地門也。（《水經注》）

「故地說」三字有硃筆圈點，則金批應以此三字為一書名；然點校本以「故」為「所以」之義，以為書名為「地說」。自上下文判斷，《水經注》是以《地說》解釋《山海經》的行文，故「故」字應作「所以」解。且《水經注》中《地說》出現頗為頻繁，是《地說》實為一書，而《水經注》無一處作「《故地說》」者，故筆者以為點校本是，則金批誤也。又卷六頁1-1：

> 《河水注》引故趙地《虞氏記》。（金批）

> ……白渠水又西南，逕雲中故城南，故趙地。《虞氏記》云：……（《水
> 經注》點校本）

據點校本，「故趙地」為上段文字之末，疑金批誤竄入書名。又卷六頁57-2：

> 《漢書》注引《博物記》，唐蒙作。《水經》引《南中行紀》，陸賈作。
> 見《丹鉛錄》。（金批）

金批引《漢書》注云唐蒙作《博物志》、《水經》引《南中行紀》二條，實均出自《丹鉛錄》卷十一〈古書不知名考〉，然《博物志》並非唐蒙作，金批疑未複查《後漢書》文義而引之。徐文靖《管城碩記》卷二十八曾批評《楊升菴集》云：

> 按：《後漢書·郡國志》：「劉昭引〈蜀都賦〉注云：……塹鑿之迹今
> 存，昔唐蒙所造。《博物記》：縣西百里有牙門山。」……此蓋言「塹
> 鑿之蹟至今尚存，乃唐蒙所創造也。」下引《博物記》、《華陽國志》

以見其縣又有諸山耳，豈可以「唐蒙造博物記」為一句乎？

又按《隋經籍志》曰：「《博物志》十卷，張華撰。《張公雜記》一卷，張華撰。梁有五卷。」與《博物志》相似，小小不同。

又《史記・龜策傳》云：「桀為瓦室注曰：《世本》：昆吾作陶。張華《博物記》亦云桀作瓦。」據此，則《博物記》亦張華作也。《史記》注現有明徵，何乃云唐蒙所造乎？近《本草綱目》《山海經廣注》皆引『唐蒙《博物記》』，誤，皆自升菴始也。

是故《博物記》非唐蒙作。又《丹鉛錄》已明文「考《後漢書》注」，金批卻云「《漢書》注」，又一未查文義耳。卷七頁 3-1 金批：「荀況《血脈譜》」。唯王應麟《玉海》卷五十：「《春秋公子血脈譜》，其傳本曰荀卿撰。《秦譜》下及項滅子嬰之際，非荀卿作明矣。」金批若據此書，或未查後文而誤。卷三頁 14-2：

《晉書》：亮子羕，「元帝踐阼，以羕屬尊，元會特為設牀。」無王亮乘車入殿事。（金批）

章書已云：「王亮為大司馬，正旦大會，乘車入殿……今《晉書》所闕。」疑金批未查此句。

二、引據瑕疵

金批引用文獻時，也有犯了引據不清的失誤。其一，東漢末有不少人物同時見錄於《後漢書》、《三國志》，六朝時亦有相同人物於不同正史皆有其本傳，若兩處行文完全相同，便無從判斷金批的引文來自何者。舉例如下：

表 5-1：金批引用文獻交代不清者

金　批	出　處
《崔鴻傳》：「光撰魏史，徒有卷目，初未考正，闕略尤多。」	《魏書》、《北史》。
《韋鼎傳》：「作《韋氏譜》七卷。」	《隋書》、《南史》。
邱仲孚撰《南宮故事》百卷、《尚書具事雜儀》。	《梁書》、《南史》。
劉劭《人物志》三卷。	《隋志》與兩《唐志》。
《袁紹傳》引審配曰：狗輩自汝曹破冀州。	《後漢書》、《三國志》。
韓「珩字子佩，代郡人，清粹有雅量。」	
《劉表傳》注引：劉「先字始宗。博學強記，尤好黃老，明習漢家典故。」	

《孔融傳》注引：「虞浦《江表傳》曰：『獻帝嘗時見（郗）慮及少府孔融。問融曰：鴻豫何所優長？融曰：可與適道，未可與權。慮舉笏曰：融昔宰北海，政散人流，其權安在？遂與融互相長短，以至不穆。』」	
漢潁川太守聊謀《萬姓譜》。	《四庫全書考證·子部》卷六十二或《古今姓氏書辯證》卷十。

　　其二，金批在逐改章書時候，雖修正了不少章書引用兩《唐志》時著錄不清的問題，但金批本身在引用兩《唐志》並沒有嚴格執行著錄正確的準則。金批僅云「唐志」時，有實際為引《舊唐志》、《新唐志》、兩《唐志》三種狀況，據筆者統計，實為《舊唐志》者有 26 筆、為《新唐志》有 11 筆、為兩《唐志》有 10 筆。據筆者統計，上述不知出自何書，加上為兩《唐志》不能判斷是新舊者，總計有四十筆，這四十筆筆者便無法計入上一章的統計內。

　　其三，除了古籍以外，金批偶有疑似抄錄近人（以金蓉鏡的時代而言）研究成果，卻未交代引據，其引用葉德輝輯《四庫闕書目》、姚振宗《隋書經籍志考證》、楊守敬《日本訪書志》皆有此種情況。如卷六頁 44-1 金批云「《宋志》作《賴卿記》，誤。　《遂初堂書目》有《魏瀨鄉記》。」可能實出葉德輝輯本《秘書省續編到四庫闕書目》之葉氏按語：「輝按：《宋志》作《賴卿記》，誤。《遂初目》史部地理類有《魏賴鄉記》。又道家類重出《瀨鄉記》，無撰人。」又卷十三頁 39-2，金批云「今《海山仙館叢書》有其書」，實可能出《日本訪書志》，因後者有相同記載，且金批屢有引訪書志，故有可能漏抄出處。又卷十頁 1-1，金批云「《唐志》作《漢官解故事》三卷」，點校、四庫本均無作「漢官解故事」者，姚振宗《隋書經籍志考證》卷十七「漢官解詁三篇」條云「《唐書·經籍志》：《漢官解故事》三卷」，疑出姚書。

三、批校重出

　　金批大凡以出校記、改行文作為批校的方法，但若同樣目的的校記與刪改重出，反而會將已改正者又改誤，是金批的缺失中較為罕見、特殊的狀況。此有二端，其一在卷十頁 5-2。章書：「職官要錄三十卷，陶藻撰。」金批：「《〔舊〕志》作陶藻。彥藻，三十六卷。」實金批處有三：其一，於「唐」字上增一「新」字。其二：刪去「彥」、「六」二字。其三：旁批「志作陶藻……」共十字。按《隋志》作「《職官要錄》三十卷，陶藻撰」。《舊唐志》作「《職官要錄》三十

卷，陶藻撰」。《新唐志》作「陶彥藻《職官要錄》，三十六卷」。則金批應從《舊
唐志》刪字，然上增「新」字卻與之矛盾，與「志作陶藻……」連讀亦與兩《唐
志》所作不符。

　　其二在卷十一頁 6-1。章書：「《梁大行皇帝皇后崩儀注》一卷，不著錄。
見《唐志》。」金批：「《舊志》作《大行皇后崩儀注》一卷。」實金批處有三：
其一，補一「新」字於「唐」字上。其二，刪「皇帝」二字。其三，批校「《舊
志》作《大行皇帝皇后崩儀注》一卷」共十四字，又自刪「皇帝」二字。檢兩
《唐志》，章書行文係據《新唐志》「《梁大行皇帝皇后崩儀注》一卷」，內容均
無誤。《舊唐志》著錄者少「皇帝」二字，金批應欲在區分兩《唐志》著錄不
同，卻又不慎導致矛盾。

第三節　小結

　　筆者認為，金批在目錄、版本、校勘學等方面，都有很高的價值所在。在
目錄學方面，金批從大量的史料採摭了不少書目，並以「聚類相從」的方式，
表現文獻彼此之間的關係與演變，這與較為常見的目錄學著作寫法，以單一文
獻為中心考察，是更為獨特且少見的，對於高似孫在專科目錄的方法學上有較
好的進步。其次，金批針對單一文獻的縱向演變，從創作動機到現存版本皆有
考證；而類似書目的橫向差異，也從作者官爵、成書經過等面向辯證有無不同。

　　在版本學方面的價值，是建立在其批校形式，以及前述的考證實績上。從
版本鑑定與特藏管理的立場，批、校皆有才能稱為批校本；且普通的版本，上
頭多了名家的批校，產生新的版本價值。金批本《隋志考證》內容豐富，達數
萬字；且由於章書成書倉促，時有訛誤錯漏，對於讀者而言，金批無非是提供
了一個經名家增補、校訛，展現不同閱讀意見的版本。

　　校勘學方面的價值，現行點校本除了進行現代標點以外，於章書用字、引
文基本上的錯誤與殘缺並沒有很深入的校對。而金批對此提供了不少一手史
料與意見，雖然不如批校《田間詩學》有較為清晰地交代版本，但對於章書的
深入閱讀經驗，仍是不可多得。最後是輯佚學方面的價值，前述的採摭工作主
要針對書目及其相關歷史的考證；若能還原其書，最為理想。金批在此方面採
集了大量於古籍中散佚的文字，並清楚交代文獻來源，有助於未來學者進行中
古時代文獻的重現。

　　至於缺失，筆者認為是由於金批「隨手輯錄」的特性，代表他並非以一個嚴謹、具組織性的角度去形成一個獨立著作，而只是一種讀書筆記，這表現在三個方面：理解錯誤、引據不清及不慎重出。理解錯誤表示句讀失當，在採集書名時可能就會產生錯誤。引據不清，由於六朝時期，同一事件往往見錄於多種文獻，但行文仍有所差異，金批於此偶有出處交代不周的狀況。最後是不慎重出，情況較為特殊，表示有二筆批校對象相同，行文卻導致彼此互相矛盾。

第六章 結 論

　　此章要點有三，第一，研究成果部分，論述金蓉鏡的政治生涯及學術特質，以及批校《隋經籍志考證》的學術價值與地位。第二，研究限制部分，敘述筆者在研究中所遭遇之困難，及未能處理完整之議題。第三，研究展望部分，揭露筆者經研究過後，對於此文將來可延伸、發展之研究面向，包括但不限於古典文獻學之範圍。

一、研究成果

　　研究成果，可區分為對金蓉鏡其人，及其批校《隋經籍志考證》二方面。金蓉鏡其人係當地望族出身，也是家族中少有進士資格者，但觀其任官履歷，地位都不是很高，且因為拷問革命黨人禹之謨，導致斷送政治生涯。唯金蓉鏡在政治上仍有實績：減賦稅與治水利。從其政治實績上，可以知道金蓉鏡對於維護地方利益不遺餘力，對於地方的關注，也表現在他的著述上。交遊部分，與沈曾植、葉德輝、王國維、蔣汝藻、周慶雲、勞乃宣等學者大儒皆有來往，與沈曾植來往事蹟，主要表現在文學創作、修地方志的教學與協力。與葉德輝、蔣汝藻、周慶雲三人，有善本資訊交流與考訂金石文字等學術層面的來往，且有《鮑少筠所藏金石文字》、《萬曆秀水縣志》等著作行事。金蓉鏡本身又有繪畫專長，使友人往往請其作畫，如勞乃宣參與「尊孔文社」，實屬勞氏一生大事之一，由此延請金蓉鏡作畫紀念，是其專長受重視之一端。

　　金蓉鏡的著述涵蓋四部，且也曾集結為叢書。具體而言，金蓉鏡的著述貢獻主要表現在方志類與金石類。方志類如撰《靖州鄉土志》、《郴州志》等地方文獻，更重要的是根據《康熙秀水縣志》，進而校訂《萬曆秀水縣志》、創作《民

國重修秀水縣志》，且《民國重修秀水縣志》在藝文志的考訂，遠比萬曆、康熙二本更為細緻，比純書目性的藝文志，無非更有考證上的幫助。金石類著作，主要在諸多同類別著作的序跋上，金蓉鏡認為金石作為出土文獻，可以補充傳世文獻的不足。金蓉鏡除了本身著作之外，也將嘉興當地人的重要著作集結為叢書，囑託從弟金兆蕃出版，有助於文獻的保存。至於藏書，據估計應該至少有一萬五千冊以上，生前有捐贈藏品建圖書館之舉，臨終又曾交代張守義捐贈其藏書，是藏書家中特別大方的一位。

　　章宗源《隋經籍志考證》，在刊本系統前有較為複雜的流傳過程，由於章書本身是稿本，在光緒元年（1875）由湖北崇文書局付梓以前，都是以稿鈔校本的形式流傳。筆者從朱緒曾、李慈銘等人的讀書記，在李慶〈關於章宗源《隋書經籍志考證》的三個問題〉一文的基礎上，增補了一個較為完整的版本流傳系統，並且判斷諸藏書家可能所見的版本類別。而臺灣所藏版本均為刊本系統，其中臺大圖書館藏有四種狀況不同的版本，筆者建議可從書目資料的稽核項新增簡要的版本特徵；師大圖書館所藏者有鈐印遭到撕除的痕跡，筆者推測可能是「闇伯斿埶（游藝）」印。

　　進入批校本身，形式上可從墨色、位置探討，墨色與批校的重要性沒有必然關係，證據是金批許多重要的個人意見是以墨筆所寫成的。至於位置，若是在書目名稱底下與行文之間，代表此處批校與該條目的相關度很大，天頭用於增補相關類別的文獻，至於地腳、扉頁或是夾籤，是位置不夠用時才會書寫的空間。

　　批校內容，筆者據陳先行之見，分為「批」（額外增補）與「校」（逕改增修）兩部分論述。批章書內容，有輯錄佚文、流傳梳理、增補書目、異同辨析四個部分，輯錄佚文方面，是據章書所錄書名、作者等資訊，從文獻中輯出可能的佚文；流傳梳理方面，從著述的動機，到某版本的形成，直到現存可能有哪些版本，時間上從創造到留存都包括在內，某些已經亡佚的文獻，也考察了亡佚的原因，是金批中內容最為豐富的部分。增補書目方面，是從時代相近的文獻中，收集可能為《隋志》所收的書名，且即便沒有明確的題名、僅有創作過程，也會予以收錄。異同辨析方面，由於中古時期的書目往往隨意減省書名或是作者名銜，導致書名、作者混同的狀況，金批也將以考證。校章書內容，金批對於章書有增、刪、改三種型式的校勘，都計八十處；其中以增、改占了大宗，有七十七處。代表章書從稿鈔本到刊本問世，仍然有許多地方沒有經過

校勘，是讀者需要注意的；而金批的校勘工作，無疑提供了一個可能更好的本子。金批的思想，與王頌蔚批校本《隋經籍志考證》、高似孫《史略》比較，可見一斑。與王批比較，王批專注於單一文獻的深入考證，並對章書行文進行校訛；金批則關注某一類別或性質文獻的聚合，表現出該類別的文獻的大致面貌。與高似孫《史略》比較，高書習於聚合類似性質的文獻，不為傳統分類方式所拘，筆者推測金批可能受到高書的啟發。是故金批的思想，是「採摭徵信」，進而「聚類相從」。

金批引用文獻的狀況，可區分為使用版本與利用方式二方面探討。使用版本方面，筆者據行文與卷帙的差異，推測金批可能使用了《文瀾閣四庫全書》、《徑山藏》，其餘則有叢書、輯佚本文獻。時間與種類上，從周代到清代文獻皆有，種類上不限於官方正史，小說、宗教類文獻也是很大的取材來源。具體的利用方式，正史方面，金批大量引用《隋書》與兩《唐書》佐證；又因為《後漢書》比《三國志》多了「志」，所以《後漢書》的志也有被大量使用。其他文獻方面，由於《太平廣記》、《法苑珠林》具有類書的性質，故常常被引用於地理、雜史類文獻。

金批的價值，在目錄、版本、校勘、輯佚皆有之。目錄學方面，金批採摭大量的書目與佚文，提供了許多一手文獻供讀者參考，針對單一文獻，考察了形成過程；針對相似類別或名稱的書籍，則一併收集展現該類別文獻的產生狀況，或是考證彼此之間有無實際差異。版本學方面，《隋志考證》本身並不是一個罕見的版本，但從版本鑑定的角度而言，金批使之能夠躋身善本之列：對讀者而言，也提供了一個有經過校訂的本子。校勘學方面，筆者發現金批改易者有八十處，許多地方是現代的點校本所沒有考證到的，筆者認為若能妥善利用之，將來可以提供《隋志考證》一個更好的版本。輯佚學方面，由於中古時期文獻流傳至今者極少，多數需仰賴其他文獻的引用來還原之；金批除了對書目及其考證外，對於該文獻的原文也採摭了不少，若能與王批本一起利用，勢必能輯出一些以為已經亡佚的文獻。缺失部分，由於金批並不以形成一個具嚴謹架構的獨立著作為目標，故仍有所疏漏，分別是理解錯誤、引據瑕疵、批校重出。理解錯誤是因為斷句錯誤，導致書名有衍字等狀況；引據瑕疵，金批並非以嚴格的引用格式描述文獻來源，時有文獻來自二處，不知實際出處的情形；最後是批校重出，是其缺失中較為罕見、特殊的現象，針對單一行文有兩次批校，但批校彼此矛盾，導致文義不明。總而言之，清代對《隋書‧經籍志》

的研究有許多成果，而金蓉鏡的批校顯然都未曾被注意到。基於金蓉鏡的批校成果，應能肯定金批在晚近的《隋書‧經籍志》研究史有其重要地位與價值。

二、研究限制

研究限制，主要呈現在材料方面。第一，由金蓉鏡主動產生的史料，有二種係筆者所未見：往來信札與藏書目錄。金蓉鏡的往來信札，並未完整被影印行世，在臺灣所能見到的僅為滄海一粟，如往來金蓉鏡往來王國維的信札，雖有影印，但其與沈曾植往來的尺牘，曾被集結為《致沈曾植尺牘十九通》，印本僅寥寥數百本，未能被筆者所見，故金、沈二人的交流深度與面向，可憑依的史料就受到了限制。

藏書目錄部分，據藏書家范笑我、學者陳心蓉所述，應有一本金蓉鏡的藏書目錄，檢《中國古籍總目》，《香嚴庵雜稿八種》稿本中有《書目不分卷》，疑似就是其藏書目錄，但這也沒有被影印出版。其次如《痰氣集》、《澂湖遺老集》等，皆只有中國當地圖書館的公藏原件，而沒有影印本，對於金蓉鏡的文學史、政治史等面向，挖掘深度也是有限的。

第二，是外圍述及金蓉鏡的史料。金蓉鏡係晚清近代之人，古籍、近代史料都可能有金蓉鏡之資訊，古籍有豐富的數位化資料庫，但時間下限勢必無法超越 1912 年，亦即民國元年，經檢索，除《清實錄》有少許為官時的活動紀錄，其餘資料並不豐富，反而是近代史料較能反映出金蓉鏡的活動往來痕跡。

近代史料最具權威性者，非檔案所莫屬。唯金蓉鏡卒於 1930 年，正值民國初年時代動亂、政府組織不斷改動之時，金蓉鏡於民國創立之後，雖仍有呼籲減賦稅、治水利等行為，事蹟應足以被寫入民國初期之檔案資料，但經筆者以不同關鍵字檢索中央研究院近代史研究所檔案資料庫，未能發現金蓉鏡的活動痕跡。中國第一、第二歷史檔案館之藏品，分別以明清、民國時期檔案為主，亦難以進行調閱，故也是研究限制之一。〔註 1〕其次，在晚清、近代諸學者的年譜中，也有部分金蓉鏡的往來紀錄，但在沒有完整數位化的情況之下，檢索亦極其困難，筆者所發掘者，可能僅是滄海中的一粟。

三、研究展望

金蓉鏡批校章宗源《隋經籍志考證》，具有公共藏品之性質，而現代公藏

〔註 1〕薛理桂：《檔案學導論》（臺北：五南，2004 年），頁 32。

單位，往往也利用「數位典藏」的方式管理其藏品。以古籍為例，過去的檢索與利用方式，無非是使用紙本聯合目錄找到需要的文獻，調閱原件或閱覽影印本。而數位典藏的做法，在檢索階段，往往以建設資料庫、「後設資料」的方式描述與管理藏品，不僅大幅節省時間，更有利於館際檢索系統的建立。利用部分，則是以提供全彩、高解析度影像作為選項，金批本《隋經籍志考證》即是明證之一。〔註2〕所以研究展望部分，筆者企圖突破古典文獻學的範圍，從相關學科的角度，思考該文本的研究發展方向。

（一）資訊工程學：「主題檢索」的材料

金批由於習引原書且多數有交代出處的情況下，令筆者查核原書有很大的方便。但由於目錄學的特性，無論書名或作者，近似的名稱往往無法用直觀的自然語言檢索。是故，數位工具對於目錄學的幫助仍然是有限的。正如中研院史語所退休研究員劉錚雲所言：

> 然而，在今日有強大電子檢索工具支援的情形下，索引製作似乎已無必要。因為利用我們製作的提要，透過電子檢索工具，研究者就可以很快地找到所需要的檔案。……
>
> 不過，<u>由於這樣的檢索都是利用使用者鍵入的自然語言為條件，一旦涉及同義詞、同人異名、古今地名等問題，就會影響檢索的正確性。</u>在這種情形下，為了協助研究人員更有效率地使用內閣大庫檔案，同義詞、同人異名、古今地名對照表等輔助性工具的提供，仍有其必要。〔註3〕

筆者以為，金批所大量蒐集的近似書名與佚文，雖然不能如同權威檔（authority files）進行確切的連結，但對於相似材料的延伸取用，具有高度的參考價值，即便中研院史語所在「漢籍電子文獻資料庫」開發了「文本比對」功能，但它仍舊不能取代古人長時間累積的閱讀經驗，相反的，若要對「文本比對」進行優化，古人的閱讀經驗反而是非常具有利用價值的材料。人工經驗與機器學習，應該可以互相輔助使學術的方法更具效率。如項潔所指導的一篇學位論文指出：

〔註2〕 資料庫、全彩影像仍有其限制之處，館際檢索資料庫，如編目格式有所不同，往往導致資料整合的困難；全彩影像則是有形式失真、遺漏的問題。

〔註3〕 劉錚雲：〈舊檔案、新材料──中研院史語所藏內閣大庫檔案現況〉，《新史學》第9卷第3期（1998年9月），頁146。

在民國八十年代，一群學者以人工的方式從《清實錄》中抓取出他們所認定與臺灣相關的條目，彙編成為《清實錄臺灣史資料專輯》。本論文利用此書與《清實錄》的資料來測試不同相關度演算法在歷史文獻上的效能，再設計一套基於使用者回饋的條目搜尋方法並根據該方法實作清實錄使用者回饋相關條目搜尋系統，最後，利用《清實錄臺灣史資料專輯》的條目，找出《清實錄》內更多與臺灣有所關聯的條目。〔註4〕

在發明電腦檢索技術以前，大量閱讀以期掌握史料是必經方法與學問基礎；在檢索技術問世之後，雖然「不必讀完十三經才知道要找的東西」〔註5〕，但若古籍已將字詞拆散，雖然意義不變，「關鍵字」的檢索方式仍然有其極限；未來「主題式」的檢索技術，可能是人文研究更加需要的工具之一。卷十三頁47-1 金批云：「《法苑珠林》卷廿一引《旌異記》建業獲金像事、孫敬造金像事。」然《法苑珠林》原作「見《齊志》及《旌異》等記」，故僅以「旌異記」作為關鍵詞，便無法檢索到此條。金批在引用《太平廣記》、《法苑珠林》等神異故事時，往往以「某某事」、「某某驗」的摘要方式表示引文的重點與性質，這也代表在金批的閱讀經驗中，原始引文中的這些字詞才是必要的「關鍵字」，這與必須要一字一字完全相符的「關鍵字」方法是不一樣的。若能加以利用金批的敘述模式，或許能對於「主題式」檢索「類書」性質文獻方法的開發，有很好的參考價值。

（二）圖書資訊學：「館藏推廣」的基礎

圖書館的特殊藏品——特藏，往往是該圖書館的特色與優勢所在，若要以特藏進行加值利用與教育推廣，先行的基礎研究是不可少的。而研究單位與大學的圖書館，其優勢在於：除了館方人員以外，又有相同所屬機構的研究員、教師、研究生可以就近進行先行研究工作，若特藏已經先完成較為深入的研究程序，無論是對普羅大眾進行推廣教育，或是對其他單位表現其研究或館藏特色，無論館方或所屬機構，都能居於更為有利的地位。如張廷銀〈談談古籍批校題跋的整理與研究〉指出：

〔註4〕 宋欣烜：《利用使用者回饋尋找相關條目——以《清實錄》中臺灣相關資料為例》（臺灣：國立臺灣大學資訊工程學研究所碩士論文，2017年）。

〔註5〕 曹銘宗撰稿：《遠見與承擔：中央研究院數位人文發展史（1984～2015）》（臺北：中研院數位文化中心，2017年），頁58。

古籍收藏單位雖然有責任做好古籍信息的著錄工作，但仍不能用全部精力去完成。……學者雖然不能非常方便地整體接觸古籍，但卻有一定的科研時間靜心瀏覽自己所感興趣的文獻，……從而較快的發現其中未著錄批校題跋訊息。……毋庸諱言，在對古籍內容的理解與把握上，學者們一般比藏書單位要更敏銳、更準確。二者結合，則可以把最有價值的文獻以最精確的形式予以廣泛公布，這是一種雙贏互利的學術合作方式。〔註6〕

　　張廷銀指出「學者雖然不能非常方便地整體接觸古籍」。時至今日，此一藩籬已被數位典藏技術解決不少〔註7〕，臺灣師大圖書館已有建立「國立臺灣師範大學圖書館善本古籍數位典藏系統」，成果可說相當出色。〔註8〕然而臺灣師大藏金蓉鏡批校本《隋經籍志考證》，從被前館長王振鵠指出是重要館藏，進而列入《國立臺灣師範大學圖書館善本書目》，至今日透過高解析度的程序進行數位典藏工作之餘，並沒有一個較為深入的研究工作探討其批校與題跋究竟有何學術價值，且《隋經籍志考證》的批校本屬於公藏，相較於王頌蔚批校本屬於私藏，金蓉鏡批校本有更大的機率能受到更進一步的研究。是故筆者此一研究，無論就學術或推廣二方面，都能預見有其價值。

〔註6〕收入倪莉、王蕾、沈津編：《中文古籍整理與版本目錄學國際學術研討會論文集》（桂林：廣西師範大學出版社，2013），頁128～129。
〔註7〕今日古籍的數位典藏工作，仍以平面掃描為主，仍然不能如實呈現原件立體面的物理特徵。以《隋經籍志考證》為例，師大藏本鈐印的破壞修補痕跡、臺大藏本不同版本間書根索引的差異，均需透過調閱原件方能得知。
〔註8〕http://da.lib.ntnu.edu.tw/rarebook/。

參考文獻

一、古籍

（一）經、史部

1. 漢・司馬遷撰，南朝宋・裴駰集解，唐・司馬貞索隱，唐・張守節正義：《史記》，北京：中華書局，2013 年。

2. 漢・司馬遷撰，宋・裴駰集解，唐・司馬貞索隱，唐・張守節正義：《史記》，收入《文瀾閣欽定四庫全書》第 236～237 冊，杭州：杭州出版社，2015 年。

3. 漢・班固撰；唐・顏師古注：《漢書》，北京：中華書局，1964 年 11 月。

4. 漢・班固撰，唐・顏師古注：《前漢書》，收入《文瀾閣欽定四庫全書》第 242～244 冊，杭州：杭州出版社，2015 年。

5. 漢・宋衷注，清・秦嘉謨等輯：《世本八種》，上海：商務印書館，1957 年。

6. 晉・陳壽撰；南朝宋・裴松之注；陳乃乾校點：《三國志》，北京：中華書局，1964 年 10 月。

7. 晉・陳壽撰，南朝宋・裴松之注：《三國志》，收入《文瀾閣欽定四庫全書》第 247 冊，杭州：杭州出版社，2015 年。

8. 東晉・常璩撰，劉琳校注：《華陽國志新校注》，成都：四川大學出版社，2015 年。

9. 南朝宋・范曄撰；唐・李賢等注，梁・劉昭補注：《後漢書》，北京：中華書局，1973 年 8 月。

10. 南朝宋・范曄撰；唐・李賢等注，梁・劉昭補注：《後漢書》，收入《文瀾閣欽定四庫全書》第 245～246 冊，杭州：杭州出版社，2015 年。

11. 梁・沈約撰：《宋書》，北京：中華書局，1974 年 10 月。

12. 梁・沈約撰：《宋書》，收入《文瀾閣欽定四庫全書》第 250～251 冊，杭州：杭州出版社，2015 年。

13. 梁・蕭子顯：《南齊書》，北京：中華書局，1972 年。

14. 梁・蕭子顯撰：《南齊書》，收入《文瀾閣欽定四庫全書》第 251 冊，杭州：杭州出版社，2015 年。

15. 北魏・酈道元注；清・楊守敬，熊會貞疏；段熙仲點校；陳橋驛復校：《水經注疏》，南京：江蘇古籍出版社，1989 年。

16. 北魏・楊衒之撰，范祥雍校注：《洛陽伽藍記校注》，上海：上海古籍出版社，2011 年。

17. 北齊・魏收撰：《魏書》，北京：中華書局，1974 年。

18. 北齊・魏收撰：《魏書》，收入《文瀾閣欽定四庫全書》第 253～254 冊，杭州：杭州出版社，2015 年。

19. 唐・姚思廉：《梁書》，北京：中華書局，1973 年。

20. 唐・姚思廉撰：《梁書》，收入《文瀾閣欽定四庫全書》第 252 冊，杭州：杭州出版社，2015 年。

21. 唐・段公路：《北戶錄》，《十萬卷樓叢書》，臺北：藝文印書館，1968 年，《百部叢書集成》影印清光緒陸心源校刊本。

22. 唐・長孫無忌等撰；劉俊文點校：《唐律疏議》，北京：中華書局，1983 年。

23. 唐・姚思廉：《陳書》，北京：中華書局，1972 年 3 月。

24. 唐・姚思廉撰：《陳書》，收入《文瀾閣欽定四庫全書》第 252 冊，杭州：杭州出版社，2015 年。

25. 唐・李百藥：《北齊書》，北京：中華書局，1972 年 11 月。

26. 唐・李百藥撰：《北齊書》，收入《文瀾閣欽定四庫全書》第 255 冊，杭州：杭州出版社，2015 年。

27. 唐・李延壽：《南史》，北京：中華書局，1975 年。

28. 唐・李延壽撰：《南史》，收入《文瀾閣欽定四庫全書》第 258～259 冊，杭州：杭州出版社，2015 年。

29. 唐・李延壽：《北史》，北京：中華書局，1974 年 10 月。

30. 唐・李延壽撰：《北史》，收入《文瀾閣欽定四庫全書》第 260～261 冊，杭州：杭州出版社，2015 年。

31. 唐・魏徵、長孫無忌：《隋書》，北京：中華書局，1973 年。

32. 唐・魏徵、長孫無忌等撰：《隋書》，收入《文瀾閣欽定四庫全書》第 256～257 冊，杭州：杭州出版社，2015 年。

33. 五代・劉昫撰：《舊唐書》，收入《文瀾閣欽定四庫全書》第 262～265 冊，杭州：杭州出版社，2015 年。

34. 五代・劉昫：《舊唐書》，北京：中華書局，1975 年。

35. 宋・不著撰人：《三教源流搜神大全七卷》，收入《叢書集成續編》第 46 冊，臺北：新文豐，1989 年。

36. 宋・王讜撰，周勛初校證：《唐語林校證》，北京：中華書局，1987 年。

37. 宋・歐陽修、宋祁：《新唐書》，北京：中華書局，1975 年。

38. 宋・歐陽修、宋祁等奉敕撰：《新唐書》，收入《文瀾閣欽定四庫全書》第 266～269 冊，杭州：杭州出版社，2015 年。

39. 元・托克托：《宋史》，北京：中華書局，1977 年。

40. 明・李培等修，明・黃洪憲等纂：《浙江省秀水縣志》，臺北：成文，1970 年。

41. 明・朱謀㙔撰：《水經注箋》，收入《四庫未收書輯刊》第玖輯第 5 冊，北京：北京出版社，1997 年。

42. 明・焦竑：《國史經籍志》，《二十五史藝文經籍志考補萃編》第 27 卷，北京：清華大學出版社，2013 年，整理《四庫全書存目叢書》影印明萬曆三十年陳汝元函三館科本。

43. 清・方若著，王壯弘增補：《增補校碑隨筆》，臺北：新文豐，1986 年。

44. 清・丁丙輯：《善本書室藏書志》，臺北：廣文，1988 年。

45. 清・朱緒曾撰：《開有益齋讀書志》，臺北：廣文書局，1969 年。

46. 清・金兆蕃：《金氏如心堂譜》，《清代民國名人家譜選刊》第 34 冊，北京：北京燕山出版社，2006 年。

47. 清・趙爾巽等撰，啟功等點校：《清史稿》，北京：中華書局，1976～1977 年。

48. 清・錢澄之撰，朱一清校點：《田間詩學》，合肥：黃山書社，2005 年。

49. 清・錢大昕撰；方詩銘、周殿傑校點：《廿二史考異》，上海：上海古籍出版社，2004 年。

50. 清・章宗源：《隋書經籍志考證》，《二十五史補編》第 4 冊，北京：中華書局，1956 年。

51. 清・章宗源著，金蓉鏡批校：《隋經籍志考證》，清光緒三年（1877）湖北崇文書局刊本，十三卷。

52. 清・周慶雲藏器，鄒壽祺編次：《夢坡室獲古叢編》，香港：香港明石文化國際出版有限公司，2004 年。

53. 清・姚振宗：《隋書經籍志考證》，《二十五史補編》第 4 冊，北京：中華書局，1956 年。

54. 清・楊守敬撰：《日本訪書志》，收入賈貴榮輯：《日本藏漢籍善本書志書目集成》第 9、10 冊，北京：北京圖書館，2003 年。

55. 清・羅振玉：《隋書經籍志斠議》，《歷代史志書目叢刊》，北京：國家圖書館，2009 年，二十四史訂補本，第 6 冊。

56. 清・劉錦藻撰：《清朝續文獻通考》，臺北：臺灣商務印書館，1987 年。

（二）子、集、叢部

1. 漢・王充；黃暉撰：《論衡校釋》，北京：中華書局，1990 年。

2. 南朝宋・劉義慶著，劉孝標注；余嘉錫箋疏；周祖謨等整理：《世說新語箋疏》，臺北：華正書局，1984 年。

3. 北魏・賈思勰撰，繆啟愉校釋：《齊民要術校釋》，北京：中國農業出版社，1988 年。

4. 唐・釋道宣輯：《廣弘明集》，臺北：臺灣商務印書館，1979 年，《四部叢刊正編》影印上海涵芬樓景印元刊本。

5. 唐・釋道世撰，周叔迦、蘇晉仁校注：《法苑珠林校注》，北京：中華書局，2003 年。

6. 唐・段成式撰，許逸民校箋：《酉陽雜俎校箋》，北京：中華書局，2015 年。

7. 宋・李昉等編，張國風會校：《太平廣記會校》，北京：北京燕山出版社，2011 年。

8. 宋・李昉等撰，夏劍欽等校點：《太平御覽》，石家庄：河北教育出版社，1994 年。

9. 宋·李昉等奉勅編:《文苑英華》,北京:中華書局,1966 年。

10. 宋·嚴有翼:《藝苑雌黃》,日本:青木嵩山堂,1908 年,《螢雪軒叢書》本。

11. 宋·趙彥衛撰;傅根清點校:《雲麓漫鈔》,北京:中華書局,1996 年。

12. 明·鏭績:《霏雪錄》,《古今說海》,臺北:藝文印書館,1966 年,《百部叢書集成》影印明嘉靖陸楫輯清道光西山堂重刊陸氏儼山書院本。

13. 清·王先謙:《虛受堂詩存》,新北:文海,1971 年。

14. 清·李慈銘:《越縵堂讀書記》,北京:中華書局,2006 年。

15. 清·李慈銘撰:《越縵堂文集》,新北:文海出版社,1975 年。

16. 清·金兆蕃輯:《橋李叢書》,收入賈貴榮、張忱石輯:《稀見清代民國叢書五十種》,北京:國家圖書館出版社,2014 年。

17. 清·張之洞撰,司馬朝軍點校:《輶軒語詳注》,上海:華東師範大學出版社,2010 年。

18. 清·張鳴珂:《寒松閣談藝瑣錄》,《清代傳記叢刊:藝林類》第 10 冊,臺北:明文書局,1985 年。

19. 清·張壽鏞,楊家駱主編:《四明叢書》,臺北:新文豐,1988 年。

20. 清·章梫:《一山文存》,新北:文海出版社,出版年不詳。

21. 清·勞乃宣撰,桐鄉盧氏校刻:《桐鄉勞先生(乃宣)遺稿》,新北:文海,1969 年。

22. 清·葉昌熾撰:《緣督廬日記抄》,上海:上海古籍出版社,2002 年。

23. 清·葉德輝;王逸明主編:《葉德輝集》,北京:學苑出版社,2007 年。

24. 《徑山藏》編委會編:《徑山藏》,北京:國家圖書館出版社,2016 年。

(三)金蓉鏡自有著述

1. 清·金蓉鏡等纂修:《民國重修秀水縣志》,北京:國家圖書館出版社,2011 年。

2. 清·金蓉鏡撰:《潛書》,收入《四庫未收書輯刊·第捌輯》,北京:北京出版社,2000 年。

3. 清·金蓉鏡纂輯:《靖州鄉土志》,臺北:成文出版社,1975 年。

4. 清·金蓉鏡:《橋李高逸傳》,《中國古代地方人物傳記匯編》第 68 冊,北京:北京燕山出版社,2008 年。

5. 清·金蓉鏡:〈書郡志浮糧感言〉,《尚賢堂紀事》第 7 卷第 2 期(1916 年),頁 28。

6. 清・金蓉鏡：〈證人篇〉，《教育週報（杭州）》第 127 期（1916 年），頁 4
　　～11。

7. 清・香嚴：〈重過棲真寺〉，《世界佛教居士林林刊》第 35 期（1933 年），
　　頁 13。

8. 清・金蓉鏡：〈念奴嬌（懷馬湛翁武林）〉，《佛學半月刊》第 64 期（1933
　　年），頁 12。

9. 清・香嚴：〈寫黃山松〉，《世界佛教居士林林刊》第 33 期（1932 年），頁
　　5。

10. 清・香嚴居士撰：《鮑少筠所藏金石文字不分卷》，出版地不詳，出版年不
　　　詳。

二、近人論著

（一）金蓉鏡史料與研究

1. 丁輝、陳心蓉：《嘉興歷代進士研究》，合肥：黃山書社，2012 年。

2. 丁輝：《明清嘉興科舉家族姻親譜系整理與研究》，北京：中國社會科學
　　出版社，2016 年。

3. 卞孝萱、唐文權編：《民國人物碑傳集》，南京：鳳凰出版社，2011 年。

4. 王桂平：《清代江南藏書家刻書研究》，南京：鳳凰出版社，2008 年。

5. 王德毅、李榮村、潘柏澄等編：《元人傳記資料索引》，臺北：新文豐出版
　　社，1979～1982 年。

6. 北京圖書館金石組編：《北京圖書館藏中國歷代石刻拓本匯編》，鄭州：
　　中州古籍出版社，1989～1911 年。

7. 北京圖書館編：《北京圖書館藏珍本年譜叢刊》，北京：北京圖書館出版
　　社，1999 年。

8. 江慶柏：《清朝進士題名錄》，北京：中華書局，2007 年。

9. 來新夏主編：《清代科舉人物家傳資料匯編》，北京：學苑出版社，2006
　　年。

10. 佚名纂：《續修浙江通志採訪稿：金華縣》，收於《著名圖書館藏稀見方志
　　　叢刊系列・浙江圖書館藏稀見方志叢刊》第 39 冊，北京：國家圖書館出
　　　版社，2011 年。

11. 佚名輯：《續修浙江通志徵訪冊稿（麗水縣）不分卷》，收於《著名圖書館

藏稀見方志叢刊系列・上海圖書館藏稀見方志叢刊》第 113 冊，北京：國家圖書館出版社，2011 年。

12. 林志宏：《民國乃敵國也：政治文化轉型下的清遺民》，臺北：聯經，2009年。

13. 胡迎建：《民國舊體詩史稿》，南昌：江西人民出版社，2005 年。

14. 吳藕汀著，吳小汀整理：《十年鴻跡》，北京：中華書局，2010 年。

15. 吳藕汀著：《藥窗詩話》，北京：中國人民大學出版社，2010 年。

16. 吳藕汀編著：《近三百年嘉興印畫人名錄》，杭州：西泠印社，2001 年。

17. 禹堅白等編：《躍起作龍鳴：禹之謨史料》，長沙：湖南教育出版社，2010年。

18. 范笑我：《笑我販書續編》，石家庄：河北教育出版社，2005 年。

19. 馬奔騰輯注：《王國維未刊來往書信集》，北京：清華大學出版社，2010年。

20. 拓曉堂：《嘉德親歷：古籍拍賣風雲錄》，上海：上海世紀出版集團上海書畫出版社，2018 年。

21. 柯愈春：《清人詩文集總目提要》，北京：北京古籍出版社，2001 年。

22. 秦國經主編：《中國第一歷史檔案館藏清代官員履歷檔案全編》，上海：華東師範大學出版社，1997 年。

23. 張求會：《陳寅恪的家族史》，廣州：廣東教育出版社，2000 年。

24. 張煜：《同光體詩人研究》，上海：中西書局，2015 年。

25. 張撝之、沈起煒、劉德重主編：《中國歷代人名大辭典》，上海：上海古籍出版社，1999 年。

26. 郴州市民間文藝家協會主編：《郴鑒——郴州民間文化集成》，出版地、出版者不詳，2015 年。

27. 許全勝：《沈曾植年譜長編》，北京：中華書局，2007 年。

28. 國家圖書館古籍館編：《國家圖書館藏王國維往還書信集》，北京：中華書局，2017 年。

29. 盛叔清輯：《清代畫史增編》，《清代傳記叢刊：藝林類》，臺北：明文書局，1985 年。

30. 程千帆主編：《中華大典》，南京：江蘇古籍，1999 年。

31. 陳心蓉：《嘉興歷代進士藏書與刻書》，合肥：黃山書社，2014 年。

32. 陳心蓉：《嘉興藏書史》，北京：國家圖書館出版社，2010 年。

33. 陳光貽：《稀見地方志提要》，濟南：齊魯書社，1987 年。

34. 陳恩林、舒大剛、康學偉主編：《金景芳學案》，北京：線裝書局，2003 年。

35. 楊廷福，楊同甫編：《清人室名別稱字號索引（增補本）》，上海：上海古籍社出版，2001 年。

36. 曹虹、蔣寅、張宏生主編：《清代文學研究集刊》第四輯，北京：人民文學出版社，2008 年。

37. 趙海明：《碑帖鑒藏》，天津：天津古籍出版社，2009 年。

38. 謝維揚等主編：《王國維全集》，杭州：浙江教育出版社，2009 年。

39. 嘉興市文化廣電新聞出版局編：《嘉興歷代碑刻集》，北京：群言出版社，2007 年。

40. 嘉興市志編纂委員會：《嘉興市志》，北京：中國書籍出版社，1997 年。

41. 嘉興市圖書館：《嘉興市圖書館古籍普查登記目錄》，北京：北京圖書館出版社，2017 年。

42. 嘉興圖書館編：《嘉興市珍貴古籍圖錄》，北京：國家圖書館出版社，2014 年。

43. 嘉興博物館編：《函綿尺素：嘉興博物館館藏文物·沈曾植往來信札》，北京市：中華書局，2012 年。

44. 錢仲聯輯：《沈曾植未刊遺稿（續）》，《學術集林》卷三，上海：遠東出版社，1995 年。

45. 顧廷龍主編：《清代硃卷集成》，臺北：成文出版社，1992 年。

46. 顧志興：《浙江藏書史》，杭州：杭州出版社，2006 年。

47. 龔肇智：《嘉興明清望族疏證》，北京：方志出版社，2011 年。

（二）《隋書·經籍志》研究著作

1. 李正奮：《隋代藝文志輯證》，《二十五史藝文經籍志考補萃編》第 13 卷，北京：清華大學出版社，2013 年，整理民國間北平館鈔本。

2. 杜雲虹：《隋書經籍志研究》，北京：文物出版社，2016 年。

3. 張鵬一：《隋書經籍志補》，《二十五史藝文經籍志考補萃編》第 13 卷，北京：清華大學出版社，2013 年，整理光緒 30 年在山草堂本。

4. 黃壽成：《《隋經籍志考證》及其王頌蔚批校研究》，北京：中國社會科學出版社，2014 年。

（三）古籍目錄與圖錄

1. 中國古籍總目編纂委員會：《中國古籍總目：史部》，上海：上海古籍出版社，2009年。

2. 中國古籍總目編纂委員會：《中國古籍總目：集部》，北京：中華書局，2012年。

3. 中國古籍總目編纂委員會：《中國古籍總目：叢書部》，北京：中華書局，2009年。

4. 中國國家圖書館：《中國國家圖書館碑帖精華》，北京：北京圖書館出版社，2001年。

5. 本書編委會編：《河南大學圖書館古籍普查登記目錄》，北京：國家圖書館出版社，2014年。

6. 京都大學人文科學研究所編：《京都大學人文科學研究所漢籍分類目錄（坿書名人名通檢）》，京都：人文科學研究協會，1965年。

7. 浙江圖書館古籍部編：《浙江圖書館古籍善本書目》，杭州：浙江教育出版社，2002年。

8. 潘景鄭著：《著硯樓書跋》，上海：上海古籍出版社，2006年。

9. 國立中央圖書館編印：《臺灣公藏善本書目人名索引》，臺北：國立中央圖書館，1972年。

10. 國立中央圖書館編印：《臺灣公藏善本書目書名索引》，臺北：國立中央圖書館，1971年。

11. 國立臺灣師範大學：《國立臺灣師範大學善本書目》，臺北：國立臺灣師範大學，1968年。

12. 國立臺灣師範大學圖書館編輯：《國立臺灣師範大學館藏善本暨普通本線裝書圖書目錄》，臺北：國立臺灣師範大學出版中心，2012年。

13. 國立臺灣師範大學圖書館編輯：《國立臺灣師範大學館藏臺北高等學校圖書目錄》，臺北：國立臺灣師範大學出版中心，2012年。

14. 梁子涵：《中國歷代書目總錄》，臺北：中華文化出版事業委員會，1955年。

15. 湯蔓媛纂輯：《傅斯年圖書館善本古籍題跋輯錄》，臺北：中央研究院歷史語言研究所，2008年。

16. 臺灣省立師範學院圖書館編印：《國立東北大學寄存線裝圖書分類目錄》，臺北：臺灣省立師範學院圖書館，1955年。

（四）目錄、版本學研究著作

1. 王重民：《中國目錄學史論叢》，北京：中華書局，1984 年。

2. 王叔岷：《斠讎學（補訂本）；校讎別錄》，北京：中華書局，2007 年。

3. 北京圖書館編：《中國近代古籍出版發行史料叢刊》，北京：北京圖書館，2003 年。

4. 伍媛媛：《清代補史藝文志研究》，合肥：黃山書社，2012 年。

5. 李致忠：《三目類序釋評》，北京：北京圖書館，2002 年。

6. 杜信孚：《全清分省分縣刻書考》，北京：線裝書局，2009 年。

7. 昌彼得、屈萬里著，潘美月增訂：《圖書板本學要略》，臺北：中國文化大學出版部，1986 年。

8. 昌彼得、潘美月：《中國目錄學》，臺北：文史哲出版社，1986 年。

9. 徐有富：《目錄學與學術史》，北京：中華書局，2009 年。

10. 周少川：《文獻傳承與史學研究》，北京：北京師範大學出版社，2011 年。

11. 倪莉、王蕾、沈津編：《中文古籍整理與版本目錄學國際學術研討會論文集》，桂林：廣西師範大學出版社，2013。

12. 姚名達：《中國目錄學史》。臺北：臺灣商務印書館，1988 年。

13. 陳先行、石菲：《明清稿鈔校本鑒定》，上海：上海古籍出版社，2009 年。

14. 陳東輝：《歷代文獻學要籍研究論著目錄》，杭州：浙江大學出版社，2014 年。

15. 陳曉華：《「四庫總目學」史研究》，北京：商務印書館，2008 年。

16. 曹之：《中國古籍版本學》（武昌：武漢大學出版社，2007 年。

17. 楊時榮：《圖書維護學》，臺北：南天書局，1991 年。

18. 傅榮賢：《《漢書‧藝文志》研究源流考》，合肥：黃山書社，2007 年。

19. 趙飛鵬：《圖書文獻學考論》，臺北：里仁書局，2005 年。

20. 劉兆祐：《中國目錄學》，臺北：五南出版社，1998 年。

21. 顧志興：《文瀾閣與四庫全書》，杭州：杭州出版社，2004 年。

22. 賴貴三校釋：《臺灣師大圖書館鎮館之寶——翁方綱《翁批杜詩》稿本校釋》，臺北：里仁書局，2011 年。

（五）其他

1. 李華偉：《法苑珠林研究》，北京：中國社會科學出版社，2015 年。

2. 高振鐸主編：《古籍知識手冊》，臺北：萬卷樓，1997 年。

3. 曹銘宗撰稿：《遠見與承擔：中央研究院數位人文發展史（1984～2015）》，臺北：中研院數位文化中心，2017 年。

4. 薛理桂：《檔案學導論》，臺北：五南，2004 年。

5. 劉詠聰：《才德相輝：中國女性的治學與課子》，香港：三聯書店，2015 年。

6. 圖書館自動化作業規劃委員會、中國編目規則研訂小組研訂，中華民國圖書館學會分類編目委員會增修：《中國編目規則‧第三版》，臺北：中華民國圖書館學會，2005 年。

三、論文

（一）期刊論文

1. 不著撰名：〈咨浙江省長前據嘉興縣紳陳枝萬金蓉鏡等電呈嘉邑被災情形當經電請令廳認真查勘在案茲據該紳等呈同前情咨請令廳併案辦理文〉，《財政月刊》第 6 卷第 61 期（1919 年 12 月），頁 17。

2. 不著撰名：〈香嚴居士事略〉，《北洋畫報》第 433 期（1930 年），頁 2。

3. 仇家京：〈古籍藏書印鑑定舉例〉，《圖書館研究與工作》第 144 期（2015 年 12 月），頁 55～59。

4. 伍媛媛：〈試論《〈隋書‧經籍志〉考證》中的「類中分類」〉，《大學圖書情報學刊》第 26 卷第 2 期（2008 年 4 月），頁 88～90。

5. 李萬營：〈由史部目錄的流變看經學與史學的互動——以《漢書‧藝文志》《隋書‧經籍志》《四庫全書總目》為考察對象〉，《南昌航空大學學報：社會科學版》第 17 卷第 2 期（2015 年 6 月），頁 86～92。

6. 李慶：〈關於章宗源《隋書經籍志考證》的三個問題〉，《復旦學報（社會科學版）》1985 年第 6 期（1985 年 6 月），頁 59～64。

7. 沈信甫：〈論民初「尊孔文社」的成立——以衛禮賢和勞乃宣的互動關係為中心〉，《中國學術年刊》第 40 期（2018 年 3 月），頁 107～130。

8. 金華：〈史部目錄的獨立及其子目沿革——以《隋書‧經籍志》為中心考證〉，《河南圖書館學刊》第 33 卷第 12 期（2013 年 12 月），頁 132～133、頁 136。

9. 周勇軍：〈北京政府時期蘇浙太湖水利工程局探究（1919～1927）〉，《寧夏大學學報（人文社會科學版）》2017 年 3 期（2017 年 5 月），頁 48～52、65。

10. 浙江省立圖書館:〈金蓉鏡(甸丞)遺書之歸宿〉,《浙江省立圖書館館刊》第 3 卷第 2 期,《近代著名圖書館館刊薈萃三編》第 15 冊,北京:北京圖書館出版社,2006 年,頁 313。

11. 趙思淵、曹烟冬:〈民國初年江南地方政治議程轉換及其困境——以嘉興減賦運動為中心〉,《浙江社會科學》2019 年第 11 期(2019 年 11 月),頁 135～142。

12. 崔泉森:〈嘉興市圖書館百年歷程〉,《圖書館研究與工作》第 100 期(2004 年 12 月),頁 16～18。

13. 崔富章:〈善本釋名〉,《書目季刊》第 45 卷第 1 期(2011 年 6 月),頁 39～56。

14. 曹淑文:〈《隋書經籍志》史部淺析〉,《圖書館學刊》1983 年第 3 期(1983 年 6 月),頁 57～60。

15. 莊婷婷:〈《隋書·經籍志》和《隋書·經籍志補》體例和著錄方式的比較研究〉,《東南大學學報(哲學社會科學版)》2006 年第 S2 期(2006 年 12 月),頁 158～160。

16. 張忠煒:〈芝加哥菲爾德博物館藏秦漢碑拓七種題跋輯錄〉,《國學學刊》2013 年第 2 期(2013 年 6 月),頁 60～70。

17. 張靜廬、林松、李松年:〈戊戌變法前後報刊作者字號筆名錄〉,《思與言》第 6 卷第 4 期(1968 年 11 月),頁 231。

18. 陳仕華:〈輯錄體解題形成探析〉,《淡江中文學報》第 32 期(2015 年 6 月),頁 223～251。

19. 郭明芳:〈《二十五史藝文經籍志考補萃編》述評〉,《東海大學圖書館館訊》第 156 期(2014 年 9 月),頁 101～116。

20. 喬衍琯:〈歷史藝文志漫談〉,《國立中央圖書館臺灣分館館刊》第 1 卷第 2 期(1994 年 12 月),頁 1～18。

21. 喬衍琯:〈《書目叢編》漫談〉,《書目季刊》第 31 卷第 3 期(1997 年 12 月),頁 1～6。

22. 逯耀東:〈從隋書經籍志史部的形成論魏晉史學轉變的歷程〉,《食貨月刊》第 10 卷第 4 期(1980 年 7 月),頁 121～142。

23. 黃壽成:〈《隋經籍志考證》是否僅完成史部〉,《三門峽職業技術學院學報》第 13 卷第 1 期(2014 年 3 月),頁 85～87。

24. 劉錚雲：〈舊檔案、新材料——中研院史語所藏內閣大庫檔案現況〉，《新史學》第 9 卷第 3 期（1998 年 9 月），頁 135～162。

25. 蔣文光：〈顧炎武《書西岳華山廟碑後》墨跡〉，《中國歷史博物館館刊》第 11 期（1989 年 6 月），頁 104～111。

26. 興膳宏著，連清吉譯：〈《隋書·經籍志》解說（上）〉，《書目季刊》第 33 卷第 1 期（1999 年 6 月），頁 1～13。

27. 興膳宏著，連清吉譯：〈《隋書·經籍志》解說（下）〉，《書目季刊》第 33 卷第 2 期（1999 年 9 月），頁 1～14。

（二）學位論文

1. 王曉瑜：《明清浙江地方志藝文經籍資料研——以型式暨體例為主》，新北：國立臺北大學古典文獻學研究所碩士論文，2011 年。

2. 宋欣烜：《利用使用者回饋尋找相關條目——以《清實錄》中臺灣相關資料為例》，臺灣：國立臺灣大學資訊工程學研究所碩士論文，2017 年。

3. 許全勝：《沈曾植年譜長編》，上海：華東師範大學古籍研究所博士論文，2004 年。

4. 許鳴鏘：《隋書經籍志研究》，臺北：國立臺灣師範大學國文研究所碩士論文，1984 年。

5. 陳仕華：《姚振宗《隋書經籍志考證》研究》，臺北：東吳大學中國文學研究所博士論文，2001 年。

6. 楊璐：《章宗源《隋書經籍志考證》研究》，哈爾濱：黑龍江大學圖書館學專業碩士論文，2015 年。

7. 吳姍姍：《陳衍詩學研究——兼論晚清同光體》，臺南：國立成功大學中國文學系博士論文，2006 年。

8. 舒碧瑜：《民國浙江縣志編纂探略》，杭州：杭州師範大學專門史專業碩士論文，2018 年。

四、資料庫與網路資源

1. 中央研究院·歷史語言研究所：《漢籍電子文獻資料庫》。

2. 中央研究院·歷史語言研究所：《人名權威資料庫》。

3. 迪志文化出版：《文淵閣四庫全書電子版【內聯網版】》。

4. 劉俊文總纂，北京愛如生數字化技術研究中心研製：《中國基本古籍庫》。

5. 上海圖書館上海科學技術情報研究所：《全國報刊索引》。
6. 法鼓佛教學院：《民國佛教期刊文獻集成》。

附錄　金蓉鏡批校章宗源《隋經籍志考證》釋文

凡例

一、制定目的

金蓉鏡之批校（下稱「金批」）多屬節引，少抒己見，節引情形以引用《法苑珠林》、《太平廣記》等類書性質文獻尤為明顯，但金批減省原文之餘，大體仍可見原文之跡，故釋文之餘，為顯示、區分與原件之差異，略定凡例如下。

二、所據文獻與版本

（一）以中央研究院‧歷史語言研究所《漢籍電子文獻資料庫》；迪志文化出版《文淵閣四庫全書電子版【內聯網版】》；劉俊文總纂，北京愛如生數字化技術研究中心研製《中國基本古籍庫》等資料庫為搜尋工具，再與紙本原書交互參照。

（二）如《文瀾閣四庫全書》等前述資料庫未收文獻，則據紙本原書。

（三）《二十四史》、《齊民要術》、《水經注》等文獻之點校成果卓越、影響廣泛，其句讀、點校、校記有助於校訂金批者，亦取用之。

三、釋文方式

（一）釋文方向相對於原件，採天頭→行間→地腳，由上到下、由右至左之方式。

（二）金批有硃筆、墨筆二色，硃筆以<u>加底線</u>表示。

（三）金批相對於原件行文，有全引、節引、摘要三種方式。金批與原件行文完全相同處（全引），加引號「」表示；若以摘要方式呈現原文文義，不加引號。

（四）金批若為節引，所無（省）者若僅一字，以方括弧〔〕表示；原件所無，而金批所加（衍）者，以圓括弧（）表示。若省略者有兩字（含）以上（節引），中途金批省略者以刪節號……表示。

（五）金批引《唐志》時常未區分新、舊，故釋文以「《〔舊〕唐志》」、「《〔新〕唐志》」表示，便於讀者區分。若引文為新舊《唐志》俱有、俱無或無法區分，則以「〔兩〕《唐志》」表示。

金批與原件若互為異體字，釋文逕改為通用字，不另出校記。

釋文

書名頁

章氏《隋書經籍志考證》，自史部正史類《史記》至雜傳類顏之推《冤魂志》止，其經子集三部皆已亡，即史部亦不載每篇敘錄之文，而移地理、譜系、簿錄三類本居末者為第六第七第八，在舊事之前，或章氏有意改定，或稾本傳寫偶亂，皆不可知。前有錢警石〈識語〉，謂嘉慶末其從兄衍石鈔自何夢華家，今因以得傳也。其中引證詳博〔註1〕，遠非王伯厚《漢藝文志考證》之比，間亦列志未著錄之書，則仍王氏例也。

右抄自《越縵堂讀書記》。

牌記頁

《寒松閣談藝瑣錄》云：

金甸丞蓉鏡，檜門總憲之裔，遷居禾城，遂為秀水人。由進士授工部主事，考取軍機，丁父艱旋里服闋，改直隸州，曾權湖南、郴州、知州，詩文皆淵雅，尤究心輿地之學，嘗以《水經注》參考碑版文字，所題跋尾皆有根據，又喜畫山水，簡略荒率，在大癡、仲圭間。

〔註1〕引證詳博：應作引證極為詳博。

錢泰吉〈識語〉頁

逢之此書，僅輯史部一類，亦多漏落，有《隋志》本有，而輯本轉略，茲用朱筆補入；有新、舊《唐志》有，而此書亦未采入，亦為補輯存之。又從他書輯出數條，坿書眉耑。長夏無事，隨手輯錄。苦於博奕而已。癸卯閏五月闇伯記。

卷一　正史

頁 1-1

《舊唐志》：許子儒注，一百三十卷。《新唐志》：又《音》三卷。〔註2〕
此老事，不入《隋》。
「張昶著《龍山史記注》」，見柳宗元《龍城錄》。
「昶後漢末大儒，而世亦不稱譽。」
楊終「受詔刪《太史公書》為十餘萬言」。〔註3〕
王山史以為今之《史記》非原書〔註4〕，然亦臆改。

頁 1-2

《舊唐志》作十三卷。
《舊唐志》：劉伯莊撰，三十卷。

頁 2-1

《宋書・禮志》引譙周《祭志》稱：「禮，身有喪，則不為吉祭。緦麻之喪，於祖考有服者，則亦不祭，為神不饗也。」此條似非《古史考》文。
《舊唐志》：顏師古注，一百二十卷，應劭《集解音義》二十四卷，孟康《音義》九卷。

〔註2〕鄒誕生《史記音》三卷，亦見於《隋志》，《舊唐志》則有《史記音義》三卷。楊果霖指出《史記音》與《史記音義》是全稱與簡稱的差異。見楊果霖：《新舊唐書藝文志研究》（新北：花木蘭文化工作坊，2005年），頁95。

〔註3〕《後漢書》。

〔註4〕王山史，即王宏撰（生卒年不詳）。蔣光煦（1813～1860）《東湖叢記》卷二云：「華陰王山史（宏撰）……其論《史記》、《漢書》云：漢較書郎楊終，字小山，受詔刪太史公書為十餘萬言，是《史記》曾經刪定，非原書矣。然今之《史記》又非小山原本也。劉子駿著《漢書》一百卷，傳之劉歆，歆撰《漢書》未及而亡，班固所作，全用劉書，則今之《漢書》亦非，但襲司馬也。」

頁 2-2

<u>《漢書音義》二十六卷，劉嗣等撰。又包愷撰十二卷，又韓韋撰七卷〔註5〕，又《孔氏音義抄》</u>〔註6〕<u>二卷，孔文祥撰。</u>〔註7〕

頁 3-1

《論衡》卷二十：「漢・司馬長卿為封禪書，文約不具。司馬子長紀黃帝以至孝武。楊子雲錄宣帝以至哀、平。陳平仲紀光武。班孟堅頌孝明。漢家功德，頗可觀見」〔註8〕云云，今子雲、平仲之書不見錄，應補出之。

「楊子山為郡上記吏，見三府為哀牢傳不能成，歸郡作上，孝明奇之，徵在蘭臺。」〔註9〕

「永平中，神雀羣集，孝明詔上神爵頌。百官頌上，文皆比瓦石，唯班固、賈逵、傅毅、楊終、侯諷五頌金玉，孝明覽焉。」〔註10〕

「班叔皮《續太史公書》百篇以上，記事詳悉，義淺理備。」〔註11〕

《梁書・世祖記》：《漢書》一百五十卷。

<u>劉孝標注《漢書》一百四十卷，亡。宜補入。</u>

頁 3-2

<u>《隋志》有《漢疏》四卷、《定漢書疑》二卷。</u>

《漢書續訓》二卷，韋稜撰，〔兩〕《唐志》。

頁 4-1

<u>《漢書律歷志音義》一卷，陰景倫作。</u>　　《漢書英華》八卷。〔註12〕

頁 4-2

《吳志・韋曜傳》：「昔班固作《漢書》，文辭典雅，後劉珍、劉毅等作《漢

〔註5〕章書已明言「韋昭，《舊唐志》訛作韓韋」，點校本、四庫本亦均作「韋昭」無誤，疑金批未查章書行文所致。

〔註6〕應作《孔氏漢書音義抄》。

〔註7〕《舊唐志》。

〔註8〕〈須頌〉篇。

〔註9〕《論衡》卷二十〈佚文〉篇。

〔註10〕《論衡》卷二十〈佚文〉篇。

〔註11〕《論衡》卷十三〈超奇〉篇。

〔註12〕俱《隋志》。

記》，遠不及固，敘傳尤劣。」〔註13〕

　　《宋書‧五行志》：「東觀案圖，名鬼目作芝草，賣菜作平慮。」

　　《應劭傳》：「奉為司隸時……郡國，各上前人像贊，劭乃連綴其名，錄為狀人紀。又論當時行事，著中漢輯序。」〔註14〕

頁 5-1

　　《廣記》四百六十三引謝丞《後漢書》楊震大鳥事。

　　劉昭補注《律歷志》引瑩書律事一條。〔註15〕

頁 5-2

　　《梁書‧王規傳》：「規集後漢眾家異同，注《續漢書》二百卷。」

　　《法苑珠林》卷四十九引《續漢書》云：「大秦國合諸香煎，其汁謂之蘇合。」

頁 6-1（無）

頁 6-2（無）

頁 7-1（無）

頁 7-2（無）

頁 8-1

　　《法苑珠林》卷四十九引：「范曄和香方曰：甲前煎棧香是也。」

　　《南史‧昭傳》：集注《後漢》一百八十卷〔註16〕。

頁 8-2

　　《後漢書音義》二十七卷，韋機撰。〔註17〕

〔註13〕《三國志》卷六十五。
〔註14〕《後漢書》。
〔註15〕《後漢書》。
〔註16〕一百八十卷：應為一百三十卷，點校本出校記云：「『一百三十卷』各本作『一百八十卷』，王鳴盛《十七史商榷》二九訂其誤」。
〔註17〕兩《唐書》俱有。

頁 9-1

《梁書·張緬傳》：「抄後漢、晉書眾家異同，為《後漢紀》四十卷。」

《梁書·裴子野傳》：「抄合後漢事四十餘卷。」

<u>《西域傳》注引：「大秦國出……十種流離」一事。</u>〔註18〕

《宋書·天文志》引魚豢云：「五星聚冀方，而魏有天下。」當是《魏畧》語。

<u>《〔舊〕唐志》有范曄《後漢書論贊》五卷。</u>

<u>王韶《後漢林》二百卷，韋闡《後漢音》二卷，亡。宜補入。</u>

頁 9-2（無）

頁 10-1

宋·許觀《東齋記事》引：「魚豢《魏畧·西戎傳》〔註19〕曰：『哀帝元壽元年，博士弟子景盧受大月氏王使伊存口傳《休圖經》。』」　此見《魏志》。

《法苑珠林》卷八引《魏畧·西域傳》：「西北男女皆長三尺。」

又引：「倭南有侏儒國，其人長三四尺，去女王國四千餘里。」

四十九卷引：「大秦出薰陸」　「大秦出迷迭」　兜納香「出大秦國」。

《藝苑雌黃》引：「《魏書·花木志》曰蜀土有給客橙，似橘而非，若柚而香。冬夏華實相繼，通歲食之。亦名盧橘。」〔註20〕

《劉劭傳》注：孫該「著《魏書》」。〔註21〕

<u>《〔舊〕唐志》作四十四卷。</u>　<u>《新志》作四十七卷。</u>

頁 10-2（無）

頁 11-1

<u>《吳志》注《志林》曰：「吳之創基，邵為首相，史無其傳，竊常怪之。……劉聲叔……云：『推其名位，自應立傳。項竣、吳孚時已有注記，此云與張惠恕不能。韋氏作史，蓋惠恕之黨，故不見書。』」</u>

劉昭《續志》注引《吳書》載韓馥與袁術書曰：「凶出於代郡。」

〔註18〕《漢書》卷九十六。

〔註19〕西戎傳：原書作西夷傳。

〔註20〕《苕溪漁隱叢話》後集卷二十八。

〔註21〕《三國志》卷二十一。

又引曰：「漢室之亂，天子北詣河上，六璽不自隨，掌璽者以投井中。孫堅北討董卓，頓軍城南，甄官署有井，每旦有五色氣從井中出，使人浚井，得傳國玉璽，其文曰『受命于天，既壽永昌』。方圜四寸，上有紐文槃五龍，璠七寸管，龍上一角缺。」

《袁術傳》注引：「漢室大亂，天子北詣河上」〔註22〕。與上引微異。

頁 11-2（無）

頁 12-1

〔兩〕《唐志》入雜史類。

頁 12-2〔註23〕

《藝苑雌黃》引《吳錄》云：「朱光祿為建安，庭有橘，冬覆其樹，春夏色變青黑，味絕美」，〈上林賦〉曰：「『盧橘夏熟。』近是也。」《復齋漫錄》引張勃《吳興錄》云：「建安郡中有橘，冬月於樹上覆裹之，至明年春夏色變青黑，味尤絕美。〈上林賦〉云：盧橘夏熟。盧，黑也，蓋近是乎？」〔註24〕

《廣記》四百六十四引《吳錄》：鮆魚子。朝出索食。暮入母腹。

《北戶錄》引《吳錄》云「馬援至荔浦，見冬筍，名曰苞筍。」

劉績《霏雪錄》引《吳錄·地理志》：交趾安定縣有木棉樹，實如酒杯，口有棉為蠶之棉，可作布。

《法苑珠林》卷三十七引《吳錄》云：「日南北景縣有火鼠，取毛為布燒之而精，名火浣布。」

《王符傳》注：「《吳錄》曰：『瑇瑁似龜而大，出南海。』山石。」

《荀彧傳》注引《吳錄》曰：「孫權聞操來，夾水立塢，狀如偃月，以相拒，月餘乃退。」

《劉表傳》注引王「叡見執，驚曰：『我何罪？』堅曰：『坐無所知。』叡

〔註22〕《後漢書》。

〔註23〕由於《吳錄》條行文於章書正巧換頁，故此頁金批都位於天頭處。又檢該條所有引文，僅出《後漢書·荀彧傳》者以硃筆書寫，然該引文與其他相較，並無任何特殊之處。且《霏雪錄》、《齊民要術》引用時作《吳錄·地理志》，更能表現該書原有架構，反而此二條以墨筆呈現。則墨色與該條批校的重要性似乎無涉。

〔註24〕《苕溪漁隱叢話》後集卷二十八。

窮迫，刮金飲之而死。」〔註25〕

《齊民要術》卷十引《吳錄・地理志》曰：「朱光祿為建安郡，庭中〔註26〕有橘，冬月於樹上覆裹之，至明年春夏，色變青黑，味尤絕美。〈上林賦〉曰：『盧橘夏熟』，蓋近於是也。」　始興「有扶留藤。」　「日南有篥竹，勁利，削為矛。」　「鄱陽有筍竹，冬月生。」　「交趾定安縣〔註27〕有木緜。」

頁 13-1

司馬彪《戰略》。《鍾繇傳》注。〔註28〕多敘三國兵事。

《譙周傳》引「孫綽評」〔註29〕，或別是一書。

《後魏書・張始均傳》云：「改陳壽《魏志》為編年之體，廣益異聞，為三十卷。」

《〔新〕唐書》：丘悅撰《三國典略》卅卷。

頁 13-2

《晉書》：束皙著《晉書》紀、志，遇亂亡失。

《晉書・祖逖傳》：舉隱，稱「清純亮直，學思沈敏，五經羣史多所綜悉，且好學不倦，從善如流。若使修著一代之典，褒貶與奪，誠一時之儁也。」〔註30〕

頁 14-1（無）

頁 14-2

《後魏書・李彪傳》云：「近僭晉之世有佐郎王隱，為著作虞預所毀，亡官在家，晝則樵薪供爨，夜則觀文屬綴，集成《晉書》，存一代之事，司馬紹敕尚書唯給筆札而已。國之大籍，成於私家，末世之弊，乃至如此，……同王隱故事，白衣修史。」

《宋書・五行志》引王隱曰：「雄，胤嗣象，坑地事為母象，賈后誣殺愍懷，殆其應也。」　又「元康九年正月，日中有若飛鵲者，數月乃消。王隱以

〔註25〕以上三條均出《後漢書》。
〔註26〕庭中：原文作中庭。
〔註27〕定安縣：點校本作安定縣，金批與四庫本合。
〔註28〕《三國志》。
〔註29〕《三國志》。
〔註30〕此用以補充王隱得以受詔撰書的原因。

為愍懷廢死之徵。」〔註31〕

頁 15-1（無）

頁 15-2

《文選・關中詩》注引朱鳳《晉書》:「宣帝桓夫人生趙王倫」。

頁 16-1（無）

頁 16-2（無）

頁 17-1（無）

頁 17-2（無）

頁 18-1（無）

頁 18-2

高似孫《剡錄》卷三云:「唐脩晉史,凡晉人士奇辭逸語往往刊落,知者惜之。」

《梁書・劉昭傳》:「初,昭伯父肜集眾家晉書注《干寶晉紀》為四十卷。」

《梁書・蕭傳》稱一百一十卷。

頁 19-1

干寶《晉書》二十二卷。《新唐志》。

《梁書・蕭子顯傳》不載。〔註32〕

《志》有鄭忠《晉書》七卷。〔註33〕

頁 19-2

《宋書・福瑞志》仍載牛金之說。

〔註31〕章書云:「其他逸篇引眾家《晉史》,以王隱為最多。」故金批補充引用情形。

〔註32〕《梁書》蕭子顯本傳不載撰《晉史草》之事。檢《梁書》、《全上古三代秦漢三國六朝文》之蕭子顯本傳所云著作,後者較前者多「《晉史草》三十卷」一條,是前者漏落,或是後者誤衍,則待考之。

〔註33〕《隋志》。

頁 20-1

《丘巨源傳》:「大明五年,敕助徐爰撰國史。」〔註34〕

頁 20-2

《宋書·武三王傳》:「大明中撰國史,世祖自為義恭作傳。」

頁 21-1

《高僧傳》:「釋曇遷。……范曄被誅,門有十二喪,無敢近者。遷抽貨衣物悉營葬送,孝武聞而歎賞,謂徐爰曰:『卿著《宋書》,勿遺此士』。」〔註35〕

頁 21-2

王智深《宋書》三十卷,《新唐志》。

《水經注》泗水注:「王智深《宋史》云:『宋太尉劉義恭于彭城,遣軍主稽玄敬北至城,覘候魏軍。』」

《汝水注》:「王智深云:汝南太守周矜起義於懸瓠。」

見《宋紀》下注。〔註36〕

宋文明〔註37〕中所撰《宋書》六十一卷,亡。

《南齊書·王智深傳》:「世祖使太子家令沈約撰宋書,擬立袁粲傳,以審世祖。世祖曰:『袁粲自是宋家忠臣。』又多載孝武、明帝諸鄙瀆事,上遣左右謂約曰:『孝武事迹不容頓爾。我昔經事宋明帝,卿可思諱惡之義。』於是多所省除。」

《〔新〕唐志》同。

頁 22-1

李德林《北齊未脩書》二十四卷。〔註38〕

《陳書·許亨傳》:初撰《齊書》并志五十卷,遇亂亡失。

〔註34〕《南史》。
〔註35〕此金批位於「《宋書》六十五卷,齊冠軍錄事參軍孫嚴撰」條之天頭處,唯內文述及徐爰,而徐爰所撰《宋書》為上一條,此金批於此則或有誤。
〔註36〕卷二頁 14-1。
〔註37〕文明:點校本作大明,金批與四庫本合。
〔註38〕《新唐志》。

《梁書．約傳》:「《高祖紀》十四卷。」

頁 22-2（無）

頁 23-1

《太平廣記》引《渚宮舊事》云「梁安城王蕭佽……有集三十卷，著《梁史》百卷。」

頁 23-2（無）

頁 24-1（無）

頁 24-2（無）

頁 25-1

《後魏書．李彪傳》云:「漁陽傅毗、北平陽尼、河門邢產、廣平宋弁、昌黎韓顯宗等，並以文才見舉，注述是同，皆登年不永，弗終茂績。前著作程靈虬同時應舉，共掌此務，今從他職，官非所司。唯崔光一人，雖不移任，然侍官兩兼，故載述致闕。」

又云「史業竟未及就，然區分書體，皆彪之功。」

《崔鴻傳》:「光撰魏史，徒有卷目，初未考正，闕略尤多。」〔註 39〕

《新志》亦百二卷。

〔兩〕《唐志》同。

頁 25-2（無）

頁 26-1（無）

頁 26-2

王劭《齊志》十七卷，又《隋書》八十卷。〔註 40〕

《舊唐志》不載此書。

〔註 39〕《魏書》、《北史》俱有。

〔註 40〕《新唐志》。

卷二　古史

頁 1-1

《史記》注引陸賈《楚漢春秋》云：三老「董公八十二遂封為成侯。」
袁宏《漢紀·明帝紀》注引。
<u>袁彥伯撰，三十卷。</u>〔註41〕

頁 1-2

《廣記》四百卅九卷引張璠《漢紀》云莎車王殺于闐王都末遇野豕人語事。

頁 2-1（無）

頁 2-2

《宋書》引孫盛《魏氏春秋》云云，詞甚華整，義亦美備，當引列其語，
以省繙閱。
「曰：夫謚以表行，廟以存容，皆於既歿然後著焉。所以原始要終，以示
百世者也。未有當年而逆制祖宗，未終而豫自尊顯。昔華樂以厚斂致譏，周人
以豫凶違禮，魏之羣司，於是乎失正矣。」

頁 3-1

《華陽國志》：何英作《漢德春秋》。
《史通》云：璩為李氏散騎常侍，撰《漢書》十卷。後入晉秘閣，改為《蜀
書》。
《華陽國志》王崇〔字〕幼遠「著《蜀書》……其書與陳壽頗不同。」
<u>未見。</u>〔註42〕

頁 3-2（無）

頁 4-1

《隋書·李德林傳》云：「陸機見舜肆類上帝，班瑞羣后，便云舜有天下，

〔註41〕《隋志》。
〔註42〕未見有作《後漢春秋》十四卷者，《舊唐志》於「《後漢春秋》六卷」條下有「《後
漢尚書》十四卷」條，疑此條行文竄入導致誤解。

須格於文祖也，欲使晉之三主異於舜攝。……陸機稱紀元立斷，或以正始，或以嘉平。……陸機以刊木著於《虞書》，龜黎見於《商典》，以蔽晉朝正始、嘉平之議，斯又謬矣。」恐此皆《限斷議》中文也。

　　<u>新、舊《唐志》作二十二卷。</u>
　　<u>又六十卷，干寶撰、劉協注。</u>
　　<u>又有劉謙之撰，二十卷。</u>〔註43〕

頁 4-2（無）

頁 5-1

　　《後漢‧公孫述傳》注引干寶《晉記》曰：「吳王孫皓將其子瑾等，泥首面縛降王濬。」

頁 5-2（無）

頁 6-1（無）

頁 6-2（無）

頁 7-1

　　<u>《鍾會傳》注：「夏侯霸降蜀，姜維問之曰：『司馬懿既得彼政，（當）復有征伐之志不？』霸曰：『彼方營立家門，未遑外事。有鍾士季者，其人雖少，終為吳、蜀之憂，然非非常之人亦不能用也』」</u>云云。〔註44〕<u>按習「鑿齒此言，非出他書，故採用《世語》而附益也。」</u>〔註45〕

頁 7-2

　　《宋書‧天文志》引《漢晉春秋》云：逆行。按占，熒惑入南斗，三月，吳王死。一曰：「熒惑逆行，其地有死君。」太元二年權薨，是其應也。　劉昭《續志》注引《漢晉春秋》曰鍾離意相魯發素書藏壁事。

頁 8-1（無）

〔註43〕干寶、劉協、劉謙之條均出《舊唐志》。
〔註44〕《三國志》。
〔註45〕此裴注，又見卷三頁 13-1 至 13-2 金批。

頁 8-2

《王韶之傳》:「私撰《晉安帝陽秋》。既成,時人謂宜居史職,即除著作佐郎,使續後事,訖義熙九年。善敘事,辭論可觀,為後代佳史。」〔註46〕

《宋書・禮志》引孫盛《晉春秋》曰:「臣子一例也。雖繼君位,不以後尊,降廢前敬。」

《魏陽秋異同》八卷,孫壽著。〔註47〕

《剡錄》引《晉安帝紀》曰:「邈有清操,性甚快,暢泰於娛生。」

又曰:「祖正尚書郎,父曠淮南太守,元帝之過江也。曠創其議羲之有英譽風骨清舉。」

<u>《〔舊〕唐志》有《晉陽秋》二十卷,檀道鸞注。</u>
<u>又有《晉陽春秋》二十二卷,鄧粲撰。</u>

頁 9-1(無)

頁 9-2

<u>《〔新〕唐志》□記作紀。</u>

頁 10-1

「時人謂宜居史職」,即徐廣重其才學舉之也。〔註48〕

頁 10-2(無)

頁 11-1(無)

頁 11-2〔註49〕

《宋書・荀伯子傳》:「著作郎徐廣重其才學,舉伯子及王韶之並為佐郎,助撰晉史及著桓玄等傳。」 顯徐廣著書非出一手。 《宋書》作徐度,《考

〔註46〕《宋書》。
〔註47〕兩《唐志》俱有。
〔註48〕《宋書・荀伯子傳》。
〔註49〕漢晉陽秋係為避諱。晉陽秋的避諱改名狀況:王叔岷:〈古書中的避諱問題〉,《國立臺灣大學文史哲學報》第 37 期(1989 年 12 月)頁 1～24。又見陳新會(陳垣):《史諱舉例》。

證》云當作徐廣。〔註 50〕

《河水注》引徐廣《晉紀》：「石勒自葛陂寇河北，襲汲人向冰于枋頭。」

《隋書‧律歷志》引徐廣、徐爰、王隱等晉書荀勗較律尺一事。今攷廣、隱皆有，晉史而獨缺爰書。

頁 12-1

《漢靈、獻二帝紀》六卷劉艾撰，見〔兩〕《唐志》，入古史類，見後。〔註 51〕

又《山陽公載記》，樂資撰。〔註 52〕

《魏武本紀》三卷，見後。〔註 53〕

《晉史草》三十卷，蕭景暢〔註 54〕撰，見前。〔註 55〕

《水經‧穀水注》引《晉後略》曰陸機敗于鹿苑一事。

《南齊書‧王智深傳》：「陳郡袁炳，字叔明……著《晉書》未成，卒。」范縝表薦時楚國子博士，未為通直郎，此誤。

頁 12-2

裴子野作《宋略》書曰「戮淮南太守沈璞，以其不從義師故也。」約懼，徒跣謝之，請兩釋焉。〔註 56〕

頁 13-1（無）

頁 13-2

《南齊書‧劉祥傳》：「永明初，遷長沙王鎮軍，板諮議參軍，撰《宋書》，譏斥禪代，尚書令王儉密以啟聞，上銜而不問。」

頁 14-1

《剡錄》引王智深《宋記》曰：「孔淳之，字彥深，魯人，少高尚，居剡，

〔註 50〕姚振宗《隋書經籍志考證》卷十二：「按此稱徐度，似徐廣之誤。」

〔註 51〕卷三頁 8-2。

〔註 52〕僅見《隋志》與《新唐志》。

〔註 53〕卷三頁 11-1。

〔註 54〕蕭景暢：《全上古三代秦漢三國六朝文》云：「蕭子顯……字景暢」；《梁書‧蕭子顯傳》云：「子顯，字景陽」，則蕭子顯字景暢、景陽有混用矣。

〔註 55〕卷一頁 19-1。

〔註 56〕《南史》卷三十三。

性好山水，每有所遊，必窮幽峻，或旬日忘歸，嘗遇桑門披衲領，契自以為得意之交。」

《茶經》引《宋錄》：「新安王子鸞，豫章王子尚，詣曇濟道人於八公山，道人設茶茗，子尚味之，曰：此甘露也，何言茶茗？」

《北戶錄》引《宋紀》曰：「孝武大明五年，有獻白孔雀為瑞者。」

頁 14-2

《乘輿飛龍記》二卷，鮑衡卿撰。見後。〔註57〕

《廣記》三百七十四卷引吳均《齊春秋》云：「齊荊州城東天子井，出錦，于時士女取用，與常錦不異，經月乃歇。」

《法苑珠林》卷廿一引是事，天子井作天井。〔註58〕

又引蕭誠《荊南志》。〔註59〕

卷四十九引吳均《春秋》一事。

頁 15-1〔註60〕

《新志》卷同。〔註61〕

頁 15-2（無）

頁 16-1（無）

頁 16-2

《皇帝紀》七卷。〔註62〕

頁 17-1（無）

〔註57〕卷三頁 24-2。

〔註58〕天子井作天井：大正藏本亦作天子井，四庫本作天井。

〔註59〕《法苑珠林》卷四十九。

〔註60〕此頁「《三十國春秋》三十一卷」條，下注「梁湘東世子蕭方等撰」，金批改蕭方為蕭萬。《舊唐書》點校本出校記云：「《隋志》『方』誤作『萬』」，四庫本確作蕭萬，然是否僅四庫本誤尚待商榷。

〔註61〕《齊春秋》，《隋志》、《新唐志》俱作三十卷；《舊唐志》作三卷。

〔註62〕兩《唐志》俱有。

頁 17-2（無）〔註63〕

頁 18-1（無）〔註64〕

頁 18-2（無）

頁 19-1（無）

頁 19-2（無）

頁 20-1（無）

頁 20-2（無）

頁 21-1（無）

頁 21-2（無）

頁 22-1

　　《舊唐志》雜史類有《淮海亂離志》四卷，蕭大圓撰。《棲鳳春秋》五卷，臧嚴撰。《天啟記》十卷，守節先生撰。《梁末代記》一卷。《後梁春秋》十卷，蔡允恭撰。

頁 22-2（無）

卷三　雜史

頁 1-1

　　《晉書》：陳壽「〈古國志〉五十篇。」

　　《華陽國志》：陳壽《古國志》。

　　譙周《古史考》二十五篇，彪條《古史考》中百二十二事。〔註65〕

　　《廣記》二百九十一卷引《古文瑣語》晉平公至澮上見首陽神一事。

〔註63〕數位典藏檔無此頁。
〔註64〕數位典藏檔無此頁。
〔註65〕《晉書・司馬彪傳》。

〔兩〕《唐志》：孔晁注。〔註66〕

《梁書》：顧協撰《瑣語》十卷。

《草木狀》〔註67〕引有東方朔《瑣語》云：「木履起於晉文公。」

頁 1-2〔註68〕

李涪《刊誤》云：「僕射，秦有周青臣孔衍注，云僕射小官扶左右者也」。是孔衍著書輒加自注，非出李昉。

《廣記》二百九十一卷引《物類志》亦云齊景伐宋夢湯及伊尹事。

頁 2-1（無）

頁 2-2（無）

頁 3-1（無）

頁 3-2

《楊終傳》：終「著〈春秋外傳〉十二篇，改定章句十五萬言」。〔註69〕

《戰國策》三十二卷，劉向錄。

頁 4-1

《尚書故實》：汲塚「耕人姓不……呼作彪，其名曰準，出《春秋後序》，《文選》注中出。」

頁 4-2（無）

頁 5-1（無）

頁 5-2（無）

〔註66〕兩《唐志》著錄為八卷。

〔註67〕《南方草木狀》。

〔註68〕此面「《春秋時國語》十卷」條，章書云「見《新唐志》」。金批一「舊」字於「新」字旁，檢《舊唐志》有「《春秋國語》十卷，孔衍撰」，應是為補此條。

〔註69〕《後漢書》。

頁 6-1

《文選・關中傳》注引：「《楚漢春秋》：趙中大夫曰：臣聞越王句踐素甲三千。」

頁 6-2（無）

頁 7-1（無）

頁 7-2

《越絕》卷八引《吳史》。

《史記正義》引《越絕書》曰：「闔廬起姑蘇臺，三年聚材，五年乃成，高見三百里。」　按今書缺其詞別見《吳越春秋》。

《史記・吳越世家》引《越絕書》，亦作《越絕記》。

《史通・因習篇》曰：「國之有偽，其來尚矣。如杜宇作帝，勾踐稱王，……而揚雄撰《蜀紀》，子貢著《越絕》，……考斯眾作，咸是偽書。」

趙曄字君長〔註70〕，會稽山陰人，通韓詩，有詩細歷神淵。見《後漢書・儒林傳》。

頁 8-1

唐・段公路《北戶錄》引沈懷遠《南越志》：「鷓鴣……其鳴自號」。

兩頭蛇「無毒，夷人餌之」。

比目魚「謂之板魚，亦曰左介，介亦作魪。」

「古度樹一呼那子，南人號曰柅，不華而實。」

《齊民要術》卷十引《南越志》曰：「博羅縣有合成樹，十圍。」

「猴葵，色赤，生石上。」

「羅浮山生竹，皆七八寸圍，節長一二丈，謂之『龍鍾竹』。」

卷六引《南越經》曰：「石蓴，似紫葉，色青。」〔註71〕

《珠林》卷四十九引：「苓陵香，土人謂為鷓艸。」

〔註70〕君長：應作長君。

〔註71〕檢《齊民要術》點校本與文淵閣四庫本均作「南越志」。又檢文瀾閣四庫恰作「南越經」，與金批合。

《公孫述傳》〔註72〕注引《南越志》曰：「有番山、禺山，因以為名。」
〔註73〕

《王符傳》注引沈懷遠《南越志》曰：「蕉布之品有三，有蕉布，有竹子布，又有葛焉。雖精麤之殊，皆同出而異名。」〔註74〕

《小史》八卷。〔註75〕

凱之《竹譜》等引沈志竹事，當為唐入地理□宜。

《馬援傳》注引「徵側起兵〔註76〕，都麊泠縣。及馬援討之，奔入金溪穴中」，作《越志》，當亦沈《志》中語。〔註77〕

頁 8-2

《廣記》引《南越志》極多，見別篇。

四百六十五：「初寧縣里多鴦龜……能齧犬。」

又引作《南越記》天牛魚事。

四百八十二引《南越志》：交趾地頗膏腴，其田為雄田。

又南越有神人造弩，「一放殺越軍萬人」。

頁 9-1（無）

頁 9-2

《〔舊〕唐志》又有《山陽義紀》。或是一書。

頁 10-1〔註78〕

《董卓傳》注引：「《英雄記》曰：卓母年九十，走至塢門曰『乞脫我死』，即（時）斬首。」

「有道士書布為『呂』字持〔註79〕以示卓，卓不知其為呂布也。」

〔註72〕《後漢書》。
〔註73〕《後漢書》之原文注云：「故城在今廣州西南。越志曰」，疑金批斷句為「南越志」為誤。
〔註74〕《後漢書》。
〔註75〕《隋志》。
〔註76〕應作兵起。
〔註77〕《後漢書》。
〔註78〕此頁引文均出《後漢書》，用以批校「《漢末英雄記》八卷」條。
〔註79〕持：點校本作將，金批與四庫本合。

　　韓「馥字文節，潁川人。」

　　王「匡字公節，泰山人。輕財好施，以任俠聞。」〔註80〕

　　《袁紹傳》注引：袁「成字文開，與梁冀結好，言無不從。京師諺曰：事不諧，問文開。」　「紹不妄通賓客。」

　　「紹揖□□……卓新至，見紹大家，故不敢（加）害。」

　　「孔伷字公緒。」　「劉子惠中山人。」　逢「紀字元圖」。

　　「耿武字文威。」　「□□□整兵□□□紹□」

　　「紹以河內朱漢為都官從事。」

　　陶「升（者），故〔為〕內黃小吏。」

　　「審配任事〔註81〕與紀不睦。」

　　「張羨，南陽人。先作零陵、桂陽長守，甚得江、湘間心。」〔註82〕

　　《呂布傳》注引：高「順為人不飲酒、不受饋。」〔註83〕

　　《劉表傳》注引：「劉表將呂介……下兵射中堅頭，應時物故。」〔註84〕

　　《郡國志》注引《英雄交爭記》。

　　《董卓傳》注引《英雄記》曰：丁「原字建陽。為人麤略，有勇善射，受使不辭，有警急，追寇虜，輒在前。」〔註85〕

　　《荀彧傳》注引《英雄記》曰：逢「紀字元圖。初，紹去董卓與許攸及紀俱詣冀州。紹以紀聰達有計策，甚信之。」〔註86〕

　　《皇甫嵩傳》注引《英雄記》曰：「涼州賊王國等起兵，劫□忠為主，統三十六郡〔註87〕，號車騎將軍。忠感慨發病死。」〔註88〕

頁 10-2（無）

頁 11-1

　　《太平廣記》引《拾遺錄》云國史撰《任城舊事》二卷。至東晉初。藏

〔註80〕《後漢書》。
〔註81〕任事：應作任用。
〔註82〕以上均《後漢書‧袁紹傳》。
〔註83〕《後漢書》。
〔註84〕《後漢書》。
〔註85〕《後漢書》。
〔註86〕《後漢書》。
〔註87〕郡：點校本作部，金批與四庫本合。
〔註88〕《三國志》。

於秘閣。

頁 11-2

《魏志》裴注：「璠撰《後漢紀》，雖似未成，辭藻可觀。溥著《江表傳》，亦粗有條貫。惟頒撰《魏晉世語》，蹇乏全無宮商，最為鄙劣，以時有異事，故頗行於世。干寶、孫盛等多采其言以為《晉書》。」

郭頒《世語》，《魏志》注。

《殷基通語》，見《孫和傳》注、《朱據傳》注。〔註89〕

孫盛《異同記》見《蜀志‧董厥傳》注。

頁 12-1（無）

頁 12-2（無）

頁 13-1

《鍾會傳》注：《世語》：「夏侯霸奔蜀，蜀朝問『司馬公如何〔德〕？』，霸曰：『自當作家門。』……『鍾士季……管朝政，吳、蜀之憂也。』」《漢晉春秋》云云，裴云「鑿齒此言，非出他……（接下頁天頭處）

頁 13-2

（續上頁天頭處）……書，均〔註90〕採用《世語》而附益也。」

《河水注》引郭頒《世語》：「晉文王之世，（有）大魚見孟津。」

《劉表傳》注引：「《世語》曰：表死後八十餘年，晉太康中，表冢見發。表及妻身形如生，芬香聞數里。」〔註91〕

頁 14-1

《呂布本事》一卷，毛范撰。〔註92〕

頁 14-2

《晉書》：亮子羕，「元帝踐阼，以羕屬尊，元會特為設牀。」無王亮乘車

〔註89〕《三國志》。
〔註90〕均：應作故，卷二頁 7-1 金批同內容反不誤。
〔註91〕《三國志》。
〔註92〕《隋志》。

入殿事。〔註93〕

　　《宋書》：劉「義恭撰《要記》五卷，起前漢訖晉太元，表上之，詔付祕閣。」

　　此見《晉書‧陳騫傳》。〔註94〕

頁 15-1（無）

頁 15-2

　　《廣記》二百九十四卷引《中興書〔註95〕》王猛嵩山遇神事。

　　四百五十六卷引《晉中興書》顏含獲蛇膽事。

　　《晉書鴻烈》六卷，張氏撰。〔註96〕

頁 16-1

　　何尚之，陳時人，上不及宋。〔註97〕

頁 16-2

　　《茶經》引《後魏錄》云：「瑯琊王肅仕南朝，好茗飲蓴羹，及還北地，又好羊肉酪漿，人或問之茗何如酪，肅曰：茗不堪與酪為奴。」

頁 17-1

　　《舊唐書‧盧粲傳》：祖彥卿撰《後魏紀》二十卷。

　　《梁承聖中興略》十卷，劉仲威撰。〔註98〕

頁 17-2

　　《陳王業曆》一卷，陳中書郎趙齊旦撰。〔註99〕

〔註93〕章書已云：「王亮為大司馬，正旦大會，乘車入殿……今《晉書》所闕。」疑金批未查此句。

〔註94〕《晉書‧陳騫傳》：「陳騫……咸寧初，遷太尉，轉大司馬。」

〔註95〕中興書三字有硃筆圈點

〔註96〕《隋志》。

〔註97〕《宋書‧何尚之傳》云其大明四年薨于位，年七十九，生卒為382～460，即活動於東晉至南朝宋時期，金批「陳時」不知何故。

〔註98〕《隋志》。

〔註99〕《隋志》。

《楊終傳》:「受詔刪太史公書為十餘萬言。」〔註100〕

頁 18-1（無）

頁 18-2

司馬彪《戰略》,見《劉表傳》注。〔註101〕

頁 19-1

永和五年,茂虔獻《漢皇德傳》二十五卷。〔註102〕

《梁書・張緬傳》:「抄《後漢》、《晉書》眾家異同,為《後漢紀》四十卷。」

頁 19-2

張儼《默記》,見《蜀志》注。

劉昭《續漢志》注引:「《皇德傳史》曰:『白虹貫,下破軍,晉分也。』」

《續洞紀》一卷,臧榮緒撰。〔註103〕

頁 20-1

《困學紀聞》引:「韋昭《洞歷記》:紂無道,比干知極諫必死,作秣馬金關之歌。」

《論衡》卷十三:「周長生……文士之雄也……作〈洞歷〉十篇,上自黃帝,下至漢朝,鋒芒毛髮之事,莫不紀載,與太史公表、紀相似類也。上通下達,故曰『洞歷』。」

《帝王代紀》十六卷。〔註104〕

《梁書・陶弘景傳》:「著《帝代年歷》」,不載卷數。

《世紀音》四卷,虞綽撰。〔註105〕

〔註100〕《後漢書》。
〔註101〕《後漢書》。
〔註102〕《宋書》。
〔註103〕《隋志》。
〔註104〕兩《唐志》。
〔註105〕《隋志》。

頁 20-2（無）

頁 21-1（無）

頁 21-2

《梁書・庾詵傳》:「撰《帝歷》二十卷、《易林》二十卷。」

《魏書・律曆》云趙歐《玄始曆》。

永和五年〔註106〕茂虔獻《皇帝王歷三合紀》一卷,《趙歐傳并甲寅元歷》一卷、《三國總略》二十卷。〔註107〕

《金樓子》自序云:「涼國太師〔註108〕史令趙歐造乾度歷三十年。」

頁 22-1

《十五代略》,吉文甫撰。起庖犧,至晉。〔註109〕

頁 22-2（無）

頁 23-1（無）

頁 23-2

《後漢・輿服志》注引「顏延之《幼誥》」。

《梁書・王褒傳》:「褒著幼訓,以誡諸子」。

《帝王世錄》一卷,甄鸞撰。〔註110〕

頁 24-1（無）

頁 24-2

《帝王諸侯世略》十一卷。　《王霸記》三卷,潘傑撰。〔註111〕

〔註106〕北涼政權年號。

〔註107〕《宋書》。

〔註108〕原文無師字,疑金批誤衍。

〔註109〕《隋志》。

〔註110〕《隋志》。

〔註111〕《隋志》。

頁 25-1

《舊唐志》：八十卷。

頁 25-2

《魏書‧張彝傳》：「起元庖犧，終於晉末，凡十六代，百廿八帝，歷三千二百七十年〔註112〕，雜事五百八十九，合成五卷，名曰《帝歷圖》〔註113〕。」

《禰衡傳》注引《通史志》曰：「岑牟，鼓角士胄也。」〔註114〕

卷四　霸史

頁 1-1

《廣記》二百七十六卷引《趙書》云：「宣咸卒後五年，石虎夢見咸，涕泗囑其子」事。

《高僧傳》云：「田融《趙記》云：澄未亡數年自營塚壙。」

頁 1-2（無）

頁 2-1

《新志》：王度《隨翩二石偽事》六卷。

頁 2-2（無）

頁 3-1

封懿《燕書》十卷。〔註115〕

《魏書》：「崔逞，字叔祖……慕容暐時，郡舉上計掾，補著作郎，撰《燕記》。」

《舊唐志》：三卷。

〔註112〕三千二百七十年：點校本無十字，金批與四庫本合。
〔註113〕應作歷帝圖，疑金批誤。
〔註114〕《後漢書》。
〔註115〕《十六國春秋》卷五十二。

今有《漢魏叢書》本，王謨云翁覃溪有全本，未見。〔註116〕

頁 3-2（無）

頁 4-1

《水經・沂水注》引：「《東燕錄》謂之團城」。

《後魏書》：韓「顯宗撰《馮氏燕志》……十卷」，高祖云：「見卿……（接下頁天頭處）

《南燕書》七卷，遊覽先生撰。〔註117〕

《秦書》八卷，何仲熙撰，記苻健事。〔註118〕

頁 4-2

（續上頁天頭處）……所撰《燕志》及在齊詩詠，大勝比來之文。」

頁 5-1（無）

頁 5-2（無）

頁 6-1

《廣記》二百七十六卷引《前涼錄》：「洛陽王穆起兵酒泉，西伐索嘏，長史郭瑀諫，不從。夜夢乘青龍上天，至屋而止」云云，此失引。

頁 6-2

何熙《秦書》八卷，記苻健事，見《十六國春秋》。《隋志》作何仲熙。

漢世有何熙，何夔曾祖，何熙為車騎將軍，父名英。〔註119〕

《〔舊〕唐志》：《西河記》二卷，段龜龍撰。疑即《隋志》之《涼記》，但卷數不符。

邵思《姓解》引同。〔註120〕

〔註116〕 此事見〈《漢魏叢書》江西本《華陽國志》王謨跋〉。
〔註117〕 《隋志》。
〔註118〕 《隋志》。
〔註119〕 《三國志・魏志》。
〔註120〕 《姓解》卷一云：「喻亦作諭，東晉有喻歸撰《西河記》者。」

頁 7-1（無）

頁 7-2

《法苑珠林》卷八引《涼記》云：「呂光，字世明，連結豪賢，施與待士，身長八尺四寸，目重童子〔註 121〕，左肘生肉，印性沉重，質略寬大。」

《涼記》十卷，宗欽撰，記蒙遜事，見《北涼錄》。〔註 122〕

索綏《涼春秋》五十卷。〔註 123〕

頁 8-1

《舊唐志》作二十卷，劉延明撰，當是晒字。〔註 124〕

《廣記》二百七十六卷引劉彥明《燉煌錄》。

頁 8-2

《廣記》三百十七卷引《燉煌實錄》云：「王樊卒，有盜開其冢，見樊與人樗蒱。」此作「王樊」。〔註 125〕

《十六國春秋》作「雍門調」。〔註 126〕

頁 9-1

《法苑珠林》卷七十六引崔鴻《國春秋》〔註 127〕：「《北涼錄》曰：玄始十四年七月，西域貢吞刀嚼火祕幻奇伎。」今輯本無此條，並補錄之。〔註 128〕

《新唐志》：一百二十卷。

《魏書·崔子元傳》：「十六國，名為春秋，一百二卷。」

《吐谷渾記》二卷，宋·新亭侯段國撰。梁有《翟遼書》二卷，《諸國略記》二卷，《永嘉後纂年記》二卷，《段業傳》一卷，亡。

〔註 121〕目重童子：大正藏本無子字，金批與四庫本合。

〔註 122〕出《十六國春秋》卷九十七。

〔註 123〕出《太平御覽》卷一百二十四。

〔註 124〕章書云：「《後魏書·劉晒傳》：晒著《燉煌實錄》二十卷。」，又《後魏書·劉晒傳》明言「劉晒，字延明」，故《舊唐志》作延明，係晒之字。

〔註 125〕章書作「王禁」。

〔註 126〕章書作「雍門周」。

〔註 127〕《十六國春秋》。

〔註 128〕《法苑珠林》所引此條佚文，於《十六國春秋》之四庫本與《漢魏叢書》輯本俱無，故云可補錄之。

頁 9-2（無）

頁 10-1

《蜀李書》九卷。〔註129〕

《宋書・後廢帝紀》：「元徽元年……散騎常侍顧長康、長水校尉何翌之表上所撰《諫林》，上自虞、舜，下及晉武，凡十二卷。」

頁 10-2（無）

第一冊完。

卷五　起居注

頁 1-1〔註130〕

《漢禁中起居注》，《抱朴子・內篇・論仙》引。

《墨莊漫錄》云：「晉中書監令……曾知崟所上篆文《穆天子傳》六卷……《束皙傳竹〔策〕書》凡七十五篇，〈內穆天子傳〉五篇，言穆王遊行四海，見〈帝臺西王母雜書〉十九篇，周食田法周書論楚事、周穆王美人盛姬死事，然則〈穆天子傳〉本五篇，公曾等所上乃有六卷……第六卷多記盛姬事，蓋并入雜書中此一篇也。」

頁 1-2

劉昭《禮儀志》注引：「《晉起居注》曰：『太尉賈充薨，皇太子妃之父，又太保也，有司奏依漢元明二帝親臨師保故事，皇太子素服為發哀，又臨其喪。』」

《晉書・禮志》有咸寧注譯《元會儀》，則箋儀注，而非起居注矣。

頁 2-1（無）

〔註129〕兩《唐志》俱有。

〔註130〕此面「《漢獻帝起居注》五卷」條，章書云「《續漢》禮儀、祭祀、五行、百官、輿服志注……並引《獻帝起居注》共數十事。金批補「郡國志」三字於輿服志右下。檢《後漢書・郡國志》注引《獻帝起居注》二事，補之無誤。

頁 2-2

《永嘉、建興起居注》十二卷〔註131〕，亡。

頁 3-1（無）

頁 3-2（無）

頁 4-1

《晉元康起居注》一卷。〔註132〕

頁 4-2

《〔舊〕唐志》作李軌撰。

頁 5-1（無）

頁 5-2（無）

頁 6-1（無）

頁 6-2

《齊民要術》卷十引：「《晉起居注》曰：『……巴西郡竹生紫色花，結實如麥，皮青，中米白，味甘。』」

《寰宇記》一百十八卷引《晉起居注》曰：「隆安三年，縣廨有石榴六子同蒂，太守庾恬上書以聞。」

《隋書·禮志》引《晉起居注》：成帝咸和五年，制詔殿內曰：「平天、通天冠，並不能佳，可更修理之。」

《隋書·宇文愷傳》引：「《晉起居注》裴頠議曰：『尊祖事天〔註133〕，其義明著，廟宇之制，理據未分。直可為一殿，以崇嚴祀，其餘雜碎，一皆除之。』」

頁 7-1（無）

〔註131〕十二卷：應作十三卷。
〔註132〕《隋志》。
〔註133〕事天；應作配。

頁 7-2

　　《水經・淄水注》引：「《晉起居注》云：『齊有大蛇，長三百步，負小蛇長百餘步，逕于市中。』」

頁 8-1

　　《剡錄》引《元嘉起居注》曰：「謝靈運……襲封康樂，遷秘書丞，出為臨海太守，及經山陰防禦。」

頁 8-2（無）

頁 9-1

　　《舊唐志》作六十卷。

　　《隋書・樂志》引《宋元徽三年儀注》：送迎神，奏〈昭夏〉，與此異。

　　《隋書・樂志》引《宋孝建二年秋起居注》：「皇帝出入……奏〈永至〉」，「送神之樂……奏〈肆夏〉」。

　　《舊志》：八卷。

　　《明帝在藩〔註134〕注》三卷，亡。

頁 9-2

　　《隋書・宇文愷傳》引：「《宋起居注》曰：『孝武帝大明五年立明堂，其牆宇規範，擬則太廟，唯十二間，以應朞數。依漢汶上圖儀，設五帝位。太祖文皇帝對饗，鼎俎簠簋，一依廟禮。』」

　　又引：「《泰山通議》今亡，不可得而辨也。」

　　又云：「《明堂圖》惟有二本，一是宗周，劉熙、阮諶、劉昌宗等作，三圖略同。一是後漢建武卅年作，禮圖有本，不詳撰人。」

　　《宋泰豫起居注》四卷，梁有《宋元徽起居注》二十卷，《昇明起居注》六卷，亡。

頁 10-1（無）

頁 10-2（無）

〔註134〕藩：點校本作蕃，金批與四庫本合。

頁 11-1（無）

頁 11-2

《陳天嘉起居注》二十三卷。　《陳天康、光大起居注》十卷。　《陳太建起居注》五十六卷。　《陳至德起居注》八卷。〔註135〕

頁 12-1

此行下皆隋志敘文中語，摘敘如此。

頁 12-2

荀悅《申鑒》：先帝故事有起居注。

頁 13-1

《新志》：《晉永平起居注》八卷。　《晉咸和起居注》十八卷。　《晉咸康起居注》二十二卷。　《何始真晉起居鈔》五十一卷。　《晉起居注鈔》二十四卷。　王逡之《三代起居注鈔》十五卷。

《宋書・蔡廓傳》云：「陸士衡起居注，式乾殿集，諸皇子悉在三司上。今抄疏如別。又海西即位赦文，太宰武陵王第一，撫軍將軍會稽王第二，大司馬第三。」

頁 13-2（無）〔註136〕

卷六　地理

頁 1-1

《十道記》引《臨川記》麻姑山楓鬼。　《廣記》四百七卷。
《廣記》四百七卷引張鷟《出關志》。
又四百十二卷引《顧渚山記》。
又引《嶺南異物志》。
《水經・洛水注》引《開山圖》。

〔註135〕《隋志》。八卷：《陳至德起居注》應作四卷，八卷乃《陳永定起居注》。
〔註136〕此頁有夾籤，高廣 23.5×12.5(cm)，內容似與章書無涉。

《渭水注》引榮氏《開山圖注》。

<u>《水經·伊水注》引京相璠《春秋土地名》。</u>

又《穀水注》云：「京相璠、裴司空、彥季脩《晉輿地圖》，作《春秋土地名》。」

《史記正義》引：「邢子勵《趙記》云：龍山有四麓，各有一穴，大如車輪。」

《滱水注》引《中山記》。

<u>《河水注》引故趙地《虞氏記》。</u>〔註137〕　又《孟氏記》。

《釋氏西域記》。　《支僧載外國事》。〔註138〕　竺枝《扶南記》。　康泰《扶南傳》。　《法顯傳》。〔註139〕

《廣記》三百九十六卷引《東甌後記》。

《述異記》引《南海地記》睡草事。〔註140〕

《廣記》四百六卷引《扶南記》：南海多荔枝樹。頓遜國酒樹。

周密《癸辛雜識》云：「大廟前尹氏書肆中，有彩畫《三輔黃圖》一部，每一宮殿繪畫成圖，極精妙可喜……為衢人柴望號秋堂〔註141〕者得之。」

《隋書·禮志》引《前漢黃圖》北南壇位一事。

《史記·封禪書》索隱引《三輔黃圖》。

《梁書·江子一傳》：《續黃圖》及《班固九品》。

<u>《水經》引甚多。</u>

頁1-2

《南海地記》。　《漢魏宮志》。　出《述異記》。

《九微志》。〔註142〕

〔註137〕「故趙地」為上段文字之末，疑金批誤竄入書名。
〔註138〕有「支僧載《外國事》」與「《支僧載外國事》」二種句讀法，疑後者為是，因《太平御覽·經史圖書綱目》錄書目名稱為「支僧載外國事」。
〔註139〕以上均《水經注》所引用書。
〔註140〕《太平廣記》卷四百八。
〔註141〕柴望（1212～1280），字仲山，號秋堂，又號歸田，江山人。見昌彼得、王德毅、程元敏、侯俊德等編：《宋人傳記資料索引》（臺北：鼎文書局，2001年），頁1614。
〔註142〕金批補三書雖云俱出《述異記》，然出處各有不同。《漢魏宮志》、《九微志》俱出任昉《述異記》（四庫本、《漢魏叢書》本、《稗海》本均有）。《南海地記》

《東甌後記》。 《廣記》三百九十六卷引吳永安三年。

《廣記》三百九十九卷引《水經》：《魏土地記》云沮陽牧牛山下九十九泉。

《水經‧沔水注》引《漢中記》云云。 又引《地說》。

《雲麓漫鈔》引《襄陽記》：李叔平敕子曰：龍陽洲有千頭木奴。

趙德麟《侯鯖錄》引：「《襄陽記》：『李衡密遣十人於武陵新陽洲上作宅，種柑千樹。臨死敕其子曰：汝母惡吾治家窮困如是，吾洲有千頭木奴，不責汝衣食。』」

《酉陽雜俎》十一引：「《南蠻記》：寧州沙中有折腰蜂，岸崩則蜂出，土人燒冶，以為琥珀。」

《方言》卷二引：「《燕記》曰：豐人杼首。」

《北戶錄》引《魏武四時食制》。 又引《靈枝圖說》。

《廣志》。 《陶朱公養魚經》。 《兼名苑》。 《扶南傳》。 《御覽》。

《唐韻》。 郭緣生《述征記》。 梁簡文《船神記》。〔註143〕

《太平廣記》引《洛陽記》云：洛中崇真寺有比丘惠，凝死七日還活一事。

《穀水注》有：「《洛陽地記》曰：『大城東有太倉，倉下運船常有千計。』」

又引《洛陽記》：「千金堨，舊偃穀水」，不著撰人。

頁 2-1

宋人《就日錄》〔註144〕引葛洪《潮記》、竇叔蒙《海濤志》、潘洞《浙江論》。

宋趙溍《養痾漫筆》引《物類相感志》云宋建武中安昌進狒之事。

《法苑珠林》卷廿一〔註145〕引蕭誠《荊南志》

卷四十九引《扶南傳》：「頓遜國……以香華事天神」。 《吳時外國傳》

　　　　應出《太平廣記》卷四百八：「桂林有睡草……出《南海地記》。出《述異記》」，
　　　　任昉《述異記》上述各本反而均無此書。

〔註143〕以上引書，部分亦見《四庫提要》「北戶錄三卷」條，疑金批先查閱《提要》，
　　　　再檢原書得知。

〔註144〕《說郛》卷十四有《就日錄》，作者題作「宋‧趙□□，號灌園耐得翁」，即
　　　　余嘉錫《四庫提要辨證》云：「《說郛》卷十四有宋‧趙某所著《就日錄》。」

〔註145〕卷廿一：應為卷廿二。

云「五馬州出鷄舌香」。　「流黃香出都昆國」，「都昆在扶南，出藿香」。　徐
衷《南方記》云：「青木香出天篤國」。　「楓香樹子如鴨卵」。

白褒《魯記》曰：「靈帝末有汝南陳子游為魯相，子游太尉陳蕃子也，國
人諱而改焉。」郜改蕃，見《史記》索隱。

《寰宇記》一百十三卷引：「《楚地記》云：巴陵〔即〕瀟湘之淵，在九江
之間，二漢因之吳，以為要扼之地，置戍兵以鎮之。」

《後魏書・劉芳傳》引：「《洛陽記》：國子學官與天子宮對，太學在開陽
門外。」

劉昭《禮儀志》注引《雒陽宮閣簿》曰：「德陽宮殿南北行七丈，東西行
三十七丈四尺。」

頁 2-2（無）

頁 3-1（無）

頁 3-2（無）

頁 4-1

《班固傳》注引《漢宮閣疏》曰：「昆明池有二石人，牽牛、織女之象
也。」〔註 146〕

《渭水注》引《傅子・宮室》。

《後漢・百官志》注引：「宮閣簿青瑣門在南宮」。

頁 4-2（無）

頁 5-1

《匡謬正俗》引：「《晉宮閣》：名所載某舍若干區者列為丘字。」

《齊民要術》卷四引：「《晉宮閣簿》曰：秋有白柰。」

頁 5-2

《馬融傳》注引《郡境簿》〔註 147〕云：「洛陽縣南大石山中有雜樹木，有

〔註 146〕《後漢書》。
〔註 147〕郡境簿：點校本原文作「石林，大石山也，一名萬安山，在河南郡境，簿云」，

祠名大石祠，山高二百丈也。」〔註148〕

頁 6-1

《丹鉛錄》引：「郭緣生《述征記》：鳥當沉中有九十臺，皆生結蒲，秦王繫馬蟠蒲也。自注曰：齊人謂湖曰沉。」

《北戶錄》引郭緣生〔註149〕《述征記》：「城陽縣……印頰魚。」

《法苑珠林》卷卅七引《述征記》云：「桓仲〔註150〕為江州刺史，遣人周行廬山……湖中有敗䱉赤鱗。」

四十九卷引《述征記》：「北荒有張母墓。」

《封氏聞見記》卷一引：「老子廟中有九井，汲一井，八井皆動。」

卷八引《述征記》云：「繹山在下邳西北，多生梧桐。」

又「彭城郡有秅城，云是崇侯家。」

《常帝紀》注引：「成陽東南有堯冢。」

《剡錄》引《述征記》曰：「狐聽冰無聲乃渡。」

《匡謬正俗》引緣生〔註151〕《述征記》曰：「皇天塢在閺鄉東南，或云衛太子始奔揮涕仰呼皇天，百姓憐之因以名塢。」

頁 6-2

《漢章帝紀》注引郭緣生《述征記》云：「成陽縣東南有堯母慶都墓，上有祠廟。堯母陵俗亦名靈臺大母。」　《袁紹傳》注引郭緣生《述征記》曰：「黎陽城西袁譚城，城南又有一城，是曹公攻譚之所築。」

《水經·渠注》引《續述征記》：「汴沙到浚儀而分。」

《穀水注》：劉澄之云孝水「出檀山……考尋茲說，當承緣生《述征》謬誌耳。緣生從戍行旅，征途訊訪，既非舊土，故無所究。」

頁 7-1

《渠水注》：「戴延之所謂西北有大梁亭。」當是《記》中文。

出校記云：「張森楷謂《簿》即《河南十二縣簿》，《太平御覽》屢引之。」或金批誤將「郡境，簿」合併視為「郡境簿」。

〔註148〕《後漢書》。

〔註149〕郭緣生：四庫本緣作延。

〔註150〕桓仲：文淵閣四庫本作桓冲，徑山藏本作桓仲，與金批合。

〔註151〕緣生：金批緣上脫郭字。

　　《封氏聞見記》卷七引戴祚《西征記》云：「開封縣二佛寺，余至此見鴿大小如鳩，戲時兩兩相對。」

　　《匡謬正俗》引戴延之《西征記》云：「皇天固去九泉十五里。」

　　劉昭《郡國志》注引《西征記》云：三皇山上有二城，東西廣武相去二百餘步，中隔深澗，漢祖與項籍語處。

　　「函谷左右絕岸十丈，中容車而已。」

　　豐「縣西北有漢祖廟」，此著延之《西征記》。

　　留「城中有張良廟」。

　　下邳「有沂水，自城西南注泗，別下回〔註152〕城南，亦注泗。舊有橋處，張良與黃石公會此。」

頁 7-2

　　《封氏聞見記》卷六引盧思《西征記》云：「新鄉城西有漢王柱楊太守趙越王墓，墓北有碑，碑有石柱，東南有亭。」

　　《齊民要術》引極多。

頁 8-1

　　《班固傳》注引：「周處《風土記》曰：『鷺，鷺鴟也，以名自呼，大如鷄，生卵於荷葉上。』」〔註153〕

頁 8-2

　　《齊書·樂志》引周處《風土記》云：「吳黃龍中童謠云『行白者君追汝句驪馬』，後孫權征公孫淵，浮海乘舶，舶，白也。」

頁 9-1

　　《茶經》引：「山謙之《吳興記》：烏程縣西二十里有溫山，出御荈。」

　　《郡國志》注引：「《吳興記》曰：中平年〔註154〕分……置安吉縣……又分立原鄉縣。」

〔註152〕回：應作迴。

〔註153〕《後漢書》。

〔註154〕中平年：應為中平二年，點校本出校記云：「《集解》引惠棟說，謂沈約、歐陽忞皆云中平二年，諸本脫『二』字。今據補。」

頁 9-2

《史記》索隱引：「《吳地記》曰：仲雍冢在吳郡常孰縣西海虞山上，與言偃冢並列。」

《吳越春秋》注引《吳地記》曰：「笠澤，松江之別名。」

松陵「在松江松陌，流溢至此，故名。」

姑蘇台「高三百丈，廣八十四丈。」

《史記・伍子胥傳》正義引吳地記子胥廟事。

又「胥山在太湖邊。」

<u>《宋書・州郡志》引董覽《吳地誌》</u>〔註155〕。

高似孫《剡錄》引《吳地志》〔註156〕云：「戴逵，字長雲，安道子也，為散騎常侍，與顗並高蹈俗外，三葉肥遁，世稱清風。」

頁 10-1

《水經・沔水注》引《吳記》。

顧野王《輿地志》，《文選》鮑照〈苦行〉詩注引。

《光武十王傳》注引顧夷《吳地記》曰：「橫山北有小山，俗謂姑蘇臺。」〔註157〕

《太平廣記》引《三吳記》。劉樞自江陵歸鄂下。宿上明洲得魚珠事。

四百二十五卷引《三吳記》王述採藥天台遇青衣小童乘赤鯉事。

四百六十八引《三吳記》趙昺斬蛟事。　又王素女為白魚所魅事。

頁 10-2

《法苑珠林》卷卅七引：「《臨海記》云：郡東北二十五里，任曾逸家有一石井，自然天成。……有……人臨溪洗器，流失酒杯，後出於井中。」

頁 11-1

《老學庵筆記》：「京口子城西南月觀，在城上，或云即萬歲樓。……《京口記》云：晉王恭所作。」

〔註155〕誌：點校本作志，金批與四庫本合。
〔註156〕吳地志：志應作記。
〔註157〕《後漢書》。

《齊民要術》卷四引：「《京口記》曰：龍剛縣有石榴。」〔註158〕

頁 11-2

《後魏書・劉芳傳》：撰「《徐州人地錄》二十卷」。〔註159〕

頁 12-1

《丹鉛錄》引：「荀綽《兗州記》曰：閭丘沖好音樂，侍婢不釋管弦，出入乘四望車。」

《三國志》注引荀綽《九州記》。此當足《記》中一卷耳。

《三國志・杜畿傳》注：杜坦出紹伯父，亡，杜柯襲爵，博學有令聞，為領軍長史。

《宋書・州郡志》引賀續《會稽記》云：「順帝永建四年，分上虞南鄉立。」始寧縣。

頁 12-2

《太平廣記・方士》引：「孔懌《會稽記》云：葛玄得仙後，几〔遂〕化為三足獸，至今上虞人往往於山中見此案几。」

《廣記》三百九十七卷引《洽聞記》云：「孔靈符《會稽記》〔註160〕云：射的山，遠望的的，有如射侯，故曰射的。」

頁 13-1（無）

頁 13-2

《水經・溫水注》：《荊州記》：興安縣水邊……有石履。

《廣記》三百八十九卷引《荊州記》：范陽粉水有文將軍墓。

三百九十八卷引《荊州記》：「平樂縣有山，林石巖間，有目如人眼，極大，瞳子白黑分明，名曰目巖。」

《齊民要術》卷十引《荊州記》：「枝江有名〔甘〕。宜都〔郡〕舊都江北有甘園，名『宜都甘』。」

〔註158〕《齊民要術校釋》出校記云「《京口記》可能是《襄國記》之誤。」
〔註159〕二十卷：點校本作四十卷，金批與四庫本合。
〔註160〕孔靈符會稽記：點校本孔靈符作孔曄，出校記云：「曄字原空闕。據明鈔本改」，金批與四庫本合。

「《荊州土地記》曰：宜都出大枇杷。」

《光武紀》引習鑿齒《襄陽記》云：「秦豐，黎丘鄉人。」

引張曜《中山記》云：「城中有山，故曰中山。」

洪芻《香譜》引《荊州記》云：「都梁縣有山，山上有水，其中生蘭草，因名都梁香，形如霍香。」

又引《襄陽記》：「劉季和性愛香」，云「荀令君至人家坐席三日香。」

頁 14-1

《胡廣傳》注引：「盛弘之《荊州記》曰：『菊水出穰縣。芳菌〔註161〕被涯，水極甘香。谷中皆飲此水，上壽百二十，七八十者猶以為夭。太尉胡廣所患風疾，休沐南歸，恆飲此水，後疾遂瘳，年八十二薨』也。」

《郡國志》注引微異。

武當「有女思山」。　筑陽「有靁山」。　析「有龍淵」。

江陵「東……有三湖。」

秭歸「有屈平宅，方七頃，累石為屋基」，今名樂平，宅有女須廟。

當陽「有麥城」。　「襄陽舊楚之北津」。　臨沮荊山方有「卞和抱璞處」。

夷道「有宜陽山」　「荊門上合下開」。

內方「山高三十丈，周〔迴〕百餘里」。　「余水傍有漁父廟」。

郴「西北有溫泉，……常十二月下種，……三月……便登，一年三熟」。

武陵「郡社中木鹿樹，是光武種」。　「沅水……出牂牁且蘭」。

「酈湖……酒極甘美」。　益陽「縣南……平岡……有金井數百」。

醴陵「大山……三石室」。

《南蠻傳》注引：「昔廩君浮夷水，射鹽神于陽石之上。」

又引：「沅陵縣居西口，有上就、武陽二鄉，唯此是槃瓠子孫，狗種也。二鄉在武溪北。」〔註162〕

《溫水注》引庾仲初云：「水出萌渚嶠，南流入于臨。」

《寰宇記》一百十七卷引：「黃石山……出銀礫人常採之。」

《史記·封禪書》正義引：《荊州記》：耒陽、益陽二縣東北有熊耳，東西各一峯如熊耳狀，因以為名。齊桓公、太史公並登之。

〔註161〕芳菌：菌應作菊。
〔註162〕俱出《後漢書》。

《廣記》三百七十四卷引盛宏〔註163〕之《荊州記》：耒陽縣有雨瀨事。

三百八十九卷引宏之《荊州記》云：固城臨洱水有五女墩。又云一女嫁陰縣很子。

《齊民要術》卷十引盛弘之《荊州記》曰：巴陵南有寺，僧牀下忽生娑羅樹。

頁 14-2

《寰宇記》一百十三卷引《荊州圖經》。　《漢陽郡圖經》。　蕭誠《荊南志》。　《洞庭記》。　《武昌縣記》。　《湖南風土記》。〔註164〕

一百十四卷引宗淵《麓山記》。　《南嶽記》。　《湘水記》。〔註165〕

〈上林賦〉注引《荊州記》：「宜都有喬木，叢生，名為女貞。」

《齊民要術》卷十引《荊州土地記》

又引作《荊州地記》曰：「浮陵茶最好。」

卷四引《荊州土地記》曰：「房陵、南郡有名李。」

頁 15-1

《雲仙雜錄》引董慎《續豫章記》云：「王鄰隱西山，頂菱角巾，又嘗就入買菱，脫頂巾貯之。」　又云：「陳蕃待客拌飯以鹿脯，芼羹以牛脯。」

《後漢‧郡國志》注引《豫章記》：「新吳、上蔡、永脩縣，並中平立。」建城「縣有葛鄉，有石炭二頃，可燃以爨。」「昌邑城。《豫章記》曰：『城東十三里，縣列江邊，名慨口，出豫章大江之口也。昌邑王每乘流東望，輒憤慨而還，故謂之慨口。』」

《太平廣記》引《豫章記》晉幸靈移船療病事。

《廣記》二百九十三卷引一事出《豫章古今記》。

《廣記》三百十七卷引《豫章記》沈季改葬許子將事。

四百五十六卷引《豫章記》吳猛殺蜀精而杜弢滅事。

《廣記》三百九十八卷引《豫章記》云：「唐顯慶四年，漁人……網得〔一〕青石……鳴聲清越……都督滕王表送，納瑞府。」

下涉唐事，疑別一書。　即董慎所續者。

〔註163〕宏：應作弘，為避諱改。
〔註164〕湖南風土記：係一百十四卷所引。
〔註165〕湘水記：係一百十五卷所引。

　　《神壤記》一卷，記榮陽山水。黃閔撰。〔註166〕

　　《郡國志》引《豫章舊志》：「匡俗字君平，夏禹之苗裔。」

　　豫章郡下凡引《豫章記》四條，皆無撰人名氏。

頁 15-2

　　《西南夷傳》注引：「孫盛《蜀譜》曰：『初，秦徙呂不韋子弟宗族於蜀，漢武帝開西南夷，置郡縣，徙呂氏充之，因置不韋縣。』」　又引：「《哀牢傳》曰：『九隆代代相傳，名號不可得而數，至於禁高，乃可記知。』」

頁 16-1

　　《廣弘明集》卷八引李膺《蜀記》：「張陵避病瘧於丘社之中，得呪鬼之術書，……遂解使鬼法。後為大蛇所噉，弟子妄述昇天。」

　　又引：「《哀牢傳》曰：『九隆代代相傳，名號不可得而數，至於禁高，乃可記知。』」〔註167〕

　　《丹鉛錄》引：「揚雄《蜀記》云：星橋土應七星。李膺《益州記》云：一長星橋、二員星橋、三機星橋、四羨星橋、五尾星橋、六沖星橋、七曲星橋。」今雄書不著，而李書語亦未引。

　　《丹鉛錄》又引李膺《笮橋贊》云：「複引一索飛絚杙閣，其名曰笮，人懸半空，度彼絕壑。」　或是《蜀記》之文，因埘記之。

　　《後賢志》〔註168〕：常寬「撰《蜀後志》及《後賢傳》……時……黃容……著……《梁州巴紀》、《姓族》……杜龔……亦著《蜀後志》」。

　　《廣弘明集》卷八引：「張魯《蜀記》：凡有二十四治，而陽平一治最為大者。」

　　《廣記》三百七十四卷引《蜀記》云鼈靈望帝以為相，禪位為開明氏。不詳撰人。姑記於此。

　　四百六十七引《蜀記》：法聚寺僧聞數萬人□乞命，見擔鼇子因贖放生。

　　《齊民要術》卷十引：「《蜀記》曰：扶留木，根大如箸。」

　　李膺《蜀志》曰：望帝稱王於蜀時，荊州有一人化從井中出，名曰鼈靈於

〔註166〕《隋志》。

〔註167〕《後漢書》。

〔註168〕《華陽國志》。

楚。〔註169〕

頁 16-2

《續漢志》注引譙周《巴記》四條。又引《巴漢志》六條。

又有譙周《巴記》，當是一書。

《齊民要術》卷十引《蜀志記》。

頁 17-1

《漢・地理志》師古注引：「圈稱云：襄邑宋地，本承匡襄陵鄉也。」

此《陳留志》原文。

《郡國志》引皆稱《陳留志》。

頁 17-2

《淮水注》引蔣濟《三州論》。

《新唐志》作二卷。

趙崇絢《雞肋》引：「《鄴中記》：扇之奇巧者名莫難。」

《齊民要術》卷三〔註170〕引《鄴中記》曰：「石虎苑中有西王母棗。」

「有句鼻桃，重二斤。」

卷四：「石虎苑中有安石榴，子大如盂椀，其味不酸。」

《雲仙散錄》引《衡山記》云：「凌倚〔隱〕衡山，往來自負書劍，削竹為擔，裹以烏氈，倚既死，山僧取以供事。」

又引李明之《衡山記》云：「小兒髮初生為小髻，十數其父母為兒女相勝之辭曰：蒲桃髻十穗勝五穗。」

《南齊書》：宗測「著《衡山》、《廬山記》」。

頁 18-1

《元和姓纂》引：「《風俗通》：漢有安成《廬山記》。」

《雲仙散錄》引梁福《廬陵記》云：「成芳隱麥林山，剝苧織布為短襴寬袖之衣，着以酤酒，自稱隱士衫。」

又引十三賢共注《廬山記》：「饒子卿隱廬山康王谷，無瓦屋，代以茅茨，

〔註169〕周・師曠《禽經》，《說郛》、《百川學海》均有收。
〔註170〕卷三：應為卷四。

每年一易茅，謂之茅〔註171〕龍更衣。」

引馮玉雲《金溪記》。　引《金陵記》。　引《湘潭記》。

引《盧山記》：「中山僧表堅，面多瘢痕，偶溪中得石，如雞子夜覺涼冷，信手磨面，瘢痕盡滅，後讀《博異志》曰：龍窠石，磨瘡瘢大效。」

梁福《盧陵記》云：「張元厚家庖百品，日日不變，有蔡機缸二千，盛貯皆滿。」

董慎《續豫章記》。

《盧江水經注》引：「《豫章舊志》曰：『盧俗，字君孝，本姓匡，父東野王，共鄱陽令吳芮佐漢定天下而亡。漢封俗于鄡陽，曰越盧君。俗兄弟七人皆好道術，遂寓精于宮庭之山。故世謂之盧山。』」

又引：「周景式曰：『盧山匡俗，字子孝，本東里子，出周武王時，生而神靈，屢逃徵聘，盧于此山。』」

《後漢·郡國志》注引慧遠《盧山記略》。

《水經·盧江水注》引遠法師《盧山記》。

《齊民要術》卷四引：「周景式《盧山記》曰：『香爐峰頭有大盤石，可坐數百人，垂生〔山〕石榴。二月〔註172〕中作花，色如石榴而小淡，紅敷紫萼，煒燁〔註173〕可愛。』」〔註174〕

<u>《續郡國志》注引《豫章舊志》：「匡俗字君平，夏禹之苗裔也。」一事。</u>

頁 18-2

《隋書·崔廓傳》引魏大司農元明撰《嵩高山廟記》云：「有神人，以玉為形，像長數寸，或出或隱，出則令世延長。」

《齊民要術》卷十引《嵩山記》曰：「嵩寺中忽有思惟樹，即貝多也。」

頁 19-1

《水經·沔水注》：「言洞庭南口有羅浮山」。事備《羅浮山記》，似別一書。

宋·許觀《東齋記事》引：「《羅浮山記》云：第三峯有竹大徑七尺，〔圍〕

〔註171〕茅：《唐宋叢書》本作屋，《月令粹編》引作茅。
〔註172〕二月：點校本出校記云：「各本作『二月』，僅金抄作『三月』，《初學記》及《太平御覽》引同。」
〔註173〕煒燁：點校本作燁燁。
〔註174〕文淵閣四庫本無此條，文瀾閣四庫本有之。

節長丈二，葉若芭蕉，名龍公竹。」

宋・趙滔《養疴漫筆》引同。

顏之推《家訓》云：「《羅浮山記》〔云〕：望平地樹如薺。」

《齊民要術》卷引竺法真《登羅浮山疏》曰：「山檳榔，一名『蒳子』。」又「筋竹，色如黃金。」

贊寧《筍譜》引《羅浮山記》云：「邛竹本出邛山，張騫西至大宛所得，歸而此山左右，時有之鄉老多以為杖。」

《法苑珠林》卷四十九引：「栴檀出外國，元嘉末僧成藤，於山見一大樹。」

頁 19-2

《筍譜》引《天台圖經》云五縣皆有筋竹。　又引木玄虛《四明山記》云：「雪竇山北崑生石乳，其峰非人可升，有毛竹銀筍。」

《聞見記》卷八引：「《鄒山記》云：『鄒山蓋古之繹山，始皇刻碑〔處〕，文字分明，始皇乘羊車以上，其路猶存。』」

《郡國志》驪本引劉薈《驪山記》曰邾城南二里城東有韋賢墓一事。

頁 20-1

《剡錄》引謝靈運《游山志》一卷。

《齊民要術》卷十引《遊名山志》曰：「步廊山有一樹，如椒，而氣似〔註175〕羅勒，土人謂為『山羅勒』也。」

《齊民要術》卷十引《皇覽・冢記》曰：「孔子冢塋中樹數百，皆異種。」

《張衡傳》注引作《聖賢冢墓記》馮夷事。〔註176〕

頁 20-2

《廣記》四百三十卷引《交州志》新昌穴出山犢事。

〈上林賦〉注引《林邑記》：仁頻「樹葉似甘蕉」。

《草木狀》〔註177〕引東方朔《林邑記》：「山楊梅〔其〕大如杯碗。」

《西域傳》注引釋法顯游《天竺國記》〔註178〕曰：「西度流沙，屢有熱風

〔註175〕似：應作是。
〔註176〕《後漢書》。
〔註177〕草木狀：《南方草木狀》，西晉・嵇含著
〔註178〕天竺國記：應作天竺記。

惡鬼，過之必死。葱嶺冬夏有雪。有毒龍，若犯之，則風雨晦冥，飛砂揚礫。
遇此難者，萬無一全也。」

又引《天竺國記》曰：「中天竺人殷樂無戶籍，耕王地者輸利地〔註179〕。
又其土和適，無冬夏之異，草木常茂，種田無時節。」〔註180〕

又有《康泰外國傳》〔註181〕云：大秦「國城郭皆青水精為，及五色水晶
〔註182〕為壁。人民多巧，能化銀為金。」

顧凱之《竹譜》云：《交州廣志》：由衙竹「亦有生於永昌郡。」

《廣記》四百十二卷引《神異記》。

《晉書》：續咸撰《遠〔遊〕志》、《異物志》、《汲冢古文釋》各十卷。

頁 21-1

《癸辛雜識》引：「《異物志》云：靈狸一體，自為陰陽，故能媚人。」不
著撰名，始坿志此以候攷。

《北戶錄》引：「《異物志》：『鼉鼊魚因風雨入空，木而化為蝙蝠。』」
「南方鏡魚圓如鏡也。」

《剡錄》引《異物志》鸍鶼一條同。

《齊民要術》卷十引《異物志》：「甘蔗，遠近皆有。交趾所產甘蔗特醇
好，……迮取汁為飴餳，名之曰『糖』。」　又「椰樹，高六七丈，無枝條。
葉如束蒲，在其上。實如瓠繫。」〔註183〕　又「檳榔，若筍。」

又「荔支為異：多汁。」　又「益智，類薏苡。」

又「餘甘，大小如彈丸。」　又「芭蕉，葉大如筵席。」

「古賁灰，牡礪灰也。」　「葭蒲，藤類，蔓延他樹。」

「莪藤，圍數寸，重於竹。」　「蘺實雖名『三蘺』。」

「梓棪，大十圍。」　卷六：「九真長鳴雞。」

〈上林賦〉注引《異物志》：「胥餘實大如瓠，繫在顛，若挂物。實外有皮，
中有核，如胡桃。核裏有膚，厚半寸，如豬膏。裏有汁斗餘，清如水，味美於
蜜。」

〔註179〕利地：應作地利。
〔註180〕俱出《後漢書》。
〔註181〕康泰外國傳：應作康氏外國傳。
〔註182〕五色水晶：四庫本《史記》作晶，《史記正義》作精，疑金批引前者。
〔註183〕實如瓠繫：點校本斷句為「實如瓠，繫在於顛」，金氏斷句或許有誤。

《廣記》四百六十四引《南州志》鼉魚復生事。

《漢明帝傳》注引楊浮《異物志》曰：「儋耳，南方夷，生則鏤其頰，皮連耳匡，分為數支，狀如雞腸，纍纍下垂至肩。」〔註184〕

《班固傳》注引《異物志》曰：「翠鳥形如燕，赤而雄曰翡，青而雌曰翠，其羽可以飾幃帳。」〔註185〕

《北戶錄》引《南裔異物志》：「蚺虵牙長六七寸，土人尤重之，云辟不祥。」〔註186〕

《齊民要術》卷十引：「《南方異物志》曰：『甘蕉，草類，望之如樹。』」

頁 21-2

《史記·大宛列傳》正義引萬震《南州志》：「大月氏在天竺北可七千里，地高燥而遠。國王稱『天子』，國中騎乘常數十萬匹，城郭宮殿與大秦國同。人民赤白色，便習弓馬。土地所出，及奇瑋珍物，被服鮮好，天竺不及也。」

<u>《後漢·南蠻傳》：「烏滸，地名……恆出向人食之……以肉為肴葅……破髑髏以飲酒。」</u>

《丹鉛錄》引萬震《海物異名記》二條，《南州志》一條，《象贊》、《犀贊》各一條。

又萬震《南州志》云大秦國：「大家屋舍，以珊瑚為柱，琉璃為牆壁，水精為礎舄。」　又云天竺國「地方三萬里，佛道所出。」〔註187〕

洪芻《香譜》引《異物志》云兜婁香「出海邊國，如都梁香」。

又云木蜜香「其葉如椿」。

《丹鉛總錄》引：「譙周《巴蜀異物志》：『文章草贊曰：文章作酒能成其味，以金買草不言其貴，文章草即五加皮也。』」

《西南夷傳》注引《異物志》曰：麢「狀似鹿而角觸前向，入林樹掛角，故恒在平淺草中，肉肥香美，逐入林則搏之，皮可作履韈，角正四據，南人因以為床。」〔註188〕　不著撰名。

《齊民要術》卷十引《南州異物志》：「椰樹，大三四圍，長十丈，通身無

〔註184〕《後漢書》。

〔註185〕《後漢書》。

〔註186〕此引文係《元和御覽》引《括地志》云，非《南裔異物志》云。

〔註187〕以上二條出《史記·大宛傳》。

〔註188〕《後漢書》。

枝」一條。　「榕木，初生少時，緣搏他樹。」　「杜芳，藤形，不能自立。」
「木有摩廚，生於斯調國。」

《法苑珠林》卷四十九引《南州異物志》:「鷄舌香出杜薄州」。　「薰
陸香出大秦國」。　「青木香出天竺」。　「藿香出典遜海邊國也」。　「水
香〔註189〕出日南」。　又引《異物志》「木蜜香」。

《南蠻傳》注引:萬震《南州異物志》曰:烏滸，地名也，在廣州之南，
交州之北，利得人食之，肉為肴葅，髑髏為飲器。〔註190〕

頁 22-1

《廣記》四百六十四卷引《異物志》:鮫魚吐舌蟻坿事。不著撰名。

《齊民要術》卷十引《異物志》:「橘樹，白花……又有善味，江南有之」。

《丹鉛錄》引陳祁暢《異物志》:「三廉大實，實不但三，食之多汁，味酸
且甘，藏之尤好，與眾果相參。」

〈上林賦〉注引作:「《荊揚異物志》:楊梅「其實外內著核，熟時正赤，
味甘酸。」

贊寧《筍譜》引薛翊《異物志》云:「弓竹似箭藤，斑駁如玳瑁，其筍脫
殼而微有斑文。」

《贛水注》引《異物志》然石事。不著撰名，以載豫章故實，坿錄于此。

頁 22-2

《溫水注》引《康泰扶南記》。　又引《竺枝扶南記》。

《硯譜》引《異物志》:「廣南以竹為硯」。

《廣記》四百四十二卷〔註191〕引《異物志》:「月氏有羊大尾……大秦國
北有羊子生於土中。」

《輿服志》引《異物志》曰:「東北荒中有獸，名獬豸，一角，性忠，見
人鬥，則觸不直者;聞人論，則咋不正者。」

《廣記》四百七十八引曹叔雅《異物志》云魚跳與蜥蜴相合事。

董逌《畫跋》引:「宋膺《異物志》:『大宛馬或有解人語，及知音舞與鼓
節相應。』」　又引宋膺:「馬有角長數寸，魏興安中庫莫奚〔國〕獻名馬有一

〔註189〕水香:應作木香。
〔註190〕《後漢書》。
〔註191〕四百四十二卷:應為四百三十九卷，或是因文瀾閣本卷數不同?

角，狀如麟。」

頁 23-1

《廣記》三百五十九卷引《臨海異物志》云：「土肉正黑，如小兒臂長，大〔註192〕五寸中有腸無目……又有陽遂虫。」

唐・段公錄《北戶錄》引作《臨海水土異物志》：有鹿魚、鯪魚兩條。

又引：「《臨海異物志》：鰝魚如指長……曝作燭，極有光明。」

《剡錄》引《臨海異物志》云：「鸕鷀食短狐，在溪中無毒氣。」

《西南夷傳》注引：「《臨海異物志》曰：『桄榔木外皮有毛，似栟櫚而散生，其木剛，作鍨鋤利如鐵，中石更利，唯中蕉根乃致敗耳。皮中有似擣稻米片，又似麥麨，中作餅餌。』」〔註193〕

賈〔思〕勰《齊民要術》引稱《臨海異物志》。　「餘甘子，如梭形。」

「狗竹，毛在節間。」　「鍾藤，附樹作根，軟弱。」

頁 23-2

《丹鉛錄》引楊孚《交州異物志》：「鮫之為魚，其子既育，驚必歸母，還入其腹，小則如之，大則不復。」

《廣記》四百三十四卷引《異物志》：九真猩牛，捕即霹靂，號曰神牛。不著撰名。

四百六十一卷引楊孚《交州異物志》云：「鳥像雌雉，名鷓鴣，其志懷南，不思北徂。」

又四百六十四卷引楊孚《交州異物志》云鮫之為魚，其子既育，驚必歸母腹事。

《剡錄》引《成都記》云：「蜀王杜宇稱望帝，死化為鳥，名杜鵑。」

頁 24-1

《水經》屢引《地理風俗記》。應劭書，見前。〔註194〕

鄧基《續漢地理志》。〔註195〕

〔註192〕長大：點校本據明鈔本、陳校本改為大長。

〔註193〕《後漢書》。

〔註194〕卷六頁 1-1。

〔註195〕《新唐志》：「鄧基、陸澄《地理志》一百五十卷。」

頁 24-2（無）

頁 25-1

《史記·封禪書》索隱引：「《三輔故事》云：『胡巫事九天於神明臺。』」

《史記·文紀》引《三輔舊事》：「造長橫橋〔註196〕……橋北京石水中〔舊〕有忖留神像，此神曾與魯班語。」　「魏太祖馬見而驚。」

又引《三輔故事》，文不同，疑兩書。

《漢書·景紀》注引《西京故事》：「景帝廟為德陽。」

《史記·武紀》索隱引《三輔故事》：栢梁「臺高二十丈，用香栢為殿，梁香聞十里中〔註197〕。建章宮承露盤高卅丈，大七圍，以銅為之。有僊人〔註198〕掌承露，和玉屑飲之。」

《史記·夏侯嬰傳》索隱引：「《三輔故事》曰：『滕文公墓在飲馬橋東大道南，俗謂之馬冢。』」

頁 25-2

《齊民要術》卷十引：「《湘州記》曰：『州故大城內有陶侃廟，地是賈誼故宅。』」

頁 26-1

《史記·封禪書》索隱云：「湘《江記》云：『帝女也，卒為江神。』」〔註199〕

頁 26-2

<u>《漢·地理志》顏注引</u>：「《漢記》云：『元朔五年〔註200〕，以零陵泠道之春陵鄉封長沙王子買為春陵侯』」一事。

《廣記》四百七十二卷引《襄沔記》述唐事。

〔註196〕造長橫橋：點校本作造橫橋，金批與四庫本合。

〔註197〕梁香聞十里中：點校本作香聞十里，金批與四庫本合。

〔註198〕有僊人：點校本作上有仙人，金批與四庫本合。

〔註199〕此條原文，四庫本作：「廣雅云江神謂之奇湘江記云」，點校本作：「《廣雅》云：江神謂之奇相。江記云」，後者因做「相」，斷句為「江記」。查《廣雅》明刻本作「江神謂之奇相」，四庫本行文易誤為「……謂之奇，湘江記云……」。然此條批校位於章書「《江記》五卷，庾仲雍撰」條目，則金批之句讀，反而與點校本合。

〔註200〕漢記云元朔五年：點校本脫元字，金批與四庫本合。

《廣記》二百九十引《漢沔記》詳物怪事，暨齊代，向屬古書。

《剡錄》屢引康樂〈山居賦〉。　　又《山居志》一卷。

《廬山南陵雲精舍記》一卷。〔註201〕

頁 27-1

《洛陽伽藍記》引：「劉澄之《山川古今記》、戴延之《西征記》竝云：『穀水石橋晉太康元年造』，此則失之遠矣。按澄之等並生江表，未遊中土，假因征役，暫來經過；至於舊事，多非親覽，聞諸道路，便為穿鑿，誤我後學，日月已甚。」

張守節《史記正義》引：《永初山川記》：「蒲坂城中有舜廟，城外有舜宅及二妃壇。」

《水經·濮水注》引：「劉澄之《永初記》云：《水經》濮水，源出大騩山，東北流注泗，衛靈聞音于水上。」〔註202〕

頁 27-2

《水經·沅水注》引：「劉澄之曰：『沅水自壺頭枝分，跨三十三渡，逕交阯龍編縣東北入〔於〕海。』」

《水經·穀水注》引：「劉澄之云：新安有潤水，源出縣北，又有淵水，未知其源。余考〔諸〕地記，並無淵水，〔但〕淵、潤字相似，……澄之不思所致耳。既無斯水，何源之可求乎？」

《寰宇記》一百十八卷引：「《永初山川記》云：『漢水古為滄浪。』」

一百十四卷引：「《永初山川記》云：昭山下有旋潭，深無底，是湘〔水〕最深之處，昔有人舟覆於此潭，……後於洞庭得之即知暗通。」

又云：「長沙有寒泉，炎夏飲之，令人寒顫。」

又稱《晉元康記》。《郡國志》節下注引：「本〔鄞〕縣南之廻浦鄉。」

又屢引《晉地道記》，或別是一書。

《續漢百官志》引《晉太康地道記》。

《司州記》二卷。　　《并帖省置諸郡舊事》一卷。〔註203〕

〔註201〕《隋志》。
〔註202〕濮水注：以下引文係出自《漢水注》，非《濮水注》。
〔註203〕《隋志》。

頁28-1

　　《漢‧地理志》顏注引：「《晉太康地記》云：『馬邑秦時建此城輒崩，……有馬周旋……依以築城。』」又南陽□引作太康地志。

　　水經溫□水□河屢引《魏土地記》。

　　《水經‧洛水注》引《故地說》。〔註204〕　　《洛水注》引《地記》。

　　《水經‧湘水注》引《晉書地道記》。

　　《寰宇記》一百十七卷引《大康地志》，當即此書。

　　《宋書‧州郡志》引《太康》、《永寧地誌》〔註205〕。

　　水經注引‧‧

　　《新唐書》有《晉太康土地記》十卷，《太康州郡縣名》五卷。

　　《韓棱傳》注引《晉太康記》曰：「汝南西平縣有龍泉水，可淬刀劍，特堅利。」〔註206〕

頁28-2

　　《史記‧封禪書》正義引：「《廟記》云：『靈星祠在長安城東十里。』」

頁29-1

　　《梁書‧庾仲容傳》：有「《眾家地理書》二十卷。」

　　《隋‧崔廓傳》引：「皇甫士安撰《地書》云：『太原北九十里有羊腸坂。』」

　　《地理書抄》九卷，任昉撰。〔註207〕

　　《新唐志》：《地理志書鈔》十卷，不著撰名。

頁29-2

　　《太平廣記》引《梁京寺記》。

　　《珠林》一百十九卷引元魏鄴都期城郡〔守〕楊衒之撰。

〔註204〕故地說：金批「故地說」三字有硃筆圈點，或以此為一書名，然點校本以「故」為「所以」之義，校書名為「地說」。《水經注》中《地說》出現頗為頻繁，或點校本為是。

〔註205〕太康永寧地誌：《宋書》中出現「《太康》、《永寧地誌》」者有三處，均於《州郡志》內。而點校本三處均作「志」，四庫本僅卷三十五處作「誌」，故金批與四庫本合。

〔註206〕《後漢書》。

〔註207〕《隋志》。

《法苑珠林》卷四十三引開善寺韋英宅事，作《洛陽寺記傳》。

七十一卷引侯慶銅像金色事。上作《洛陽寺記》。

《珠林》一百十六卷引《洛陽寺記》沙門達多發墓得崔酒事。

又作《洛陽伽藍寺記》。

《巴蜀記》一卷。　《元康六年戶口簿記》三卷。　《元嘉六年地記》三卷。　《九州郡縣名》九卷。〔註208〕

《岳陽風土記》引：「蕭城《荊南志》：『雲山出雲母，土人採之，先候雲所出處，在其下掘之，無不大獲，有長五尺者可以為屏風，當掘時有聲即粗惡。』」　又引《洞庭記》云：楊子洲常苦蛟患，昔荊伖飛斬之。

《筍譜》引何隨《華陽國志》：「人有盜其園〔筍〕，隨見挈屐而歸，恐盜者見也。」

頁30-1

「梁‧李公胤《益州記》云：灌江西玉女房下作三石人，於白沙郵，郵在堰官上立水中刻石，要江神曰：淺無至足，深無沒腰，又教民檢江立堰之法曰：深淘灘，淺築堰。」　見《藝林伐山》。〔註209〕

《丹鉛錄》引：「劉欣期《益州記》：『鸄鶌水鳥黃喙，長尺餘，南人以為酒器。』」　此引《交州記》，誤作「益州」。〔註210〕。

頁30-2

《廣記》四百六十四引《南越志》：鮫「暮從臍入，旦從口出」。

郭義恭《廣志》。《杜篤傳》注。〔註211〕

浪水注兩引《南越志》，多詳物產，應補輯。

《廣記》四百十二卷引《南越志》「羅浮山」。

又四百十四卷引《南越志》云：「熙穆縣里多山薑」。

一百九十一卷引《南越志》有觀亭寄書事。〔註212〕

〔註208〕均《隋志》。
〔註209〕卷四。
〔註210〕韻書如《欽定音韻述微》《五音集韻》、《重修廣韻》等「鶌」條目下注「出劉欣期《交州記》。」
〔註211〕《後漢書》。
〔註212〕應為二百九十一卷。

《丹鉛錄》引：「《裴氏廣州記》云：『五嶺大庾始安臨賀桂陽揭陽。』」

「韶，似栗。赤色。」

「東風華葉似『落娠婦』。」

「石麻之竹，勁而利。」

「三薕快酢。」

「益智，葉如蘘荷。」

「嶺外檳榔，小於交阯者，而大於蒳子。」

「盧橘，皮厚……『壺橘』……類有七八種。」

《齊民要術》卷十引《廣州記》：「盧山有山桃，大如檳榔。」 又引：「裴淵《廣州記》曰：『羅浮山有橘，夏熟，實大如李。』」又有「壺橘」

「廣州別有柚，號曰『雷柚』，實如升大。」 又「枸櫞，樹似橘。」

「鬼目、益知，直爾不可噉；可為漿也。」 「槃多樹，不花而結實。」

「五子樹，實如梨。」

<u>《西域傳》注引《廣志》：「大爵，頸及膺身，蹄似橐駝，色蒼，舉頭高八九尺，張翅丈餘，食大麥」。〔註213〕 《隋書》無其名，應補輯。 《齊民要術》引《廣志》極多。</u>

《後漢·馬援傳》注引銅鼓事。

頁 31-1

<u>《廣記》四百十二卷引《廣州記》：「篦簩竹」。</u>

《廣記》四百六十四引《潘州記》鱠魚生子驚則入母腹事。

《廣記》四百八十二引《廣州記》：「繳濮國……人有尾」。

《北戶錄》引《廣州記》：石林竹勁利削為刀。

《齊民要術》卷十引顧微《廣州記》曰：「鬼目，樹似棠梨。」

「甘蕉，與吳花、實、根、葉不異。」 「扶留藤，緣樹生。」

「菻，如栟櫚。」 「緗，葉、子並似椒。」

「平興縣有華樹〔註214〕，似菫，又似桑。」 「古度樹，葉如栗。」

《廣記》四百八十二引《洽聞記》云郭仲產《湘州記》木客似小兒事。

〔註213〕《漢書》。
〔註214〕華樹：點校本作花樹，金批與四庫本合。

【夾籤】
《廣州記》。　《齊民要術》卷二引：「瓜，冬熟，號為『金釵瓜』。」
裴淵《廣州記》。十卷引：「槃多樹，不花而結實。」　「五子樹……治霍亂、金瘡。」
《劉表傳》注引：「大庾、始安、臨賀、桂陽、揭陽，是謂五嶺。」〔註215〕
顧微《廣州記》　《法苑珠林》四十三卷引晉復陽縣里民食牛肉變虎事。　作「顧徵」。　四十九卷：「新興縣悉是沈香，如同心艸。」

頁 31-2

「庾穆之《湘州記》云：『馬嶺山者，以蘇耽昇仙之後，其母每來此候之，見耽乘白馬飄然，故謂之馬嶺。』」　見《寰宇記》百十七卷。

「庾穆之《湘州記》云：『昔秦皇欲入湘觀衡山，而遇風浪溺敗，至此山而免，因號為君山。』」〔註216〕

《岳陽風土記》引：「庾穆之《湘州記》云：『君山上有美酒數斗，得飲之即不死為神仙。漢武帝聞之，齋居七日，遣欒巴將童男女數十人來求之，果得酒進御，未飲，東方朔在旁竊飲之，帝大怒將殺之。朔曰：使酒有驗，殺臣亦不死；無驗，安用酒為？帝笑而釋之。』」

《寰宇記》一百十六引同。

九疑山，「其山峯數有九秀峙若一」。

《寰宇記》百十七卷引《甄烈湘州記》。

此《始興記》文。

此《湘州記》文。〔註217〕

頁 32-1

《三國志》注引荀綽《冀州記》：崔「贊……清恪有匪躬之志」。

又「鉅鹿張貔……父〔註218〕泰，字伯陽，有名於魏。」

又崔「贊……清恪有匪躬之志」。

《漢・郡國志》注引：「郭仲產《秦州記》：『隴山東西百八十里。登山嶺，

〔註215〕《後漢書》。點校本嶺作領，金批與四庫本合。
〔註216〕《寰宇記》卷一百十三。
〔註217〕章書「湘州滎陽郡記」條云：「林水源石室……密竊三枚，驅之夢神……則奴死矣。此引湘州記，不著撰名。」金批以硃筆注「林水源石室」至「密竊三枚」為《始興記》文；「驅之夢神」至「則奴死矣」為《湘州記》文。
〔註218〕父：應作祖父。

東望秦川四五百里，極目泯然。山東人行役升此而顧瞻者，莫不愁思〔註219〕。』」

又曰：「上邽縣北有利山，川中平地有土……（接下頁天頭處）

《渚宮舊事》〔註220〕：「宋‧郭仲產為南郡王從事，宅有枇杷樹，元嘉末，起齋屋，以竹為柹，竹遂漸生枝葉，條長數尺，扶疏翁翠，鬱然如林，仲產以為吉祥。俄而同義宣之謀，被誅焉。」

頁 32-2

（續上頁天頭處）……堆，高五丈，生細竹，翠茂殊常，二楊樹大數十圍，百姓祀之。」

黎常舉《金城記》云：「欲令梅聘海棠棖子臣櫻桃以芥嫁筍，但恨時不同耳。」〔註221〕

《水經‧河水注》引：「段國曰：『澆河西南百七十里有黃沙，沙南北百二十里，東西七十里，西極大楊川。望黃沙，猶若人委乾糒于地。』」

《御覽》見引「段國《沙州記》，作若人委乾糒于地」。〔註222〕

《隋‧經籍志》稱宋新亭侯段國。

《水經‧河水注》引：「段國《沙州記》：『吐谷渾于河上作橋，謂之河厲。長一百五十步。』」

《嶺南遺書》有曾釗《釋交州記》一卷。

頁 33-1

《續漢‧郡國志》引《交州記》曰：

徐聞「出大吳公，皮以冠鼓。」

龍編「縣西帶江，有仙山數百里。」

苟漏「有潛水牛上岸共鬥，角軟，還復出。」

封谿「有隄防龍門，水深百尋，大魚登此門化成龍，不得過，曝鰓點額，血流此水，恆如丹池。」

居風「有山出金牛，往往夜見光曜。」

盧容「有採金浦。」

〔註219〕愁思：應作悲思。
〔註220〕渚宮舊事：應作渚宮故事，出《太平廣記》卷一百四十一。
〔註221〕《雲仙散錄》。
〔註222〕見沈炳巽《水經注集釋訂訛》卷二。

《水經・溫水注》引俞益期《賤》馬流事。

《雲麓漫鈔》引《交廣志》，與之同文。

《齊民要術》引：「俞益期《與韓康伯賤》曰：『檳榔，信南遊之可觀。』」

《溫水注》引《交州外域記》：「九德縣……在郡之南，與日南接。」

《後漢・紀》注作：「犀，其毛如豕，蹏有三甲，頭如馬，有三角，鼻上角短，額上、頭上角長。」

《廣記》四百四十二卷引《異物志》〔註223〕：「康頭山有一鹿，額上戴科藤一枚。」　四百六十四引《交州記》：「鮫魚出合浦」。

《齊民要術》卷十引劉欣期《交州記》：「多感子，黃色，圍一寸。」

又「椰子有漿。截花，以竹筒承其汁。」

又「豆蔻似杬樹」。　又「桶子如桃」。　「扶留有三種」。

「含水藤，破之得水。行者資以止渴。」　「都句樹，似栟櫚。」〔註224〕

《新唐志》有《交州以南外國傳》一卷。見前。〔註225〕

頁 33-2

《梁書・元帝紀》有《荊南志》、《江州記》，不記卷數。詳見《金樓子》。

《齊民要術》卷十引：「《交州記》曰：木豆，出徐門〔註226〕。子美，似烏豆。」　凡引《交州記》是撰名者坿此。

「古度樹，不花而實。」　「白緣樹，高丈。」

《金樓子・著書》篇：「《荊南志》……二卷。……《江州記》……三卷。……《長州苑記》……三卷，……劉之亨等撰。」

頁 34-1（無）

頁 34-2

虞集《就日錄》引葛洪《潮記》。

《寰宇記》一百十八卷引有《荊州圖副》。

〔註223〕四百四十二卷引異物志：應為四百四十三卷引《交州記》。

〔註224〕以上引文中椰子、扶劉、含水藤三條出處並非作「劉欣期《交州記》」。

〔註225〕卷六頁20-2。章書云：「《交州以南外國傳》一卷……唐志『南』訛作『來』。」
故金批云《新唐志》有《交州以南外國傳》。

〔註226〕徐門：應作徐聞，徐聞即今廣東省海康縣，古屬交州。

《京師寺塔記》十卷，錄一卷，劉璆撰。〔註227〕

頁35-1

《齊民要術》卷四：「引《三秦記》曰：『漢武束園，一名御宿，有大梨如斗〔註228〕，落地即破，取者以布囊盛之，名曰含消梨。』」

「漢武帝栗園有栗十五顆一斗〔註229〕……王逸曰：朔濱之栗。」

《史記·封禪書》正義引《三秦記》：「太白山西〔有〕陳倉山，山有石鷄，與山鷄不別。趙高繞山，山鷄飛去，而石鷄不去，晨鳴山頭，聲聞三里，或昔是王鷄。」

《續漢·郡國志》注引《三秦記》：隴坻「其坂九迴，不知高幾許，欲上者七日乃越。高處可容百餘家，清水四注下。」

「長安地皆黑壤，城中今赤如火，堅如石。父老〔所〕傳，盡鑿龍首山為城。」

「城西有九嵏山。」 「始皇引渭水為長池。」 「始皇墓在山北。」

《太平廣記》引《三秦記》：昆明池通白鹿原，魚夢武帝求去鈎。

《班固傳》注引《三秦記》曰：「昆明池中有神池，通白鹿原。」〔註230〕

董逌《畫跋》引《三秦記》：「咸陽之旁二百里內，宮觀二百七十，複道相連，帷帳鐘鼓不移而具。」

《廣記》四百六十六卷引《三秦記》鯉魚登龍門燒尾事。

武威張澍有輯本。〔註231〕

頁35-2

贊寧《筍譜》引「《丹陽記》：江寧縣南慈母山竹可以為簫管。」又云：「此幹見珍俗，呼鼓吹山常禁伐者。」

《廣記》二百九十一卷引始皇作石橋事，云出《三齊要略》。

〔註227〕《隋志》。

〔註228〕大梨如斗：點校本作大梨如五升，金批與四庫本合。

〔註229〕斗：應作升。

〔註230〕《後漢書》。

〔註231〕收於《二酉堂叢書》。傅斯年圖書館藏有清道光元年（1821）武威張氏二酉堂刊本。

頁 36-1

　　《藝苑雌黃》引《三齊略記》云：「不其城東有鬖山，鄭玄刪注《詩》、《書》，棲於此，山上有古井，不竭，傍生細草，如薤葉，長尺餘，堅軔異常，土人謂之康成書帶。」〔註232〕

　　陸翽《鄴中記》。〔註233〕

　　《張奐傳》注：「永嘉末，發齊桓公墓，得水銀池金蠶數十箔，珠襦、玉匣、繒綵。」〔註234〕

　　陸翽《鄴中記》。

　　<u>《廣記》四百八卷引《三齊記》康成書帶草。</u>

　　《齊民要術》卷十引《齊地記》曰：「東方有『不灰木』。」　按《水經・濰水注》引《齊地記》：「東武城東南有盧水，水側有勝火木，方俗音曰糯子，其木經野火燒死，炭不滅。故東方朔曰〔註235〕，不灰之木者也。」

頁 36-2

　　<u>稱伏琛《齊地記》。</u>〔註236〕

　　《史記索隱》引解道彪《齊記》云：「不夜城〔蓋〕古有日夜出見於境，故萊子立城以不夜為名」也。

　　解道彪《齊記》。

頁 37-1

　　《北戶錄》引郭義恭「《廣志》言遮姑鳴云但南不北」。　「鋪小蟹大如貨錢，又蟹奴如榆莢，在其腹中生死不相離。」　「蚊母此鳥吐出蚊也。」　「恩州出鷺毛脡……其細如針〔註237〕，郭義恭云小魚一斤千頭未之過也。」

　　《封氏聞見記》卷八引《交廣記》云：「吳時滕循為廣州人或言蝦鬚有一丈長循不之信……後故至東海取蝦鬚長四丈四尺封以寄循。」

〔註232〕《苕溪漁隱叢話》後集卷十二。
〔註233〕《隋志》。
〔註234〕《後漢書》。
〔註235〕曰：應作云。
〔註236〕章書「齊記」條云：「《後漢書・耿弇傳》注：小城內有漢景王祠」，後漢書注云出伏琛《齊地記》，金批補注之。
〔註237〕其細如針：應作其細如蝦。

亦見《梁書・元帝紀》。〔註238〕

頁 37-2（無）

頁 38-1

《九州要記》：「睢渙之間出文章。」〔註239〕

《雲麓漫抄》卷一〔註240〕引《西河舊事》：「失我祁連嶺，使我六畜不蕃息，失我焉支山，使我婦女無顏色。」

《史記・匈奴列傳》兩引稍異。

一引：「匈奴失祁連、焉支〔二〕山，乃歌曰：『亡我祁連山，使我六畜不蕃息；失我焉支山，使我婦女無顏色。』其慼惜乃如此。」

一引：「山在張掖、酒泉二界上，東西二百餘里，〔南〕北百里，有松柏五木，美水草，冬溫夏涼，宜畜牧。匈奴失（此）二山，乃歌曰：『失我祁連山，使我六畜不蕃息；失我燕支山，使我嫁婦無顏色。』祁連一名天山，亦曰白山也。」

□□水經引《山海經》：北山「邊春之山，多蔥……杠水出焉，而西流注于泑澤。」疑即蔥嶺。

邵思《姓解》云：「東晉有喻歸，撰《西河記》。」

《齊民要術》引《西河語》曰：「貸我東牆，償我田粱。」〔註241〕

〔註238〕 此金批於章書「職貢圖一卷」條下。《梁書・元帝紀》云：「世祖聰悟俊朗……所著……《貢職圖》」。

〔註239〕 出《丹鉛錄》。

〔註240〕 金批引《雲麓漫抄》，卷數與點校本、四庫本均不合，唯內文均合。《雲麓漫抄》傅根清點校本附錄三〈雲麓漫鈔版本源流考證〉云《雲麓漫抄》有四種版本系統，四庫本為十五卷本系統，而四卷本系統「是今傳十五卷本的七至十卷」，金批有註明卷數者為卷一與卷二，正與點校本、四庫本之卷七、卷八合，故金批所據為四卷本系統。四卷本系統中又有刊本與鈔本等不同形式，而金批曾引商濬刊《稗海》一書，或金批所據即此。

〔註241〕 《齊民要術》此處本文，文淵閣、點校本俱作「河西語曰」；其次，子虛賦注索隱，文淵閣本作「河西記云」，點校本作「河西語云」。而《齊民要術校釋》作者注云：「『河西語』如果作為書名，不見於各家書目。……由於《要術》提行另列，卻變成了書名。《史記・司馬相如列傳》司馬貞《索隱》則引作『河西記』，……『河西記』疑係『河西語』之誤。《太平御覽》卷842又引作『西河語』，實係據《要術》採入。『西河』、『河西』自無不可，問題在《西河記》自有其書，《隋書・經籍志》等有記載，可是『西河語』、『河西語』均不見各

〈子虛賦〉注引《西河記》作「償我白粱」。

《齊民要術》卷十引：「《西河舊事》曰：『祁連山有仙樹，人行山中，以療飢渴者，輒得之，飽不得持去，平居時，亦不得見。』」

《元和姓纂》：「東晉有喻歸撰《西河記》三卷。」

《竇融傳》注引《西河舊事》曰：「涼州城昔匈奴故蓋臧城。」〔註242〕後人音訛，名「姑臧」也。

<u>《西域傳》注引《西河舊事》云：「葱嶺其山高大，上悉生葱，故以名焉。」</u>〔註243〕

《水經・河水注》引：「《西河舊事》曰：『葱嶺在敦煌西八千里，其山高大，上生葱，故曰葱嶺也。』」　所引繁簡稍異。章氏失引，今為補輯。

《史記・李廣傳》索隱引：「白山冬夏有雪，匈奴謂之天山。」

頁 38-2

《太平廣記》四百二十五卷引《潯陽記》：「潯陽城東門通大橋……有蛟……董奉疏符沉水中。」

四百二十五卷引《九江記》陸社兒遇蛟化為女子事。

又王植遇蛟言覆商舟事。

葉石林〔註244〕《玉澗雜書》引《潯陽記》：「西北有一松樹，垂陰數畝，傳云陶公犙柯伐此樹。」

<u>《新唐志》作張僧監《潯陽記》二卷。</u>

《齊民要術》卷四引：「《潯陽記》〔註245〕曰：『杏在北嶺上，數百株，今猶稱董先生杏。』」

頁 39-1

《酉陽雜俎》卷十六引：「《南康記》云：『合浦有鹿，額上戴科藤一枝四

家書目。據此，《要術》的『河西語』，當非書名，其所記實係諺語，『河西語曰』，猶言『河西諺曰』。」亦即，稱作「記」者，僅「西河記」有其書，稱作「語」者，無論作西河或河西，均無其書。

〔註242〕《後漢書》。

〔註243〕《漢書》。

〔註244〕即葉夢得（1077～1148）。

〔註245〕潯陽記：點校本作「尋陽記」，金批與四庫本合。

條直上各一丈。』」

《廣記》四百四十二〔註246〕引《異物志》〔註247〕云康頭山有鹿額戴科藤事。

《雲仙雜錄》引逍遙公《南康記》云：「傅咸掌有臥蛇文，指甲上隱起花草如雕刻，是以文章過人。」

又引時逢《青陽記》云：「關文衍為散騎常侍，畫九華山圖於白綾，半臂號九華，半臂自云令吾此身常在雲泉之內。」

引《南康記》云：「王僧虔晚年惡白髮，一日對客左右進銅鑷，僧虔曰：却老先生至矣。」

引《南康記》云：「魚朝恩有洞房，四壁夾安瑠璃板，中貯江水及萍藻諸色蝦，號（曰）魚藻洞。」

《廣記》三百九十八卷引鄧德明《南康記》云：「處州石人山，在泥水口，近有三石，〔形〕甚似人，居中者為君，左曰夫人，右曰女郎。」與《寰宇記》合，惟「鄧」誤作「劉」耳。〔註248〕

<u>《廣記》三百廿四卷引《南康記》。鄧德明《南康記》木客買榜事，云出《南廣記》。又引《述異記》山都作窠事。</u>

《廣記》三百九十七卷引《十道記》：「虔州贛臺縣……三百六十〔三〕里，《南康記》云山上有臺方，廣數丈，有自然霞如屋形。」

頁 39-2

《雲谷雜記》引楊震關《輔古記》曰：考〔註249〕老相傳，咸以甘泉谷北岸槐樹即揚雄所謂玉樹青葱也。

《班固傳》注引：「《關中記》曰：『折風一名別風。』」

又云：「建章宮有駘盪、馺沙〔註250〕、枌詣殿。」〔註251〕

<u>《漆水注》引潘岳《關中記》。</u>

《廣記》二百九十四卷引《湘中記》衡山白槎廟古老相傳有神槎事。

〔註246〕四百四十二：應為四百四十三。
〔註247〕異物志：應為交州記。
〔註248〕《太平寰宇記》卷一百八。
〔註249〕考：應作耆。
〔註250〕沙：應作娑。
〔註251〕《後漢書》。

二百九十五卷引《湘中記》王僧虔夢長沙王吳君事。

四百三十四卷引《湘中記》金牛岡事。

《郡國志》左馮翊下引潘岳《關中記》：「三輔舊治長安……東都之後，扶風出治槐里，馮翊出治高陵。」又始皇陵北有謝聚。又引有《關中圖》。

《廣記》三百廿六卷引《述異記》：「羅舍故宅，借錄事劉朗之。嘗見丈夫衣冠甚偉。斂襟〔註252〕而立。……時人謂君章有神。」

頁 40-1

《丹鉛錄》引：「羅含《湘中記》：『有靈妃步。』」

《續・郡國志》引《湘中記》：「項籍徙義帝於郴而害之，今有義陵祠。……馬嶺山……有……蘇耽壇」。

《湘水注》石燕山下引羅君章云：「今燕不必復飛也。」應是《湘中記》遺文。

「縣有石鼓」，下引：「羅君章云：『扣之，聲聞數十里，此鼓今無復聲。』」

「衡山……有三峯」，下引：「羅含云：『望若陣雲。非清霽素朝，不見其峰。』」

「逕二妃廟南」，下引《湘中記》云：「湘川清照五六丈，下見底石，如樗蒲矣，五色鮮明，白沙如霜雪，赤岸若朝霞，是納瀟湘之名矣。」

「玉笥山」下引羅含《湘中記》：「屈潭之左，有玉笥山。」

《郡國志》注引《始興郡記》：湞陽「有吳山」，曲江「有臨沅山」。

《郡國志》注引《湘中記》云：「遙望衡山如陣雲，沿湘千里，九向九背，迺不復見。」又引《湘東記》云：「縣西南母山，周迴四百里。」

《嶺南遺書》有曾釗輯《始興記》一卷。

《溱水》下引《始興記》曰：「林水源裏有石室，室前磐石上，行羅十瓮，中悉是餅銀。」

頁 40-2〔註253〕

《漸江水注》：《錢唐記》：臨平湖，「桓玄之難，湖水色赤，熒熒如丹。」

〔註252〕襟：應作衿。

〔註253〕此頁「錢塘記」條，金批據《後漢書》注於「華信立塘」旁補義、此二字，為「華信義立此塘」。點校本出校記云：「刊誤謂案文『義』當作『議』。今據改。」即義應作議。

又引謝康樂《山居記》。

《雲麓漫抄》引《錢唐〔註254〕記》。

《水經・瀧水注》下引《始興記》云：「林水源裏有石室，室前磐石上，行羅十瓮，中悉是銀餅〔註255〕。」

《廣記》三百九十八卷引王歆〔註256〕《始興記》云：「桂陽〔有〕貞女峽，傳云：秦世數女，取螺於此，遇雨，一女化為石人。」

「始開募，有能致土石一斛，與錢一千，旬日之閒，來者雲集。塘未成而譎不復取，皆遂棄土石而去，塘以之〔註257〕成也。」〔註258〕

頁 41-1

《舊唐志》:《東陽記》一卷，鄭緝之撰。《新唐志》卷同。

《續・郡國志》注引：太末「縣龍丘山有九石，特秀林表，色丹白，遠望盡如蓮花，龍丘長隱居於此，因以為名。」稱《東陽記》。

頁 41-2

《廣記》四百六十二引《建安記》烏君山事。

《雲仙散錄》引妙豐居士《安成記》云：「趙廷芝安成人，〔嘗〕作半月履〔乃〕裁千紋布為之〔更〕托以精銀，縝以絳蠟。」

又云：「黃昇日享鹿肉三斤，自晨煮至日影下門西，則喜曰：火候足矣。如是四十年。」

又云：「郭天民巧思橫生，生摺書簡反覆如栢葉狀，鄉人謂〔之〕仙人栢葉書。」〔註259〕

「王韶之《神境記》云：『蘭巖山其路阻險〔註260〕，絕人行跡，有石室嘗

〔註254〕唐：應作塘。

〔註255〕銀餅：水經注作餅銀，銀餅係趙一清水經注釋所作。

〔註256〕歆：水經注疏點校本夾注云：歆、韶錯出，故章宗源《隋志考證》但云歆又作韶以存疑。

〔註257〕之：數位影像之字遭切除。

〔註258〕出《後漢書・朱儁傳》。金批補於第六行「以防海水」之下，並刪去「縣境蒙利」四字。章書注「《御覽・人事部》同」，誤，「縣境蒙利」係出自州郡部。

〔註259〕後二條四庫本、《唐宋叢書》本俱僅云出《安成記》，不著撰人。

〔註260〕險：應作嶮。

有双白鵲翔集其上，復有孤松千丈，石路松隥，乃雲霞之中館宇矣。』」

云「九嶷〔註261〕山裏復有三峯，望之似人形。」　《寰宇記》一百十六。

《玉海》引王孚《安成記》：「太和中，陳郡殷府君引水入城穿池，殷仲堪又于池北立小屋讀書。」

頁 42-1

《寰宇記》云：「鹿山有鹿穴，昔宋元嘉初，武陵溪蠻人射鹿，逐入一石穴，穴才可容人。」云出《武陵記》。

又「天門山」。「黃閔《武陵記》云：上有荅如人，所種畦壟成，行人欲取之，先禱山神乃取，氣味甚美，不然者不可得。巖中有書數千卷，人見〔而〕不可取。」

又引《沅州記》：「有水名鼎口。」

常林《義陵記》云：初「項籍殺義帝于郴，武陵人曰：天下憐楚而興，今吾王何罪？乃見殺郡民，縞素哭于招屈亭，高帝聞而義之，故曰義陵。」〔註262〕

《太平廣記》引《武陵記》云：「文廣通以宋元嘉二十六年，見〔有〕野猪食其稼，因舉弩〔射〕中之，流血而走，尋血蹤，越十餘里，入一穴中，行三百許步，豁然明曉，忽見數百家居止……見河上公……王輔嗣」云云。

《後漢》注引《武陵記》：「壺頭山與東海方壺山相似神仙多所游集」。

又云「山邊〔有〕石窟即援所穿室……有蛇……是援之餘靈」。

《酉陽雜俎》引《武陵郡記》曰：雉山有木名交讓木。《廣記》四百七卷。

《太平廣記》引《武昌記》：「吳孫權獵於武昌樊山下，見一老母，問權何獲。曰：只獲一豹。曰：何不豎其尾？忽然不見，權稱尊號，立廟于山下。」

《常德志》〔註263〕引《武陵記》數條。〔註264〕

《常德志》又引梁伍安貧《武陵記》，又作《武陵圖志》。

王安貧《武陵記》。　常林《義陵記》。　黃閔《沅志》。

《桃源志》。鮑堅《武陵記》云：「昔有臨沅黃道真住黃聞山則〔註265〕，

〔註261〕嶷：應作疑。
〔註262〕《全唐詩》、《輿地紀勝》等書均載此條，而行文略有出入，未知何處所引。
〔註263〕《嘉慶常德府志》。
〔註264〕計 26 條。
〔註265〕則：應作側。

釣魚因入桃花源。」〔註266〕　鮑堅《武陵記》。

　　《廣記》三百五十一卷：「辰州溆浦縣西四十里有鬼葬山。黃閔《沅川記》云：其中巖有棺木，〔遙〕望可長十餘丈，謂鬼葬之壚」云云。《沅川記》可輯補。

頁 42-2

　　《新唐志》有李氏《宜都山川記》一卷。

頁 43-1

　　「《永嘉記》曰：青田縣有草葉似竹，可染碧，名為竹青，此地所產，故名青田。浮丘公相鶴經曰青田之鶴。」《御覽》一百七十一卷。〔註267〕

　　《硯譜》引《永嘉郡記》云：「硯溪一源多石硯」。

　　《齊民要術》卷二引《永嘉記》曰：「永嘉襄瓜〔註268〕，八月熟。至十一月，肉青瓤赤，香甜清快，眾瓜之勝。」

　　卷五引：「永嘉有八輩蠶」。　又「含簹竹筍，六月生。」

　　段公路《北戶錄》引：「《永嘉記》：含墮竹笋六月生」。

　　《齊民要術》卷十引《南中八郡志》云：「交趾特出好橘」。

　　又「檳榔，大如棗」。

頁 43-2

　　《西南夷傳》注《南中志》曰：「猩猩在山谷中，行無常路，百數為羣，土人以酒若糟設於路，又喜屬子，土人織草為屬，數十量相連結，猩猩在山谷見酒及屬，知其張設〔註269〕者，即知張者先祖名字，乃呼其名而罵云：『奴欲張我』，捨之而去，去而又還，相呼試共嘗酒，初嘗少許，又取屬子著之，若進兩三升，便大醉，人出收之。屬子相連不得去，執還納〔註270〕牢中。……到牢邊語云：『猩猩汝可自相推肥者出之。』既擇肥竟，相對而泣。即左思賦云：『猩猩啼而就禽』者也。昔有人以猩猩餉封溪令，令問餉何物，猩猩自於

〔註266〕此條係引自《光緒湖南通志》。
〔註267〕四庫本作「此地可產」，漢籍本作「此地所豐」。又四庫本無「浮丘公相鶴經曰青田之鶴」十一字，或可核對文瀾閣本是否有再補鈔此句。
〔註268〕襄瓜：點校本作「美瓜」，金批與四庫本合。
〔註269〕張設：應作設張。
〔註270〕納：應作內。

籠中曰：『但有酒及僕耳，無它飲食。』」〔註271〕

　　《廣記》四百七卷引《十道記》云《臨川記》麻姑山有楓鬼事。

頁 44-1

　　《梁書・庾詵傳》：《續伍端休江陵記》一卷。

　　《宋祕省續編四庫闕書目》作崔玄《瀨鄉記》一卷。

　　《宋志》作《賴卿記》，誤。　　《遂初堂書目》有《魏瀨鄉記》。〔註272〕

頁 44-2

　　《陳書・顧野王傳》：撰〈建安地記〉二篇。

　　《廣記》三百九十七卷引《建州國經》云：「鳴鐃山。蕭子開建安記云。一名大戈山。越王無諸。乘象輅。大將軍乘。鳴鐃載旗。畋獵登于此山。」

　　四百六十二引《建安記》烏君山事。

頁 45-1

　　注凡八引：「鹿谷……濁漳所出。」　　「潞，濁漳也。」

　　「羊頭……沁水所出。」　　「東山在城東南，〔晉〕申生所伐。」

　　「襄垣：邑帶山林。」　　「銅鞮：晉別宮。」

　　「白城〔註273〕在郡南山中。」〔註274〕

頁 45-2（無）

頁 46-1

　　《高僧傳》引：「吳末。曇宗《京師塔寺記》二卷云〔註275〕：丹陽瓦官寺，

〔註271〕《後漢書》。

〔註272〕此實出葉德輝輯本《秘書省續編到四庫闕書目》之葉氏按語：「輝按：《宋志》作《賴卿記》，誤。《遂初目》史部地理類有《魏賴鄉記》。又道家類重出《瀨鄉記》，無撰人。」又繆荃孫《藝風堂文集・遂初堂書目跋》云：「近人目錄兼載各本一派複見之書……《瀨鄉記》，一入地理、一入道家。」而《四庫闕書目》錄《瀨鄉記》於仙家（道家）類，地理類未重出。

〔註273〕白城：點校本無白字，金批與四庫本合。

〔註274〕《後漢書・郡國志》注實引《上黨記》八次無誤，金蓉鏡係引章宗源所未引之其餘七條。

〔註275〕《高僧傳》卷十三云：「釋曇宗，……著《京師塔寺記》二卷」。金批先行書寫「曇宗《塔寺記》」五字，再增「京師」與「二卷」四字於右。

晉哀帝時沙門慧力所立，……安世高以邶亭廟餘物治之。」

又引：「彭城劉俊益部寺記。」

《法苑珠林》卷四十九引《梁京寺記》〔註276〕棲霞寺、冥真寺二事。

《廣記》四百七卷引《炙轂子》：酒杯藤出《張騫出關志》。

《珠林》四十九卷引《梁京寺記》一事。

七十九卷引《梁京寺記》安國寺井。　八十卷引鄒文立事。

《京師寺塔記》二卷。　釋曇景〔註277〕撰。　《外國傳》五卷。　釋曇景撰。〔註278〕

《廣記》三百七十五卷引《塔寺》記云後魏菩提寺崔涵再生事。

與《伽藍記》同。或《塔寺記》抄《伽藍記》之文。

又三百七十九卷引《塔寺記》及晉太元丹陽造塔事。〔註279〕

頁 46-2

王世貞〈太和山記〉〔註280〕引：「郭仲產《南雍州記》云：『有三磴道，上磴道名香爐峰。』」

《舊唐志》：《南雍州記》三卷，郭仲彥撰。

《廣記》四百六十九引《南雍州記》：蕭騰遇一丈夫自稱周瑜，後化為龜。

頁 47-1

《太平廣記》引《西京記》數條。內引懿德寺一條，與《兩京新記》同，疑為一書。〔註281〕

〔註276〕梁京寺記：大正藏本作涼京寺記。

〔註277〕景：點校本據《高僧傳》改作宗。

〔註278〕俱《隋志》。

〔註279〕後魏菩提寺崔涵再生事錄為「出塔寺」，非「出塔寺記」。與及晉太元丹陽造塔事不同。

〔註280〕太和山記：應是〈繇紫霄登太和絕頂記〉，王世貞《弇州四部稿》卷七十三有之。

〔註281〕《兩京新記》有《佚存叢書》本、《粵雅堂叢書》本等。《太平廣記》卷九十五、《兩京新記》均載唐中宗為懿德太子追福，故寺易名為懿德寺事。故金蓉鏡疑《太平廣記》所引《西京記》即當時（清末）所存之《兩京新記》。二書載此事大意相同，唯行文略有出入，如《太平廣記》作「懿德禪院」、「以為神助」，《兩京新記》作「懿德寺」、「以為神力」等。而《太平廣記》引《西京記》凡四處，除懿德太子追福易寺名事外，又載富商鄒鳳熾事，雖《兩京新記》同事作「鄭鳳熾」，然二者內容大體相同，而金蓉鏡未錄此條，

《廣記》一百三十五卷引《西京記》:「長安朝堂,即舊楊興村,村門大樹今見在。」

《朝野僉載》亦記其事:「西京朝堂⋯⋯有大槐樹,隋曰唐興村門首。」見《廣記》一百六十三卷引。

四百十八卷引《兩京記》梁武都后化龍事。

《後園記》一卷。〔註 282〕

《寰宇記》一百十三卷引《江源記》云:「昔羿屠巴虵於洞庭,其骨若陵,故曰巴陵。」

《京師錄》七卷。〔註 283〕

宋・張敦頤《六朝事迹》引《京都記》云:「京師鼎族多在青溪溪北,有江總宅。」

《雲麓漫抄》卷二引韋述《西京記別》一卷。

韋述有《兩京新記》,此所引《西京記》或是《新記》之誤。

頁 47-2

《十六國春秋》引正作十卷。

《史記・留侯世家》引應劭《十三州記》:「弘農有桃丘聚,古桃林也。」

《齊民要術》卷十引《林邑國記》曰:「檳榔樹,高丈餘,皮似青桐,節如桂竹。」

《古來國名》二卷。〔註 284〕

〔兩〕《唐志》作十四卷。

《慧生行傳》一卷。〔註 285〕

《廣記》四百八十一引《十三州志》:「葱嶺以東,人好淫僻,故龜茲于闐置女市,以收錢。」

《涼州異物志》一卷。　　《閭象傳》二卷,閭先生撰。〔註 286〕

可補輯之。
〔註 282〕《隋志》。
〔註 283〕《隋志》。
〔註 284〕《隋志》。
〔註 285〕《隋志》。
〔註 286〕俱《隋志》。

頁 48-1

劉昭《續志》注引《北征記》曰：「繁昌城在許之南七十里。東有臺，高七丈，方五十步，臺南有壇高二丈，方三十步，即受終之壇也。」

睢陽「城周三十七里，南臨濊水，凡二十四門。」

雍丘「有呂祿臺，……酈生祠。」　匡城「周三里」

彭城「西二十里有山，……有楚元王墓。」

又《溫水注》屢引《林邑記》，「城去林邑步道四百餘里。」

又「城治二水之間」。

頁 48-2

又「彭城西二十里……有楚元王墓。」　葛嶧山「出名桐」

徐「縣北有大冢，徐君墓，延陵解劍〔之〕處。」〔註287〕

頁 49-1

《水經·渠水注》：「《續述征記》：……自醬魁城到酢溝十里。」

朱《箋》〔註288〕以為伍緝之《述征記》。

又「《續述征記》以此城為師曠城。」

又「《西征記》論儀封人即此縣。」

《郡國志》注引《伏滔北征記》：徐「縣北有大冢，徐君墓，延陵解劍〔之〕處。」　又云山「出名桐……今槃根往往而存。」

《史記·封禪書》索隱引《從征記》：鄒山「北巖有秦始皇所勒（之）銘。」

《硯譜》上引《從征記》：「魯國孔子廟中石硯一枚甚古，朴孔子平生時物也，及顏路所請者，車亦存。」

頁 49-2

《太平廣記》：「煬帝〔別〕敕學士杜寶修《水飾圖經》十五卷。」

「水神……凡七十二勢」

《廣梁南徐州記》五卷〔註289〕，虞孝敬撰。

《水飾圖》二十卷。

〔註287〕俱出《後漢書》。

〔註288〕朱謀㙔（音同含）《水經注箋》。

〔註289〕五卷：點校本作九卷，四庫本作五卷，金批與四庫本合。

《甌閩傳》一卷。〔註 290〕

頁 50-1

《男、女二國傳》一卷。〔註 291〕

頁 50-2

《寰宇記》引《後魏輿地圖風土記》。〔註 292〕

《古今地譜》二卷。〔註 293〕

頁 51-1

《新志》「二卷」。〔註 294〕

頁 51-2（無）

頁 52-1

《史記・大宛傳》索隱引《康泰外國傳》云：「外國稱天下有三眾：中國人眾，大秦寶眾，月支〔註 295〕馬眾。」

《後漢・東夷傳》注：不死之國「去琅邪三萬里。」

《廣記》三百九十八卷引《周地圖記》云：「昔有夫妻二人。將兒入山獵。其父落崖。妻子將下救之。並變為三石。因以為人石。」

《齊州圖經》一卷。〔註 296〕

《幽州圖經》一卷。〔註 297〕

《齊民要術》卷十引《外國圖》曰：「高陽氏有同產而為夫婦者，帝怒放之，於是相抱而死。有神鳥以不死竹覆之。七年，男女皆活。同頸異頭，共身四足。是為蒙雙民。」

〔註 290〕俱《隋志》。
〔註 291〕《隋志》。
〔註 292〕卷七十一。
〔註 293〕《隋志》。
〔註 294〕章書「《序行記》十卷」條下有「《唐志》有姚最《述行記》三卷」，金批於旁。
　　　　唯兩《唐志》無論點校本或四庫本，《述行記》均作二卷，無作三卷者。
〔註 295〕支：應作氏。
〔註 296〕《隋志》。
〔註 297〕《隋志》。

「君子之國，多木堇之花，人民食之。」

頁 52-2

《法苑珠林》卷八引《外國圖》云：「大秦國人長一丈〔註298〕五尺。猨臂長脇好騎馳駝。」 又「僬僥國人長尺六寸，迎風則偃，背風則伏。眉目具足，但野宿。一曰僬僥長三尺，其國草木夏死而冬生，去九疑三萬里。」

董逌《畫跋》：拂林人「長一丈至丈六尺。」

又云：「杜環《征行記》：拂林在苫國西，隔山數千里，一名犁軒。其人顏色白，婦人皆服珠錦，好飲酒，尚乾餅，善織絡，琉璃妙〔者〕天下莫比。在漢晉常至中國。」

頁 53-1

《茶經》引《括地圖》云：「臨遂縣東一百四十里有茶溪。」

《茶經》引「《夷陵圖經》：黃牛荊門女觀望等山茶茗出焉。」

「《永嘉圖經》：永嘉縣東三百里有白茶山。」

「《淮陰圖經》：山陽縣南二十里有茶坡。」

《茶陵圖經》：「茶陵者所謂陵谷生茶茗焉。」

又引「《桐君錄》：西陽武昌廬江晉陵好茗。」

又引「《坤元錄》：辰州漵浦縣……山多茶樹。」

又引「《神農食經》：茶茗久服，令人有力悦志。」

《後漢·劉盆子傳》注引：「《長安記》曰：『桂宮在未央宮北，亦曰北宮。』」

《公孫述傳》注引：「《梁州記》曰：『關城西南有白水關。』」〔註299〕

《班固傳》注引：「《三輔故事》曰：『天祿、石渠並閣名。』」

又曰：「建章宮承露槃，高二十丈，大七圍，以銅為之。上有仙人掌。」〔註300〕

劉昭《祭祀》注引：「《三輔故事》：『長安城東十里有靈星祠。』」

《郡國志》注引《關中圖》。 又引《晉地道記》。

又引《陳留志》：「有桐陵亭。」 雍丘「城內有神井，能興霧雹。」

〔註298〕長一丈：大正藏本作長丈，金批與四庫本合。
〔註299〕《後漢書》。
〔註300〕《後漢書》。

東昏有「戶牖鄉〔有〕陳平祠」　平丘有黃亭。

酸棗「城內有韓王故宮闕。」　長垣……有匡城「孔子囚處〔註301〕。」

「子路祠。」　「蘧伯玉墓及祠。」　考城「有箕子祠。」

圉「有萬人聚，王邑破翟義積尸處。」

又引：「《英雄交爭記》曰：『初平三年，分縣南鄉為長山縣。』」

又引王範《交廣春秋》。

《嚴光傳》注引：「顧野王《輿地志》曰：『七里瀨……有〔嚴〕子陵漁釣處。』」〔註302〕

《西南夷傳》注引：「徐衷《南方草物狀》曰：『凡採珠常三月，用五牲祈禱，若祠祭有失，則風攪海水，或有大魚在蚌左右。蟒珠長三寸半，凡二品珠』也。」〔註303〕

《孔融傳》注引：「《肅慎國記》曰：『肅慎氏，其地在夫餘國北，東濱大海。』」〔註304〕

頁 53-2

《玉海》引《襄沔記》：昭明於高齋造《文選》。

《法苑珠林》卷卅九引《梁貢職圖》云：「去波斯北一萬里，西南海島有〔西〕女國，非印度攝拂壈，年別送男夫配焉。」

卅七卷引《地鏡圖》曰：「山上有火必有金。〔註305〕」

又云：「寶物在城郭丘牆之中，樹木為之變，視柯偏有折枝，是其候也。視折枝所向，寶在其方，凡有金寶，常變作積蚘。見此輩便脫隻履，若屐以擲之，若溺之即得，凡藏寶忘不知處，以大銅盤〔註306〕盛水著所疑地，行照之見人影者，物在下也。」　又云「視屋上瓦，獨無霜，其下有寶藏。」

頁 54-1

《史記・萬石傳》索隱引：「長安記戚里在城內。」

〔註301〕處：應作此。

〔註302〕《後漢書》。

〔註303〕《後漢書》。

〔註304〕《後漢書》。

〔註305〕山上有火必有金：火應作韭，金批誤。

〔註306〕盤：應作槃。

《雲麓漫抄》卷二述：《長安圖》：元豐三年呂大防、大臨檢定其法，以隋都城大明宮，並以二寸折一里，城外取容不用折法，大率以舊圖及韋述《西京記》為本。□別一圖。

頁 54-2

《史記・五宗世家》引：《荊州圖副》：「漢臨江閔王榮始都江陵城，坐侵廟壖地為宮，被徵，出城北門而車軸折。父老共流涕曰：『吾王不反矣！』既而為郅都所訊，懼而縊死。自此後北門存而不啟。」

頁 55-1

王世貞〈太和山記〉引《荊州圖副記》云：「峯首狀博山香爐亭亭遠出。」〔註307〕 《南蠻傳》注引：「《荊州圖》〔註308〕曰：副夷縣西有溫泉，古老相傳，此泉原〔註309〕出鹽。」〔註310〕

《陳書・姚察傳》：著《西聘道里記》一卷。〔註311〕

《梁書・劉之亨傳》：撰《述行記》四卷。

撰此書未知義例，何屬始協于此。

《陳書・許亨傳》：父懋，著《述行記》四卷。

《李諧行記》一卷。 《聘遊記》三卷，劉師知撰。 《朝觀記》六卷。〔註312〕

頁 55-2

《北伐記》七卷，諸葛潁撰。〔註313〕

《諸葛潁傳》有「《鑾駕北巡記》三卷、《幸江都道里記》一卷、《洛陽古今記》一卷、《馬名錄》二卷。」〔註314〕

〔註307〕此應出王世貞《弇州四部稿》卷一百六十三，而無篇名，唯該文首句為「余欲登太和山」，或金批以之私自命名。

〔註308〕荊州圖：點校本出校記云應作荊州圖副。

〔註309〕原：點校本作元，金批與四庫本合。

〔註310〕《後漢書》。

〔註311〕一卷：點校本與四庫本均無作「一卷」，此應據《冊府元龜》卷五百六十云：「姚察為吏部尚書，使隋，著《西聘道里》一卷。」

〔註312〕俱《隋志》。

〔註313〕《隋志》。

〔註314〕《北史》。

《并州入朝道里記》一卷，蔡允恭撰。〔註315〕

頁 56-1

《新志》有「《後魏諸州記》二十卷」。

《代都略記》三卷。　《世界記》五卷，釋僧祐撰。　《州郡縣簿》七卷。《大隋翻經婆羅門法師外國傳》五卷。〔註316〕

頁 56-2（無）

頁 57-1

《西域舊圖》。《魏志》注。

《外國圖》。　《後漢書·東夷列傳》注。

《後漢·西域傳》注引《天竺國記》。

《史記·大宛傳》正義引「裴矩《西域記》」。

賈勰《齊民要術》：「《西域諸國志》曰：『天竺十一月六日為冬至，則麥秀。十二月十六日為臘，臘麥熟。』」

頁 57-2

《廣記》四百六卷引《三峽記》：宋順帝昇平二年，溪人微生亮得魚化為美女，言為高堂之女。

崔豹《古今注》引張騫《出關志》得荳蔻事。

《水經·沔水注》引《漢中記》黃金峭戚夫人鄉。

《聖賢城冢記》。三百九十一卷。

《朗州圖經》。《廣記》三百八十九卷。

《桂林風土記》。唐人撰。〔註317〕

《水經·溫水注》屢引《林邑記》。

又竺枝〔註318〕《扶南記》。

《太平廣記》方士引《金陵六朝記》：葛玄上仙，至今有煮藥鐺，山洗藥

〔註315〕《隋志》。
〔註316〕俱《隋志》。
〔註317〕有四庫本、《學海類編》本等。
〔註318〕竺枝：水經注疏改枝為芝，楊守敬校記云：「作枝者傳抄之誤也。」

池，又白仲都祠壇下白都山下。

《太平廣記》感應引《九江記》。

四百六十九引《九江記》齊王奐遇女子捕之化為龜。

六十八引《九江記》顧保宗遇魚說桓玄□〔註319〕。

《漢書》注引《博物記》，唐蒙作。《水經》引《南中行紀》，陸賈作。見《丹鉛錄》。〔註320〕

《廣記》三百六十五卷引《博物記》郭后愛漢宮人事。

《西域道里記》一卷。〔註321〕 　《諸蕃國記》十七卷。〔註322〕

《〔新〕唐志》又有《京兆郡方物志》二十卷。〔註323〕

《并州總管內諸州圖》一卷。〔註324〕

《續漢·郡國志》引《博物記》。 　《英雄交爭記》。 　《張氏地理記》。《秦州記》，郭仲產撰。 　《湘州營陽郡記》。 　《始安郡記》。 　《始興郡記》。

《齊東野語》云：「《後漢·郡國志》引《博物記》曰：『日南出野女羣行，不見夫，其狀皛且白，裸袒無衣襦。』……當是秦漢間古書，張華〔註325〕〔先〕蓋取其名而為志也。」

〔註319〕 玄下有字遭蟲蛀不可辨識。

〔註320〕 《漢書》注……見《丹鉛錄》：唐蒙作《博物志》、《水經》引《南中行紀》二條，均出自《丹鉛錄》卷十一〈古書不知名考〉，然《博物志》並非唐蒙作，金批疑未複查《後漢書》文義而引之。徐文靖《管城碩記》卷二十八批評《楊升菴集》云：「按：《後漢書·郡國志》：『劉昭引〈蜀都賦〉注云：……塹鑿之迹今存，昔唐蒙所造。《博物記》：縣西百里有牙門山。』……此蓋言『塹鑿之蹟至今尚存，乃唐蒙所創造也。』下引《博物記》、《華陽國志》以見其縣又有諸山耳，豈可以唐蒙造博物記為一句乎？又按《隋經籍志》曰：『《博物志》十卷，張華撰。《張公雜記》一卷，張華撰。梁有五卷。』與《博物志》相似，小小不同。又《史記·龜策傳》云：『桀為瓦室注曰：《世本》：昆吾作陶。張華《博物記》亦云桀作瓦。』據此，則《博物記》亦張華作也。《史記》注現有明徵，何乃云唐蒙所造乎？近《本草綱目》《山海經廣注》皆引『唐蒙《博物記》』，誤，皆自升菴始也。」是故《博物記》非唐蒙作。又《丹鉛錄》已明文「考《後漢書》注」，金批卻云「《漢書》注」，又一未查文義耳。

〔註321〕 《西域道里記》一卷：點校本作三卷，金批與四庫本合。

〔註322〕 俱《隋志》。

〔註323〕 二十卷：《舊唐書》作三十卷，《新唐書》作二十卷。

〔註324〕 《隋志》。

〔註325〕 張華：應作張茂。

【扉頁】

《齊民要術》卷十引：「《魏王花木志》曰：『君遷〔註326〕樹細似甘焦，子如馬乳。』」　又引《南方記》七條，皆記樹木。

《後漢書》注引《汝南記》云：「華仲妻〔註327〕……親家李氏堂上。」

《封氏聞見記》引：「《元中記》云：玉門之山西有國山，山上有廟，國人崴崴出數千石，曰霹靂。……從春至秋，乃罷」〔註328〕

《史記・韓王信傳》索隱引：「北疆記：桑乾河北有白登山，冒頓圍漢高之所，今猶有壘壁。」

<u>《後漢・張衡傳》注引《聖賢冢墓記》馮夷事。</u>

《光武紀》注引《古今志》云孔「志時為密令」。

洪芻《香譜》引《南州記》云降眞香出海南〔註329〕諸山，又云生大秦國。

又云「羅浮山頂有胡楊梅。」〔註330〕

贊寧《筍譜》引王子敬《竹譜》：「會稽箭竹錢塘扶竹。」

《南方草木狀》引陸賈《南越行紀》：南粵之地〔註331〕，五穀無味，百花不香。

《雲仙散錄》云姑臧太守張憲號諸倡曰鳳窠羣女。出《姑臧前後記》。

又引《豫章記》「宋宇種蔬卅品」。　《青陽記》。

又引《姑臧記》：「錢芸士好讀離騷，手不暇揭開，忘去肉味，半月如齋。」

又「羣公對雪，尚隆之曰：麯堆金井，誰調湯餅？吳永素曰：玉滿天山，難刻珮環。坐間服其韻精。」

又引常奉真《湘潭記》。　方德遠《金陵記》。　張洞林《桂林志》。　《揚州事迹》。　《河東備錄》。　《金城記》。　《幽燕異記》。　《青州雜記》。《鄴郡名錄》。　《金臺記》。　《金鑾密記》。

《史記・春申傳》正義引：「吳俗傳云：『越軍得子胥夢，從東入伐吳，越

〔註326〕遷字遭蟲蛀不可辨識。
〔註327〕妻字下有字遭蟲蛀不可辨識。
〔註328〕此條自「人」字始遭蟲蛀不可辨識，據四庫本引之。
〔註329〕海南：應作南海。
〔註330〕此出《南方草木狀》。
〔註331〕南粵之地：應作南越之境。

王即從三江北岸立壇，殺白馬祭子胥，杯動酒盡，乃開渠曰示浦，入破吳王於姑蘇。』」

《寰宇記》一百十七卷引《桂陽記》。

《梁書》：顧憲之著〈衡陽郡記〉數十篇。

《南齊書·州郡志》云《永明郡國志》。 又《永元志》。

《陶弘景內傳》云撰《古今州郡記》三卷。〔註332〕

《剡錄》引《啟蒙記注》云：「天台山水清險，前有石橋，逕不盈尺，長數十丈，下臨絕澗寘〔註333〕，忘其身然後能濟……道猷過此，獲紫芝靈藥。」

《史記·五帝紀》正義引：「徐才《宗國都城記》云：『唐國，帝堯之裔子所封。其北，帝夏禹都，漢曰太原郡，在古冀州太行恆山之西。其南有晉水。』」

《史記·孔子世家》正義引：「《肅慎國記》云：『肅慎，其地在夫餘國東北，河六十日行。其弓四尺，強勁弩射四百步。』」

《史記·外戚世家》索隱引《廟記》。 《宮記》。

《史記·蘇秦傳》正義引：「《周地志》云：『南渡老子水，登巴嶺山。南回記大江。此南是古巴國，因以名山。』」

第二冊完。

卷七　譜系

頁 1-1

〔兩〕《唐志》同。

頁 1-2（無）

頁 2-1（無）

〔註332〕《華陽陶隱居傳》，收於《正統道藏》洞真部。
〔註333〕下臨絕澗寘：四庫本無澗字，查《古籍庫》道光八年刻本有之。

頁 2-2

近陽湖洪齮孫〔註334〕輯《世本》。

頁 3-1

荀況《血脈譜》。〔註335〕

漢潁川太守聊謀《萬姓譜》。〔註336〕

《晉書》：摯虞《族姓昭穆》十卷。

《廣弘明集》卷十三引：「王儉《百家譜》云：『李者高陽之後，始祖咎繇為舜理官，因遂氏焉。李氏之興起於聃也，自聃之前未有李姓。唯氏理焉，以樹下生乃稱李氏，老子之子名宗，仕魏文侯，蓋春秋之末六國時人也。』」

梁有《宋譜》四卷。

《南史·王僧孺傳》：「湛為選曹，始撰百家以助銓序，傷於寡略。王儉復加去取，得繁省之衷。」

梁有王逡之《續儉百家譜》四卷，《南族譜》二卷，《百家譜》拾遺一卷。

頁 3-2 〔註337〕

《南史·賈希鏡傳》：「永明中，王儉抄次《百家譜》，與希鏡參懷撰定。」與《齊書》同一書名，一□字。

《梁帝譜》十三卷。〔註338〕

頁 4-1

《梁書·王僧孺傳》：「《集十八州譜》七百一十卷，《百家譜集抄》〔註339〕十五卷，《東南譜集抄》十卷。」

《新志》又有《八州譜》七百一十二卷。

宋邵思《姓解》引王僧孺《百家譜》云：「裴桃兒娶蒼梧瞿寶女」。

〔註334〕洪亮吉（1746～1809）子。

〔註335〕王應麟《玉海》卷五十：「《春秋公子血脈譜》，其傳本曰荀卿撰。《秦譜》下及項滅子嬰之際，非荀卿作明矣。」金批若據此書，或未查後文而誤。

〔註336〕出《四庫全書考證·子部》卷六十二或《古今姓氏書辯證》卷十。

〔註337〕此面「《梁大同四年表簿三卷》」條，金批補一「中」字於年、表字之間，誤。檢《新唐書》同名條目上有「《齊永元中表簿》六卷」條，疑金批誤將此條中字竄入。

〔註338〕《隋志》。

〔註339〕抄：應為金批誤衍。

又「禹」引「蕭道游娶禹氏女」。 「有閭德興。」

《百家譜》十五卷，傅昭撰。 《百家譜世統》十卷 《百家譜鈔》五卷。
〔註 340〕

案：梁有《王司空新集諸州譜》十一卷，又別有《諸姓譜》一百一十六卷，
《益州譜》四十卷，《關東、關北譜》三十三卷，《梁武帝總集境內十八州譜》
六百九十卷，亡。

頁 4-2（無）

頁 5-1

《南齊書·賈淵傳》：「字希鏡……世傳譜學……祖弼之廣集百氏譜記……
撰定繕寫，藏祕閣……淵父及淵三世傳學，凡十八州士族譜，合百帙七百餘
卷。……永明中，衞軍王儉抄次百家譜，與淵參懷撰定。……撰氏族要狀及人
名書，竝行於世。」

《南史·王僧儒傳》：「晉太元中，員外散騎侍郎平陽賈弼篤好簿狀，乃廣
集眾家，大搜羣族，所撰十八州一百十六郡，合七百一十二卷。凡諸大品，略
無遺闕，藏在祕閣，副在左戶。及弼子太宰參軍匪之、匪子長水校尉深世傳其
業。」

《南史·賈希鏡傳》：「撰《氏族要狀》及《人名書》」。
又云：「三世傳學，凡十八州士族譜，合百帙，七百餘卷。」

頁 5-2

賈冠《國親皇太子親傳四卷》。〔註 341〕
《後魏譜》二卷。〔註 342〕
《益州譜》三十卷。〔註 343〕
《吉州諸姓譜》八卷。 《江州諸姓譜》十一卷。 《諸州雜譜》八卷。
《揚州譜鈔》五卷。〔註 344〕

〔註 340〕《隋志》。
〔註 341〕兩《唐書》俱有。
〔註 342〕兩《唐書》俱有。
〔註 343〕《隋志》。
〔註 344〕《隋志》。

頁 6-1

華嶠《譜敘》。見《華歆傳》注。〔註 345〕

《梁書‧顧協傳》:「撰《異姓苑》五卷。」

《三國志》注引華嶠《譜敘》。

《胡質傳》注:「《胡氏譜》:通達名敏,以方正徵。」〔註 346〕

邵思《姓解》引《姓苑》最多。

《韋鼎傳》:「作《韋氏譜》七卷。」〔註 347〕

頁 6-2

《楊氏血脉譜》二卷。 《楊氏家譜狀并墓記》一卷。 《楊氏枝分譜》一卷。〔註 348〕

頁 7-1

《述系傳》一卷,姚最撰。 《氏族要狀》十五卷。〔註 349〕

頁 7-2

《剡錄》引《阮氏傳》云:「阮儁〔註 350〕字彥倫,裕長子,仕至州主簿。」

《南齊書‧祥瑞志》云《孔氏世錄》:「叶精帝道,孔書明巧,當在張陵。」宋均注云:「張陵佐封禪。一云陵,仙人也。」

《舊唐志》:《孫氏譜紀》〔註 351〕十五卷。

《剡錄》卷五引《阮氏譜》一卷,又《戴氏譜》一卷,《王氏家牒》十五卷,《王氏家譜》二十卷,《謝氏家譜》二十卷〔註 352〕。

頁 8-1（無）

〔註 345〕《三國志‧魏志》。

〔註 346〕《三國志‧魏志》。

〔註 347〕《隋書》、《南史》俱有。

〔註 348〕俱出《隋志》。

〔註 349〕俱出《隋志》。

〔註 350〕阮儁:文淵閣四庫本作「阮牖」,文瀾閣四庫本作「阮儁」,與金批合。

〔註 351〕紀:應作記。

〔註 352〕二十卷:應作一卷。「《謝氏家譜》一卷」之左行有「《王氏家譜》二十卷」,疑是誤將後者卷數錄為前者,於卷十三頁 26-1 抄錄者反不誤。

頁 8-2（無）

頁 9-1

　　《吳志·孫堅傳》注：王「叡字通耀，晉太保祥伯父也。」王氏譜璿、叡異文，未知孰是。《劉表傳》引作叡。

　　《舊唐志》：《諸葛傳》五卷。

頁 9-2

　　《剡錄》引《許氏譜》云：許「元度母華軼女」。

頁 10-1

　　《梁書·陸杲傳》：「弟煦，學涉有思理。著《陸史》十五卷，《陸氏驪泉志》一卷，並行於世。」

　　《剡錄》引《馮氏譜》曰：「馮懷長樂人，歷太常護軍將。」

頁 10-2

　　《陳書·顧野王傳》：「著……《顧氏譜傳》十卷。」

　　《元和姓纂》引《顧氏譜》云：越王勾踐七代孫閩君搖漢封東甌，別封其子為顧余侯漢初居會稽。

頁 11-1（無）

頁 11-2（無）

頁 12-1

　　〔兩〕《唐志》：《司馬氏世家》二卷，見前。〔註 353〕

頁 12-2（無）

頁 13-1

　　《應劭傳》注引《應氏譜》〔註 354〕，此云《應世譜》。

────────────

〔註 353〕卷七頁 6-1。
〔註 354〕《後漢書》。

《齊民要術》卷五引：「《竹譜》曰：『棘竹筍，味淡，落人鬚髮。』」

<u>《錢圖》一卷。</u>〔註355〕

頁 13-2

《廖氏譜》。《常德府志》云晉人撰。「《潛確類書》徵閱書目」。

《尤射》，魏・繆襲撰。《漢魏叢書》本。

《筍譜》曰：「雞脛〔註356〕竹筍肥美。」《齊民要術》卷十引。

《梁書・裴子野傳》：《續裴氏家譜》〔註357〕二卷。

<u>《朱儁傳》注引華嶠譜敘：「表字偉容，歆之子也。年二十餘，為散騎常侍。」</u>〔註358〕

韋鼎作《韋氏譜》七卷。《隋書》。〔註359〕

河間劉善經著《諸劉譜》三十卷。《隋書》。〔註360〕

卷八　簿錄

頁 1-1（無）

頁 1-2（無）

頁 2-1（無）

頁 2-2

<u>《舊唐志》作《中書簿》，誤。《新志》作《中經簿》。</u>

頁 3-1

《隋書・樂志》云：「晉中經簿，無復樂書。」

〔註355〕《隋志》。

〔註356〕漢籍出校記云：頸：院刻、金抄作「頸」，《太平御覽》卷963 引《竹譜》同；戴凱之《竹譜》作「脛」，《要術》卷十「筍」引《筍譜》亦作「脛」；他本均作「頭」，誤。

〔註357〕家譜：應作家傳。

〔註358〕《後漢書》。

〔註359〕《隋書・韋鼎傳》。

〔註360〕《隋書・劉善經傳》。

頁 3-2（無）

頁 4-1（無）

頁 4-2

　　蕭子良「集學士抄五經百家，依皇覽例為四部要略千卷。」〔註 361〕

頁 5-1

　　〈七錄序〉自存《廣弘明集》。

　　《魏闕書目錄》一卷。　　《陳祕閣圖書法書目錄》一卷。〔註 362〕

頁 5-2

　　《陳德教殿四部目錄》四卷。　　《陳承香殿五經史記目錄》二卷。〔註 363〕

頁 6-1

　　《梁書・何思澄傳》：「撰……《古今四部書目》五卷。」〔註 364〕

　　《魏書・崔景融傳》：「時詔〔撰〕《四部要略》，竟無所成。」〔註 365〕

　　《南齊書・蕭子良傳》：「集學士抄五經、百家，依皇覽例為《四部要略》千卷。」　　是有兩□略矣。

　　《香廚四部目錄》四卷。　　《隋大業正御書目錄》九卷。〔註 366〕

頁 6-2

　　《廣記》二百八十卷引《大業拾遺記》云：「武德四年，東都平〔後〕，觀文殿寶廚新書八千許卷將載還京師，上官魏夢煬帝大叱……陝州下書。著大船……值風覆沒，一卷無遺。」

　　《雜儀注目錄》四卷。〔註 367〕

〔註 361〕《南史》。
〔註 362〕俱出《隋志》。
〔註 363〕俱出《隋志》。
〔註 364〕應為劉杳傳。
〔註 365〕應為裴延儁傳。
〔註 366〕俱出《隋志》。
〔註 367〕《隋志》。

頁 7-1

《匡謬正俗》云：「摯虞撰《流別集》，全取孟堅書序為一卷，謂漢述已失其意，而范宗蔚〔註368〕、沈休文之徒，撰史者詳論之外別為一首，華文麗句標舉得失，謂之為贊自以取，則班馬不其惑歟？」

《劉表傳》注引《文章志》：周「不疑死時年十七，著〈文論〉四首。」〔註369〕

頁 7-2

高似孫《剡錄》引宋文帝《文章志》云：王羲之「高爽有風氣，不類常流」。

又引宋明帝《文章志》〔註370〕：「劉恢字道生，沛國人，識局明濟，有文武才。王濛每稱其思理淹通，蕃屏高選。」

又引《文章志》：「字興公，家會稽。」

又引《續文章志》：「與兄統為文，選言簡章，清綺絕倫。」

引《文章志》：許詢與孫興公「俱有負俗，卒不降志」。

頁 8-1

《後漢書‧張奐傳》注引「王愔《文字志》」。〔註371〕

〔新〕《唐志》：二卷。

《書品》二卷。〔註372〕

頁 8-2

《梁書‧張率傳》：「著《文衡》十五卷。」

《南齊書‧丘靈鞠傳》：「著江左文章錄序，起太興，訖元熙。」

《南齊書‧丘靈鞠傳》：「著江左文章錄序，起太興，訖元熙。」〔註373〕

《丘靈鞠傳》：「宋世文名甚盛，入齊頗減。……王儉謂人曰：『丘公仕宦不進，才亦退矣。』」

〔註368〕范宗蔚：應作范蔚宗。
〔註369〕《三國志‧魏志》。
〔註370〕文章志：文淵閣四庫本作「文字志」；文瀾閣四庫本作「文章志」，與金批合。
〔註371〕文字志：點校本作「文志」，金批與四庫本合。
〔註372〕《隋志》。
〔註373〕金蓉鏡於「文章錄」條之天頭、行間重複抄錄同一引文。

頁 9-1

《文章敘錄》。 《王粲傳》注引「荀勗撰」〔註374〕，與丘淵之《文章錄》實是兩書，此未分曉，嘗補正之。

《文樞鏡要》。 《廣記》三百九十六卷引義熙中事。

四百八卷引《尸子》。

永和〔註375〕五年，茂虔獻《文檢》六卷。〔註376〕

《夏侯淵傳》注引《文章敘錄》云：「惠字稚權，幼以才學見稱，善屬奏議。」〔註377〕

《新撰文章家集》五卷，荀勗撰。見《〔舊〕唐志》。

頁 9-2

《廣記》四百六十一引揚〔註378〕雄琴清英。

又引《語林》孫休射雉事，非《唐語林》。

四百六十二引曹植〈惡鳥論〉。 《水經‧穀水注》引《語林》。

《隋書》杜正玄〔註379〕：「著文章體式，大為後進所寶，時人號為文軌，乃至海外高麗、百濟，亦共傳習，稱為杜家新書。」

卷九　舊事

頁 1-1

《溫水注》引《晉功臣表》。

《四庫》著錄一卷，舊題班固撰，晁公武《讀書志》引張柬之《洞冥記》跋，謂出於王儉，唐初去齊梁未遠，當有所考也。〔註380〕

〔註374〕《三國志‧魏志》。

〔註375〕永和：此為北涼沮渠牧犍政權（433～439）年號。

〔註376〕《宋書》。

〔註377〕《三國志‧魏志》。

〔註378〕揚：點校本作楊，金批與四庫本合。

〔註379〕應為杜正藏，其本傳附於兄杜正玄傳之內。

〔註380〕晁書卷二云：「《漢武故事》二卷。右世言班固撰；唐‧張柬之書《洞冥記》後云『漢武故事王儉造』」。金批此注又見章書卷十三頁46-2「漢武洞冥記一卷」條。

《〔新〕唐志》：三卷。〔註381〕

賈勰《齊民要術》引漢武故事王母種桃事。

《珠林》四十九卷引：「西王母降當〔註382〕燒兜末香。」

《史記・封禪書》索隱引《漢武故事》：「作延壽觀，高三十丈。」

洪芻《香譜》引：西王母降，上燒兜木香〔註383〕。

頁 1-2

洪芻《香譜》引〈魏武上雜物疏〉曰：「御物三十種，有純金香爐一枚。」

《拾遺記》云：「國史撰《任城王舊事》三卷，晉初藏於祕閣。」

漢章帝化注列《三輔故事》石渠閣在未央殿，此藏祕書之所。〔註384〕

凡六事。

頁 2-1

摯虞《決疑要注》。《王粲傳》注。〔註385〕

頁 2-2（無）

頁 3-1（無）

頁 3-2（無）

頁 4-1（無）

頁 4-2（無）

頁 5-1（無）

頁 5-2（無）

頁 6-1（無）

〔註381〕《新唐志》仍作二卷，金批誤。

〔註382〕降當：應作當降。

〔註383〕兜木香：應作兜末香。

〔註384〕疑引自《後漢書・孝章帝紀》。

〔註385〕《三國志・魏志》。

頁 6-2

陸羽《茶經》引《晉四王起事》：「惠帝蒙塵還洛陽黃門，以瓦盂盛茶上至尊。」

頁 7-1

《〔舊〕唐志》作應德詹撰。〔註386〕

洪芻《香譜》引《東宮故事》曰：「皇太子初拜有銅博山香爐。」

頁 7-2（無）

頁 8-1（無）

頁 8-2

傅暢《晉公卿禮秩故事》。《傅龈傳》注。〔註387〕

《南齊書・蘇侃傳》云：「侃事上既久，備悉起居，乃與丘巨源撰蕭太尉記，載上征伐之功。」

頁 9-1

《隆安故事》。　《宋書》約〈自序〉。　「高素於山陰回踵埭執穆夫。」

《隋書・禮志》引：「《晉咸寧四年故事》，衣色用玄，改用紺。舊章用織成，降以繡。玉具劍，故事以火珠鏢首，改以白珠。」

《隋書・禮志》引《宋孝建故事》：皇太子金章龜鈕，「亦謂之璽」。

《皇儲故事》二卷。〔註388〕

頁 9-2（無）

頁 10-1

《梁書》：蕭子雲撰《東宮新記》二十卷。

《蕭子顯傳》：撰「《普通北伐記》五卷，《貴儉傳》卅卷。」

《王僧孺傳》：尚書王晏使僧孺撰《東宮新記》。

〔註386〕章宗源作「桓元偽事」，《舊唐志》作「桓公偽事」，不知何者為正。

〔註387〕《三國志・魏志》。

〔註388〕《隋志》。

《何思澄傳》：撰《東宮新舊記》三十卷。

《南史·劉杳傳》：有「《東宮新舊記》三十卷」。

頁 10-2

《華陽國志》：陳壽著《古國志》五十篇，張華表令次定《諸葛亮故事》，集為二十四篇，時壽良亦集，故頗不同。

頁 11-1（無）

頁 11-2（無）

頁 12-1

《隋書·禮志》引《漢雜事》曰：遠遊冠「太子諸王服之。」

《太平廣記》引《史系》云：天監五年，丹陽得瓦物。沈約云：東夷罌盂也。語在江右雜事。

又「異人類」引《梁四公記》。

又引《渚宮舊事》。

《雲仙雜錄》引《宣武盛事》云：「戴宏正每得密友一人，則書於編簡，焚香告祖考，號為金蘭簿。」

又云：「順宗時，劉禹錫干預大權，門吏接書尺，日數千，禹錫一一報謝，綠珠盆中日用麪一斗，為糊以供緘封。」

又云：「宣武判官洪子昇延嵩山鍊師在宅，值大雨堦庭彌滿，師取重黎盞酌水不滿盂，而庭砌隨已乾。」

頁 12-2

《宋書·禮志》引傅暢故事兩條，皆儀注也。

《茶經》引《晉中興書》晉中興書陸納設茶果事。

卷十　職官

頁 1-1

<u>《百官志》引有《胡廣漢制度》。</u>　見後。〔註389〕

《後漢‧百官志》引王隆《小學漢官篇》曰：「調均報度，輸漕委輸。」
又「樹栗、掎、桐梓」。

<u>《唐志》作《漢官解故事》三卷。</u>〔註390〕

頁 1-2

《魏書‧子思傳》：「案舊事，御史中尉逢臺郎於複道，中尉下車執板，郎
中車上舉手禮之。」云事出《蔡氏漢官》。

又《宋書‧禮志》：「漢世朝臣見三公，並拜。丞、郎見八座，皆持板揖，
事在《漢儀》及《漢舊儀》。」《漢儀》即蔡質之《漢官儀》。

《宋書‧禮志》引應劭《漢官》：「明帝永平七年，光烈陰皇后葬，魂車，
鸞路青羽蓋，駕駟馬，旂九旒，前有方相。鳳皇車，大將軍妻參乘，太僕妻、
御女騎夾轂。」

又有侍臣加貂蟬，應曰：「說者以金取堅剛，百鍊不耗。蟬居高飲絜，口
在掖下。貂內勁捍而外溫潤。」非因物生戰。

《宋書‧樂志》引：「應劭《漢鹵簿圖》：『唯有騎執箛。箛即笳。』」

又引《漢舊箏》、《笛錄》、《長簫短簫伎錄》、《建初錄》、《景祐廣樂記》。

劉昭《禮儀志》注多引《漢舊儀》，略載前漢壽陵事。

《魏志‧應瑒傳》注引：劭又著《中漢輯敘》、《漢官儀》及《禮儀故事》
凡十一種百卅六卷。

頁 2-1

<u>《漢書》諸引《漢舊儀》皆蔡質《漢儀》，《百官志》引可證，亦有前引《舊</u>
<u>儀》及《漢儀》者，或為兩書，而撰出一人。</u>

劉昭《禮儀志》引《漢官名秩》曰：「賜太尉、將軍各六十匹，……武官

〔註389〕卷十一頁 9-2。

〔註390〕漢官解故事三卷：點校、四庫本均無作「漢官解故事」者，姚振宗《隋書經
籍志考證》卷十七「漢官解詁三篇」條云「《唐書‧經籍志》：《漢官解故事》
三卷」，疑出姚書。

—226—

倍於文官。」

　　《漢・百官志》又引作《漢官秩》，應劭《漢官秩》當是一書。

頁 2-2（無）

頁 3-1

　　《隋書・禮志》引《晉公卿禮秩》云：「尚書令韜，黑耳後戶。」

頁 3-2

　　《宋職官記》九卷、《晉百官儀服錄》五卷、《大興二年定官品事》五卷、《百官品》九卷，亡。

頁 4-1

　　劉昭《禮儀志》注引丁孚《漢儀》：靈帝葬馬貴人贈步搖事。

頁 4-2

　　《唐律疏義》引：「《齊職儀》曰：大理，古官也，唐虞以皋陶作士，理官也。」〔註391〕

　　《南齊書・百官志》：「蔚宗選簿梗槩，欽明。」

　　梁有王珪之《齊儀》四十九卷，亡。

　　《齊職儀》五卷。

頁 5-1

　　《南齊書》云：「蔚宗選《簿》梗槩，欽明階次詳悉，虞通、劉寅因荀氏之作，矯舊增新。」　此數書皆不見著錄。

　　范曄撰。《新志》：王珪之《齊職官儀》五十卷。〔註392〕

〔註391〕此條齊職儀，與點校本同，四庫本儀作議；皋陶，與四庫本同，點校本無皋字，未知所據確為四庫本。

〔註392〕章書「《齊職儀》五十卷……王珪之撰」條云「《唐志》作『齊職官儀』」。金批刪「官」字為「齊職儀」，增「范曄撰」三字。「齊職儀」者，《舊唐志》有「《齊職儀》五十卷，范曄撰」，唯點校本卷四十六考證：「按：范曄受誅於宋元嘉二十二年，不應著述《齊職儀》也。《新書》作王珪之合。」「齊職官儀」者，《新唐志》有「王珪之《齊職官儀》五十卷」。金批意在區分兩《唐志》所作各有不同。

《梁勳選格》一卷。〔註393〕

頁 5-2

作《梁選簿》。〔註394〕

《梁官品格》一卷。〔註395〕

《〔舊〕志》作陶藻。彥藻，三十六卷。〔註396〕

《新定將軍名》一卷。　《吏部用人格》一卷。〔註397〕

頁 6-1

《百官春秋》二十卷。〔註398〕

頁 6-2

《剡錄》引：「《百官名》曰三公拜賜貔皮一。」〔註399〕

頁 7-1

《新唐志》有《百官名》十四卷，不著撰名。又有《宋百官春秋》六卷。郎楚之《隋官序錄》十二卷。

未見。〔註400〕

〔註393〕　《隋志》。

〔註394〕　章書「《梁選部》三卷，徐勉撰」條，金批從《隋志》改「部」為「簿」，唯章書已自注云「簿，刊本或作部，訛」，疑刊刻時仍未查而誤。又該條云「《唐志》：三卷。」金批從兩《唐志》下增「作《梁選簿》」四字。按：此書《隋志》與兩《唐志》著錄之書名、卷數與作者均相同。

〔註395〕　《隋志》。

〔註396〕　章書「《職官要錄》三十卷，陶藻撰」條，下云「《唐志》作陶彥藻，三十六卷。」金批處有三：其一，於「唐」字上增一「新」字。其二：刪去「彥」、「六」二字。其三：旁批「志作陶藻……」共十字。按《隋志》：「《職官要錄》三十卷，陶藻撰」。《舊唐志》：「《職官要錄》三十卷，陶藻撰」。《新唐志》：「陶彥藻《職官要錄》，三十六卷」。則金批應從《舊唐志》刪字，然上增「新」字卻與之矛盾，與「志作陶藻……」連讀亦與兩《唐志》所作不符，疑金批未查而自致矛盾。

〔註397〕　《隋志》。

〔註398〕　《隋志》。

〔註399〕　此條文淵、文瀾四庫本俱無，金批引《剡錄》應非四庫本。

〔註400〕　章書「晉百官名三十卷」條下云「《新唐志》：十四卷，《舊唐志》：四十卷」。檢《舊唐志》有「《百官名》四十卷」，《新唐志》有「《百官名》十四卷」，百字上俱無晉字，唯卷數與來源俱與章書合，則不知金批云「未見」何故耳。

　　《司馬朗傳》注：趙「咨字君初，子酆字子，晉驃騎將軍，封東平陵公。並見《百官名志》」。〔註401〕

頁 7-2（無）

頁 8-1（無）

頁 8-2（無）

頁 9-1（無）

頁 9-2（無）

頁 10-1

　　《魏書·郭祚傳》：祚奏言「考察令：公清獨著，德績超倫而無負殿者為上上，一殿為中上〔註402〕，二殿為上下，累計八殿品降至九」。

　　《魏書·禮志》：「先朝祀堂令云：『廟皆四栿五架，北廂設座，東昭西穆。』」〔註403〕

　　《魏書·禮志》引：「《晉官品令》：『所制九品皆正無從，故以第八品準古下士。』」

頁 10-2（無）

頁 11-1

　　《大建〔註404〕十一年百官簿狀》二卷。　《職員舊事》三十卷。〔註405〕荀綽《晉百官表注》。《後漢·百官志》注。

　　《梁書·裴子野傳》：撰《百官九品》二卷。

　　北魏：《職員令》二十一卷。

　　見《魏書·孝文紀》。　又謂之職令。

　　《宗室子思傳》：「尋職令云：『朝會失時，即加彈糾。』」

〔註401〕《三國志·魏志》。
〔註402〕中上：應作上中。
〔註403〕座，點校本作坐，四庫本同；栿，四庫本作栱，點校本同。
〔註404〕大建：點校本作太建，金批與四庫本合。
〔註405〕俱出《舊唐志》。

又：「御史令云：『中尉督司百僚；治書侍御史糾察禁內。』又云：『中尉出行，車輻前驅，除道一里，王公百辟避路。』」

《禮志》云：「今皇朝官令皆有正從，若以其員外之資，為第十六品也。」

頁 11-2（無）

卷十一　儀注

頁 1-1

《酉陽雜俎》引：「《漢舊儀》：『將作營陵地內，方石外……設伏弩、伏火、弓矢與沙。』」

《宋書‧禮志》每引《漢儀》桃卯禳惡，未知即此否。

「立秋日，郊禮畢，始揚威武，斬牲於郊，以薦陵廟，名曰貙劉。」

五供畢則上陵。

「宗廟太尉亞獻，光祿三獻，則漢儀也。」

《宋書‧禮志》云：「漢世朝臣見三公，並拜。丞、郎見八座，皆持板揖，事在《漢儀》及《漢舊儀》。」是《漢儀》別一書。

又云：「陳蕃為光祿勳，范滂為主事，以公儀詣蕃，皆〔註406〕執板入閣，至坐，蕃不奪滂板，滂投板振衣而去。郭泰責蕃曰：『階級言之，滂宜有敬；以類數推之，至閣宜省。』然後敬止在門，其來久矣。」

《宋書》引《漢儀》，當足蔡質《漢官儀》。

《史記‧封禪書》索隱引《漢舊儀》云：「伏者，萬鬼行，故閉畫日不干求也。」

又云「祭人先於隴西西縣人先山，山上有土人，山下有畤，如種韭畦〔註407〕，畤中各二土封。」

「祭四瀆用三牲，圭沈，有車馬紺蓋」〔註408〕

「祭參、辰於池陽谷口，夾道左右為壇也」

「五年，脩復周家舊祠，祀后稷於東南，為民……（接下頁天頭處）

〔註406〕皆：點校本無此字，金批與四庫本合。
〔註407〕如種韭畦：點校本作埒如菜畦，金批與四庫本合。
〔註408〕三牲，點校本作三正牲；圭沈，點校本作沈圭，金批與四庫本合。

洪芻《香譜》引應劭《漢官儀》侍女給使護衣事。

又引《漢官典職》：「尚書郎懷香握蘭，趨走丹墀。」

梁有衛敬仲《漢中興儀》一卷，亡。

《〔新〕唐志》同。

《晉書‧禮志》引咸寧注詳《元會儀》，應別此。

又「荀顗等所定新禮，遣將，御臨軒，尚書受節鉞。」

《晉雜儀注》十一卷。〔註409〕

頁 1-2

（續上頁天頭處）……祈農報厥功。」

「元年祭天，二年祭地，三年祭五時。三歲一遍，皇帝自行也」

《硯譜》引：「《晉儀注》：太子納妃有漆硯。」

《晉書‧禮志》：「寧康二年七月，簡文帝崩再周而遇閏。謝攸、孔粲議……附正於前月。」得吳商議百官議閏之後月有徐廣論禮，疑後書一條恐屬此書序文。

《〔舊〕唐志》同。〔註410〕

頁 2-1

《隋書‧樂志》云：「齊氏承宋，咸用元徽舊式，……唯北郊之禮，頗有增益。皇帝入壇門，奏《永至》；飲福酒，奏《嘉胙》；太尉亞獻，奏《凱容》；埋牲，奏《隸幽》；帝還便殿，奏《休成》；眾官並出，奏《肅成》。此乃元徽所闕，永明六年所加也。」

則《通典》之《嘉胙》、《肅成》皆齊樂也，列作元徽誤。〔註411〕

《梁書‧劉之亨傳》：「召諸儒參錄《長春義記》。」

《簡文紀》：撰《長春義記》壹百卷。

《東宮儀記》，《昭明太子傳》引一條。〔註412〕

《昭明傳》：「舊制，太子著遠遊冠，金蟬翠緌纓。」〔註413〕

〔註409〕《隋志》。

〔註410〕章書已云「《唐志》作『甲辰儀注』」。

〔註411〕《通典》卷一百四十二所云與《隋書‧禮志》同，唯同卷又云「宋元徽三年儀注奏《嘉胙》，至齊不改」，金批所指應為後者行文。

〔註412〕《梁書》。

〔註413〕《梁書》。

　　《〔舊〕唐志》有《雜儀注》一百八卷。

　　當作「嘉祚」，《隋志》不誤。

　　《隋書・樂志》引《元徽儀注》四條與此大同，惟牲出入奏《引牲》，眾官出入奏《肅咸》，樂與此異，當是《通典》之誤。〔註414〕

　　《舊志》：二十二。〔註415〕

頁2-2

　　梁簡文撰《長春宮義記》。一百卷，隋未入經類。〔註416〕

　　《陳書・沈文阿傳》。

　　梁簡文在東宮「撰《長春義記》，多使文阿撮異聞以廣之。」

　　《徐陵傳》：為《長春殿義記》序。

　　《隋書・天文志》云：「梁武帝於長春殿講義，別擬天體，全同周髀之文。」

　　《隋書・陸爽傳》：與「宇文愷等《東宮典記》七十卷。」

頁3-1

　　《隋書・禮志》引：「《陳制》：『先元會十日，百官並習儀注，令僕已下，悉公服監之。設庭燎，街闕、城上、殿前皆嚴兵，百官各設部位而朝。宮人皆於東堂，隔綺疏而觀。宮門既無籍，外人但絳衣者，亦得入觀。是日，上事人發白獸樽。』」

　　《隋書・樂志》：《齊儀》六條，前上引送神之樂，改奏《昭夏》。

　　《隋書・禮志》引《東宮元會儀》：「太子升崇正殿，不欲東西階。……請自今東宮大公事，太子升崇正殿，並由阼階。」

　　亦見《隋書・樂志》。

頁3-2

　　《宋書・禮志》：「元嘉二十年太祖將親耕，……使何承天撰定儀注。史學

〔註414〕《通典》與《隋書・樂志》均作降神及迎送奏《昭夏》、牲出入奏《引牲》、眾官出入奏《肅咸》，而章書云「《通典》樂門：牲出入奏《昭夏》」，金批云「樂與此異」，疑章書與金批均誤讀。又《隋書・樂志》引《元徽儀注》係六條，非四條。

〔註415〕《舊唐志》：「《東宮儀記》二十二卷，張鏡撰」。東上無宋字。

〔註416〕應作《長春義記》，宮字衍。《隋志》與兩《唐志》均入經部。

生山謙之已私鳩集，因以奏聞。……於是斟酌眾條，造定圖注。」

《宋書‧禮志》：「皇后著十二笄……依漢魏故事。」十二鑷即十二笄矣。
〔註417〕

頁4-1

《宋書‧禮志》：「袁粲草定其儀。〔註418〕皇后采桑壇在蠶室西，帷宮中門之外，桑林在其東，先蠶壇在宮外門之外而東南。取民妻六人為蠶母。」

頁4-2

《隋書‧禮志》引：「《陳制》：『明堂殿屋十二間。中央六間，依齊制，安六座。四方帝各依其方，黃帝居坤維，而配饗坐依梁法。武帝時，以德帝配。文帝時，以武帝配。廢帝已後，以文帝配。牲以太牢，粢盛六飯，鉶羹果蔬備薦焉。」

《隋書‧禮志》引：「明山賓制儀注，明堂祀五帝，行禮先自赤帝始。」
亦見《隋書》。

《樂志》：蓋「詔尚書左丞劉平、儀曹郎張崖定」也。「改天嘉中所用齊樂，盡以『韶』為名。」〔註419〕

頁5-1

《南齊儀注》二十八卷。〔註420〕

頁5-2

《隋書‧禮》注引：「《梁儀注》曰：『一獻為質，三獻為文。祀〔註421〕天之事，故不三獻。』」

「梁武帝議，箕、畢自是二十八宿之名，風師、雨師自是箕、畢下隸，非即星也。」此當亦儀注之文。

〔註417〕《宋書‧禮志》：「《晉先蠶儀注》：皇后十二鑷。」
〔註418〕袁粲：點校本出校記云：「應作成粲……按袁粲，宋孝武、明帝時人，豈能在晉武帝太康時儀定躬蠶儀，大誤。《晉書‧禮志》、《元龜》五七二作成粲。」
〔註419〕《隋書》。
〔註420〕《新唐志》。
〔註421〕祀：應作事。

明堂儀注猶云衮冕。〔註422〕

舊明堂儀「祀五帝，先酌鬱鬯，灌地求神，及初獻清酒，次酳終酳。禮畢，太祝取俎上黍肉，當御前以授。」

頁 6-1

《梁書・江蒨傳》：「蒨好學，尤悉朝儀故事，撰《江左遺典》三十卷，未就，卒。」

<u>王逸《齊典》四卷。《新唐志》。</u>

邱仲孚撰《南宮故事》百卷、《尚書具事雜儀》。〔註423〕

<u>嚴植之撰。</u>〔註424〕

<u>《舊志》作《大行皇后崩儀注》一卷。</u>〔註425〕

《陳書・劉師知傳》云：「梁昭明太子薨，成服俠侍之官，悉著縗斬，唯著鎧不異。」

《雜凶禮》四十二卷。〔註426〕

頁 6-2 〔註427〕

《陳書・劉師知傳》：「按王文憲《喪服明記》云：『官品第三，侍靈人二十。官品第四，下達士禮，侍靈之數，並有十人。皆白布袴褶，著白絹帽。內喪女侍數如外，而著齊縗。』」 又云「梁昭明儀注今則見存」。

《梁書・何胤〔註428〕傳》：撰「《禮記隱義》二十卷，《禮答問》五十五卷」。不載此書，或即在問答之內。

〔註422〕 《隋書・禮志》：「舊齊儀，郊祀，帝皆以衮冕。至天監七年，始造大裘，而明堂儀注猶云衮服。」天監（503～519），為梁朝第一個年號。
〔註423〕 《梁書》、《南史》俱有。
〔註424〕 章書據《舊唐志》，金批據《新唐志》補。
〔註425〕 章書：「《梁大行皇帝皇后崩儀注》一卷。不著錄。見《唐志》。」金批有三：其一，補一「新」字於「唐」字上。其二，刪「皇帝」二字。其三，批校「《舊志》作《大行皇帝皇后崩儀注》一卷」共十四字，又自刪「皇帝」二字。檢兩《唐志》，章書行文係據《新唐志》「《梁大行皇帝皇后崩儀注》一卷」，內容均無誤。《舊唐志》著錄者少「皇帝」二字，金批應欲在區分兩《唐志》著錄不同，唯不慎自致矛盾耳。
〔註426〕 《隋志》。
〔註427〕 此面有「《政典十卷》」條，金批改典為禮，是也。
〔註428〕 胤：金蓉鏡手書缺末筆，為避諱耳。

《陳尚書雜儀注》五百五十卷。〔註429〕

頁 7-1

《魏書·郭祚傳》:「詔祚與……黃門參議刊正。故事,令、僕、中丞騶唱而入宮門,至於馬道。及祚為僕射,以為非盡敬之宜,……下詔:『御在太極,騶唱至止車門;御在朝堂,至司馬門。』騶唱不宮〔註430〕,自此始也。」

《陳軍禮》六卷。　《陳嘉禮》一百二卷。〔註431〕

《後齊儀注》二百九十卷。　《雜嘉禮》三十八卷。〔註432〕

三十二卷。〔註433〕

頁 7-2〔註434〕

見《新志》。

趙彥琛撰。

〔兩〕《唐志》:賈冠《國親皇太子親傳》四卷。

頁 8-1

《梁書·沈約傳》:《謚例》十卷。

頁 8-2

《晉書·禮志》:衛「顗為百六十五篇,篇為一卷」。摰虞「陳明堂五帝、二社六宗及吉凶王公制度,凡十五篇。有詔可其議。」

《禮儀制度》十三卷,王逡之撰。〔註435〕

頁 9-1（無）

〔註429〕《隋志》。

〔註430〕不宮:應作不入宮。

〔註431〕《隋志》。

〔註432〕《隋志》。

〔註433〕《後魏儀注》,《舊唐志》作三十二卷。《隋志》與《新唐志》作五十卷。

〔註434〕此面「《北齊皇太后喪禮》十卷」條,金蓉鏡改「后」為「子」。《舊唐志》有「《北齊王太子喪禮》十卷,趙彥琛撰」,《新唐志》有「《北齊皇太后喪禮》十卷」,則是二書,金批逕改字不甚恰當。

〔註435〕《隋志》。

頁 9-2

《新唐志》：周遷：十卷；蕭子雲：二十卷。

《文昌雜錄》引：「周遷《輿服雜事》云：『趙武靈王緩胡之縷戎，服有袴褶之制，始有漢武。』」

頁 10-1

〈上林賦〉注引：「《中朝鹵簿圖》云：『雲罕駕駟』，不兼言九旒。」

《輿服志》引應劭《漢官鹵簿圖》曰：「乘輿大駕，則御鳳皇車，以金根為列。」〔註436〕

《鹵簿儀》二卷。 《陳鹵簿圖》一卷。 《齊鹵簿儀》一卷。 《諸衞左右廂旗圖樣》十五卷。〔註437〕

頁 10-2

《晉書·禮志》云：杜預有心喪終制議，令博士段暢「撰集書傳舊文……博舉二隅，明其會歸，以證斯事。」

頁 11-1

《宋長沙檀太妃薨弔答書》十二卷。〔註438〕

頁 11-2

《〔新〕唐志》又有《皇室書儀》七卷。

《書儀疏》一卷，周捨撰。 《新儀》三十卷，鮑泉撰。 《文儀》二卷，梁修端撰。 《趙李家儀》十卷，錄一卷，李穆叔撰。〔註439〕

《隋書·禮志》引王儉《古今集記》心制一條事，非吉儀。

頁 12-1

《言語儀》十卷。 《嚴植之儀》二卷。 《邇儀》四卷，馬樞撰。 《婦人書儀》八卷。 《僧家書儀》五卷，釋瑗曇〔註440〕撰。 《要典雜事》五

〔註436〕《後漢書》。
〔註437〕《隋志》。
〔註438〕《隋志》。
〔註439〕《隋志》。
〔註440〕釋瑗曇：應作釋曇瑗。

十卷。〔註441〕

　　《新唐志》有《謝允書儀》二卷。

　　〔兩〕《唐志》:《婦人書儀》八卷,唐瑾撰。

　　《梁書・鮑泉傳》:「泉於儀禮尤明,撰《新儀》四十卷。」

　　《宋書・禮志》云:「何禎〔註442〕冠儀約制及王堪私撰冠儀,亦家人之可遵用者也。」

　　《宋書・禮志》:「魏初則王粲、衞覬典定眾儀;蜀朝則孟光、許慈創理制度;晉始則荀顗、鄭……定晉禮;江左則荀崧、刁協緝理乖紊。」

　　王准之撰《儀注》,朝廷今遵用之。〔註443〕

　　《隋書・禮志》云:「周人立廟……無處置之文。據冢人處職而言〔之〕,先王居中,以昭穆為左右。阮忱撰《禮圖》,亦從此議。」

頁 12-2(無)

　　第三冊完。

卷十二　刑灋

頁 1-1

　　《孔稚珪傳》:「廷尉。江左承用晉時張杜律二十卷。」……永明七年,「王植撰定律章,……張斐、杜預同注一章,而生殺永殊。……削其煩害,錄其允衷。取張注七百三十一條,杜注七百九十一條。或二家兩釋,於義乃備者,又取一百七條。其注相同者,取一百三條。集為一書。凡一千五百三十二條,為二十卷。……九年,稚珪表上……律文二十卷,錄敘一卷,凡二十一卷。」

　　云「今律〔文〕雖定,必須用之;用失其平,不異無律。律書精細,文約義〔註444〕廣,疑似相傾,故誤相亂,一乖其綱,枉濫橫起。」〔註445〕

〔註441〕俱出《隋志》。

〔註442〕點校本出校記云:「『何楨』各本並作『何禎』。按《北堂書鈔》七二引虞預《晉書・何楨傳》云:『楨字元幹。』則『禎』當作『楨』。」

〔註443〕《宋書・王准之傳》。

〔註444〕義:應作例。

〔註445〕《南齊書》。

《後魏書‧刑罰志》:「于定國為廷尉,集諸法律,凡九百六十卷,大辟四百九十條,千八百八十二事,死罪決比,凡三千四百七十二條,諸斷罪當用者,合二萬六千二百七十二條。」

《後漢書》注引《東觀記》云:鮑「昱奏定《辭訟》七卷,《決事都》八卷,以齊同法令,息遏人訟也。」

《陳寵傳》:「寵為昱撰辭訟比七卷,決事科條,皆以事類相從。昱奏上之,其後公府奉以為法。」

此門攷訂甚疏,前撴史文補列之。

《應劭傳》云:「撰《具律本章句》、《尚書舊事》、《廷尉板令》、《決事比例》、《司徒都目》、《五曹詔書》及《春秋斷獄》凡二百五十篇。……又集《駁議》三十篇。」〔註446〕

頁 1-2（無）

頁 2-1（無）

頁 2-2

《後魏書‧刑罰志》:「魏武帝造甲子科條,犯鈇左右趾者,易以斗械。明帝改士民罰金之坐,除婦人加笞之制。」

《魏志‧劉劭傳》:「與議郎庾嶷、荀詵等定科令,作〈新律〉十八篇,著《律略論》。」 「都官考課七十二條。」 「〈說略〉一篇。」

頁 3-1

《南齊書‧孔稚珪傳》:永明「七年,尚書刪定郎王植〔註447〕撰定律章……取張注七百三十一條,杜注七百九十一條。或二家兩釋,於義乃備者,又取一百七條。其注相同者,取一百三條。集為一書。凡一千五百三十二條,為二十卷。……至九年,稚珪上表云:『……使兼監臣宋躬、兼平臣王植等抄撰同異,定其去取。……律文二十卷,錄敘一卷,……（接下頁地腳處）

〔註446〕《後漢書》。
〔註447〕王植:南齊永明年間王氏刪定律章一事,王氏其名頗為不一,《南齊書》、《南史》、《資治通鑑》作「王植」;《隋書》、《通典》、《通志》作「王植之」;《文獻通考‧刑考》則是兩者混用,則其名流傳不一耳。

頁 3-2

《梁科》二卷，蔡法度撰。見〔兩〕《唐志》。

《隋書·刑法志》：「表上新律，又上《令》三十卷，《科》三十卷。」

（續上頁地腳處）……凡二十一卷。」是永明兩次定律，始定於王植，繼成於稚圭。

頁 4-1

《北齊令》八卷，見《〔舊〕唐志》。

《隋書·刑法志》云：「遇赦降死者，黥面為劫字。」〔註448〕

《隋書·刑法志》：「河清三年，尚書令、趙郡王叡等，奏上〈齊律〉十二篇，……《新令》四十卷，大抵採魏、晉故事。……別制《權令》二卷，與之並行。」

頁 4-2

《洛陽伽藍記》：永熙中，「皇居徙鄴，民訟殷繁，前格後詔，自相與奪，法吏疑獄，簿領成山。乃勑子才與散騎常侍溫子升撰〈麟趾新制〉十五篇。」

《竇瑗傳》注：「在平州日，蒙班〈麟趾新制〉，……有若三章。……伏讀至三公曹第六十六條，母殺其父，子不得告，告者死。」〔註449〕

《陳令》三十卷，范泉等撰。見《〔舊〕唐志》。

《隋書·刑法志》：「建德六年，齊平後，……為刑書要制。……大象元年，……又廣刑書要制，……謂之刑經聖制。……隋高祖為相，又行寬大之政〔註450〕，刪略舊律，作刑書要制。」事皆周代，兩齊不涉。

《隋書·刑法志》：「文宣天保元年，始命羣官刊定魏朝《麟趾格》。」

《隋書·刑法志》：「范泉參定律令。……沈欽……徐陵……宗元饒……賀朗參知其事，制律三十卷，令律四十卷。採酌前代，條流冗雜，綱目雖多，博而非要。其制唯重清議禁錮之科。……自餘篇目……一用梁法。」又主測立注。

頁 5-1

《隋書·刑法志》：「趙肅為廷尉卿，撰定法律。肅積思累年，遂感心疾而

〔註448〕章書「梁律二十卷」條自注：「《酉陽雜俎》續集黥篇……凡囚未斷，先刻面作劫字」，金批另引他書用以補充類似事件。

〔註449〕《魏書》。

〔註450〕政：應作典。

死。乃命司憲大夫託拔迪掌之。至保定三年……乃就，謂之大律，凡二十五篇，……大凡定罪一千五百三十七條。……比於齊法，煩而不要。……建德六年……為刑書制要〔註451〕。……大象元年，……廣刑書制要〔註452〕，……謂之刑經聖制。」

頁5-2

《隋書・刑法志》：「開皇元年〔乃〕詔……高熲……等更定新律，三年……又勅蘇威、牛弘等，更定新律。除死罪八十一條，流罪一百五十四條，徒杖等千餘條，定留唯五百條。凡十二卷。一曰名例，二曰衛禁，三曰職制，四曰戶婚，五曰廄庫，六曰擅興，七曰賊盜，八曰鬥訟，九曰詐偽，十曰雜律，十一曰捕亡，十二曰斷獄。自是刑網簡要，疏而不失。」

《隋書・刑法志》：大業「三年，新律成，凡五百條，為十八篇。……謂之大業律：一曰名例，二曰衛宮，三曰違制，四曰請求，五曰戶，六曰婚，七曰擅興，八曰告劾，九曰賊，十曰盜，十一曰鬥，十二曰捕亡，十三曰倉庫，十四曰廄牧，十五曰關市，十六曰雜，十七曰詐偽，十八曰斷獄。其五刑之內，降從輕典者，二百餘條。」

頁6-1

《魏書・臨淮王孝友傳》云：「晉令：諸王置妾八人，郡公、侯妾六人。官品令：第一、第二品有四妾，第三、第四有三妾，第五、第六有二妾，第七、第八有一妾。」

《穆崇傳》云：「晉令有朔望集公卿於朝堂而論政事。」

頁6-2（無）

頁7-1

《律》二十卷。〔註453〕

〔註451〕制要：應作要制。
〔註452〕制要：應作要制。
〔註453〕章書「《北齊令》八卷」條下云「《唐志》八卷」。金批增「令」字於「八」字上。檢《舊唐志》有「《北齊律》二十卷，趙郡王叡撰。 《北齊令》八卷」因章書已據《唐六典》作《北齊令》八卷作者亦趙郡王叡，故表意為「令八卷、律二十卷」耳。

頁 7-2

應劭〔註454〕《律略論》五卷，亡。

頁 8-1（無）

頁 8-2

《魏志·劉劭傳》：著《律略論》，又有〈說略〉一篇。

頁 9-1（無）

頁 9-2

《漢書·藝文志》注引：「漢名臣奏唐林請省置吏，公卿大夫至都官稗官各減什三。」

《後漢·五行志》注引：「李氏家書，司空李郃上書。」

頁 10-1（無）

頁 10-2

《崔林傳》注引《魏名臣表》。〔註455〕

《宋書》引作「魏臺雜訪」，無儀字，是亦儀注類。

《隋書·禮志》引：「《魏臺訪議》曰：『弁天子〔註456〕以五采玉珠十二飾之。』」

頁 11-1

《晉雜制》六十卷。　《晉刺史六條制》一卷。　《齊五服制》一卷。　《陳新制》六十卷。〔註457〕

頁 11-2

《新志》有《廷尉雜詔書》二十六卷。《晉令》四十卷。《條鈔晉宋齊梁律》

〔註454〕應劭：點校本出校記云：「據《魏志·劉邵傳》及《舊唐志》上、《新唐志》二，應作『劉劭』。」
〔註455〕魏名臣表：點校本作魏名臣奏，金批與四庫本合。出《三國志·魏書》。
〔註456〕弁天子：應作天子，弁字疑衍。
〔註457〕《隋志》。

二十卷。《麟趾格》四卷，文襄帝時撰。《張斐律解》二十卷。《高頴隋律》十
二卷。《大業律》〔註458〕十八卷。

  《魏書・孝文紀》：太和十一年〔註459〕「作《職員令》二十一卷。」

  又《元子思傳》引《職令》、《御史令》各一條。

  又《南安王子英傳》引《學令》：「諸州郡學生，三年一校所通經數，因正
使列之。」

卷十三 雜傳

頁 1-1

  《太平廣記》卷四百十八卷引《梁四公記》。

  《金樓子》：齊卞彬為《禽獸決錄》，皆斥貴勢。〔註460〕

  劉劭《人物志》三卷。〔註461〕

  唐人侯味虛有《百官本草》，賈言忠撰《監察本草》，〔註462〕亦《禽獸決
錄》之類。

  《博物志》卷七引《徐偃王志》。

  任昉《述異記》下：潘安仁《公主峯記》。

  趙德麟《侯鯖錄》云：「朱虛侯撰《百官本草》。」

  張晞《河東先賢傳》。〔註463〕

  《蘇氏演義》卷下：「隋侯白，字君素，魏郡鄴人……撰《酒律笑林》，人
皆傳錄。」

  《齊民要術》卷十引：「《吳氏本草》曰：龍眼，一名益智，一名比目。」
「桂，一名止唾。」

  卷三引：「《吳氏本草》曰〔註464〕：芥蒩，一名水蘇，一名勞咀。」

〔註458〕 大業律：應作隋大業律。

〔註459〕 十一年：應作十七年。

〔註460〕 《金樓子》云出《太平御覽》卷八百八十九。

〔註461〕 《隋志》與兩《唐志》均同。

〔註462〕 《稗海・野客叢書》卷三十〈僮約香方〉又作「唐・侯味虛作《百官本艸》，
     賈志忠作《御史本艸》」。

〔註463〕 疑出《經義考》卷十三。

〔註464〕 曰：應作云。

卷四引：「《吳氏本草》曰：金創，乳婦，不可食梨。」

崔瑗撰《南陽文學官志》，稱於後世。〔註465〕

《文選》注引《三輔三代舊事》。

頁 1-2（無）

頁 2-1

《郡國志》引：「決錄注曰：『孝文竇皇后父隱身漁釣，墜淵而卒。景帝立，后為太后，遣使者更填父所墜淵而葬，起大墳于縣城南，民號曰竇氏青山。』」

《百官志》引：「決錄注曰：『故事尚書郎以令史久缺補之，世祖始改用孝廉為郎，以孝廉丁邯補焉。』」〔註466〕

范仲公亦見《齊東野語》引。

頁 2-2

《袁紹傳》注引：「《海內先賢傳》曰：『韓融字元長，潁川人。』」〔註467〕

《先賢集》三卷。〔註468〕

頁 3-1

《荀彧傳》注引：「《先賢行狀》（曰）：『豐字元皓，鉅鹿人。天姿瓌傑，權略多奇。』許攸字子遠。」〔註469〕

《袁紹傳》引審配曰：狗輩自汝曹破冀州。〔註470〕

韓「珩字子佩，代郡人，清粹有雅量。」〔註471〕

韓「嵩字德高，義陽人。」〔註472〕

審「配字正南，……少忠烈慷慨。」〔註473〕

〔註465〕此條出《冊府元龜》卷八三七。
〔註466〕二條均出《後漢書》。
〔註467〕《後漢書》。
〔註468〕《隋志》。
〔註469〕《後漢書》。
〔註470〕《後漢書》、《三國志》同。
〔註471〕《後漢書》、《三國志》同。
〔註472〕此條於《三國志》屬劉表傳下，非袁紹傳。
〔註473〕《後漢書》。

「紹謂逢紀曰：冀州人聞吾軍敗，皆當念吾。」〔註474〕

<u>《水經・洛水注》引：「《耆舊傳》云：『斯女清貞秀古。』」</u>

<u>未著錄。《隋志》有《先賢集》三卷，卷數合，或即此書。</u>

《元和姓纂》云：「太始先賢狀有束里冕。」

事見《南史・義慶傳》：「又擬班固典引為典敘，以述皇代之美。」「著《世說》十卷……《集林》二百卷。」《宋書・義慶傳》同。

頁 3-2

《宋書・劉義慶傳》：「撰《徐州先賢傳》十卷，奏上之。又擬班固典引為典敘，以述皇代之美。」

<u>《舊唐志》：《徐州先賢傳》九卷，不著撰人名。</u>〔註475〕

頁 4-1

常璩《華陽國志》：「祝龜……撰《漢中耆舊傳》」。

又「楊渙〔字〕孟文，……見犍為《耆舊傳》」。

《翟酺傳》注引「《益都耆舊傳》」兩條，作「益都」。

《楊終傳》注引作「益部」。〔註476〕

<u>《舊唐》作陳壽。</u>

《太平廣記》引嚴遵為楊州刺史讜民以淫殺夫事。據《益都耆舊傳》。

四百六十一引《益都耆舊傳》：「楊宣為河內……雀鳴桑樹。」

又引王子年《耆舊傳》，恐是《拾遺記》之誤，俟攷。〔註477〕

頁 4-2（無）

頁 5-1

<u>《舊唐志》有《諸國先賢傳》一卷。</u>

〔註474〕 《後漢書》。

〔註475〕 《新唐志》題作王義度撰。

〔註476〕 《翟酺傳》、《楊終傳》俱於《後漢書》內，唯點校本三處均作「益部」而無作「益都」者，而四庫本《翟酺傳》兩條均作「益都」，金批即與之合。

〔註477〕 《太平廣記》中出處為王子年《耆舊傳》者有數十條，唯卷四六二作出王子年《耆舊傳》，故金批疑之。

頁 5-2

《寰宇記》百十六卷引《楚國先賢傳》鄭產為白土嗇夫出口錢事。

《李固傳》注引《楚國先賢傳》曰：董班，字季，南陽人〔註478〕，宗事李固，才高行美。〔註479〕

頁 6-1

《華陽國志》：汝南太守謁煥。見《汝南紀》。

《袁安傳》注引《汝南先賢傳》曰：「時大雪積地丈餘，洛陽令自〔註480〕出案行，見人家皆除雪，〔出〕有乞食者至袁安門，無有行路，謂安已死，令人除雪入戶，見安僵臥。」〔註481〕

《應奉傳》注引《汝南記》曰：應華仲妻本是汝南鄧元義前妻。〔註482〕

《廣記》四百五十六卷引陳留《風俗傳》昭靈夫人事，名稱與《唐志》合，《漢章帝紀》注引用。

《袁紹傳》注引：「陰循字元基，南陽新野人。」〔註483〕

《太平廣記》引袁安使楚決獄一事。　陳元方、仲方孝養，過同郡荀爽，夜會飲宴，太史奏德星聚事。云出《汝南先賢傳》。

頁 6-2

《史記‧五帝紀》正義：「括地志……媯州……耆舊傳云即舜釐降二女於媯汭之所。」

頁 7-1（無）

頁 7-2

《漢‧郡國志》敦煌郡下注引：「《耆舊記》曰：『國當乾位，地列艮墟，水有縣泉之神，山有鳴沙之異，川無蛇虺，澤無兕虎，華戎所交，一都會也。』」此記既稱不及襄陽，別是一書。

〔註478〕南陽人：應作宛人也。
〔註479〕《後漢書》。
〔註480〕自：點校本作身，金批與四庫本合。
〔註481〕《後漢書》。
〔註482〕《後漢書》。
〔註483〕《後漢書》。

《廣記》二百九十六卷：「襄陽蘇嶺山廟。門有二石鹿夾之。故謂之鹿門山。習氏記云：習郁常為侍中。從光武幸黎丘。郁與光武。俱夢見蘇嶺山神。因使立祠。郭重產記云。雙石鹿自立如鬬。採伐人常過其下。或有時不見鹿。因是知有靈瑞。梁天監初。有蜯湖村人。於此澤間獵。見二鹿極大。有異於恒〔鹿〕。乃走馬逐之。鹿即透（入）澗。直向蘇嶺。人逐鹿至神所。遂失所在。唯見廟前二石鹿。」云出《襄陽記》。　據此……（接下頁天頭處）

頁 8-1

（續上頁天頭處）……書改引《習記》，又引郭仲產記，則皆出其後，別為一書。未知誰氏書，以俟攷。　《習記》此未引，又郭記可補列。

又引《漢沔記》云：「襄陽漢水西村，有廟名土地主，府君極有靈驗。齊永元末，龔雙任馮翊郡守，不信鬼神，過見此廟，因領人燒之，忽旋風絞火，有二物挺出，變成雙青鳥，入龔雙兩目」云云。

《漢沔記》詳及物怪事暨齊代，亦古書之可紀者。

《南郡》下引「《襄陽耆舊傳》曰：『……西山中有一道，漢時常出馬□中。』」〔註484〕

《龐公傳》注引《襄陽記》二條。

《太平廣記》引《會稽先賢傳》孔愉嘗至吳興餘下亭〔註485〕見籠龜于路事。

《漢世要記》一卷。〔註486〕《舊唐志》有《會稽太守像讚》二卷，賀氏撰，見選。〔註487〕

頁 8-2

〔兩〕《唐志》作三卷。〔註488〕

《新志》：三卷。

頁 9-1

朱育《會稽記》四卷。〔註489〕

〔註484〕《後漢書》。
〔註485〕餘下亭：應作餘不亭。
〔註486〕《隋志》。
〔註487〕章書卷十三頁 11-2 著錄之。
〔註488〕兩《唐志》作「會稽先賢傳」，較《隋志》所作，傳下無記字。
〔註489〕《新唐志》。

劉昭《五行志》注引《廣州先賢傳》曰鬱林布衣養奮，字叔高，對陰陽不和事。

《竹譜》引：「《典錄・賀齊傳》云：討建安賊洪明於蓋竹。」

《蟹譜》引：「《典錄》云：吞舟之魚不唼鰕蟹，……不剝狸鼠。」

頁 9-2（無）

頁 10-1

《郡國志》注引《先賢傳》曰晉代太守趙厥問主簿潘京事。

《常德志》云《先賢傳》、《武陵記》「相補而行，世有藏本」。

頁 10-2

《新志》：《豫章烈士傳》三卷。

《豫章舊志後撰》一卷，熊欣撰。〔註490〕

頁 11-1

《劉表傳》注引：劉「先字始宗。博學強記，尤好黃老，明習漢家典故。」〔註491〕

晉臨川王郎中劉彧撰。〔註492〕

頁 11-2

《太平廣記・感應》引：「魏長沙郡久雨，太守呂虔令戶曹掾齋戒，在社三日三夜，祈晴，夢見白頭翁曰：汝來遲，明日當霽。果然。出《長沙傳》。」

《隋書・禮志》引：「《長沙耆舊傳》曰：『劉壽常乘通幰車。』」

見新、舊《唐志》。

頁 12-1

《元和姓纂》：「晉太宰參軍長仲穀著《山陽先賢傳》。」

《茶經》引：「《廣陵耆老傳》：『晉元帝時〔有〕老姥，每旦獨提一器茗往

〔註490〕《隋志》。

〔註491〕《後漢書》、《三國志》俱有。

〔註492〕「晉臨川王郎中劉彧撰」係於長沙耆舊傳讚三卷下，章書亦於同名條目有引，或金批誤植。

市鬻之，市人競買，自旦至夕，其器不減。』」

《吳郡錢唐〔註493〕先賢傳》五卷，吳均撰。見《舊唐志》。

《幽州古今人物志》十三卷，陽休之撰。《〔舊〕唐志》。〔註494〕

頁 12-2

《魏志》注引魏末傳帝從文帝獵見子母鹿一事。

《毌邱儉傳》注：賈充、諸葛誕。……（接下頁天頭處）

《晉書》：束皙「著《三魏人士傳》……遇亂亡失。」

頁 13-1

（續上頁天頭處）……與誕相見論禪代事。〔註495〕

裴松之云：魏末傳所言率皆鄙陋疑誕表言曲，不至於此。

《三朝錄》、虞喜《志林》。《孫匡傳》注。〔註496〕

《新志》：三卷。

《孔融傳》注引：「虞浦《江表傳》曰：『獻帝嘗時見（郗）慮及少府孔融。問融曰：鴻豫何所優長？融曰：可與適道，未可與權。慮舉笏曰：融昔宰北海，政散人流，其權安在？遂與融互相長短，以至不穆。』」〔註497〕

頁 13-2

嵇喜為康傳曰：「撰錄上古以來聖賢、隱逸、遁心、遺名者，集為傳贊，自混沌至于管寧，凡百一十有九人。」〔註498〕

《水經・潁水注》：嵇叔夜《高士傳》。

《水經・洛水注》云：孫綽之敘《高士傳》。

《雲仙散錄》引《高士春秋》云：「宗測春遊山谷，見奇花異草，則繫于帶上，歸而圖其形狀，名聚芳圖，百花帶人多效之。」

《元和姓纂》：「南伯之葵出古賢人傳。」

〔註493〕錢唐：應作錢塘。

〔註494〕舊唐志作十三卷，新唐志作三十卷。

〔註495〕《三國志・魏志》。

〔註496〕《三國志・吳志》。

〔註497〕《後漢書》、《三國志》俱有。

〔註498〕此出《三國志・魏志》卷二十一，相較於章書所引《晉書》，時代更早、內容也更詳盡。

〔兩〕《唐志》□《上古以來聖賢高士傳讚》三卷。

《新志》作嵇康《聖賢高士傳》八卷、周續之《上古以來聖賢高士傳讚》三卷。

《唐志》：七卷；《新志》：十卷。

《續漢·耿弇傳》注引：「嵇康《聖賢高士傳》曰：『安邱〔註499〕望之字仲都，京兆長陵人。少持老子經，恬淨不求進宧，號曰安丘丈人。成帝聞，欲見之，望之辭不肯見，為巫醫於人間。』」

頁 14-1

《爰延傳》：光武與嚴光俱寢，上天之異，其夕即見法。事見《逸人傳》。〔註500〕

《續漢□□□引閔仲叔周黨事。云見《逸人傳》。

《史通·雜述篇》曰：劉向《列女》，梁鴻《逸人》，〔註501〕趙宋〔註502〕《忠臣》，徐廣《孝子》，則梁鴻別有《逸人傳》。《文苑英華》亦引梁鴻作《逸人傳》。

《新唐志》有張顯《逸人傳》三卷、鍾離儒《逸人傳》十卷〔註503〕。

頁 14-2

洛水誤作潁水。

頁 15-1

《高士傳》三卷嵇康撰。見《舊唐志》。

《梁書·何思澄傳》：撰《高士傳》二卷。〔註504〕

《南齊書·宗測傳》：「續皇甫謐高士傳三卷。」

又《高隱傳》十卷，不著撰名。〔註505〕

〔註499〕邱：應作丘。
〔註500〕《後漢書》。
〔註501〕人：應作民。
〔註502〕宋：應作採。
〔註503〕十卷：點校本作七卷，金批與四庫本合。
〔註504〕何思澄與劉杳均於《梁書》列傳第四十四，唯《高士傳》二卷係屬《劉杳傳》下，金批誤。
〔註505〕《隋志》。

《新唐志》十卷，同。

頁 15-2

《梁書·陸杲傳》：杲素信佛法，持戒甚精，著《沙門傳》三十卷。

頁 16-1

《珠林》又引作鄭緝之《孝感通傳》。〔註506〕

頁 16-2

《南史·孝義傳》：庾震喪父母，賃書營葬，至手掌穿，南陽劉虬因此為撰《孝子傳》。

〔兩〕《唐志》同。

頁 17-1

《孝子傳》一卷，虞盤佐撰。又三卷，徐庶撰；當是「廣」，存誤。〔註507〕
又《雜孝子傳》二卷。均《舊志》。
《舊志》作十卷。

頁 17-2

《太平廣記》引《獨異志》云：「管寧死遼東三十七年，歸柩而阻海風，同行數十船俱沒，惟寧船望見火光，投之得島嶼，及上岸，無火亦無人，玄晏先生以為積善之感。」

《太平廣記》感應篇云：晉三州人約為父子，父令二人作舍於澤中，二人負土填河，書生過，為縛兩土㹠投河中，土為高丈餘，廣十餘里，因居其上。

又陳遺母好食燋飯，每漉燋以獻母。

又王虛之，廬陵西昌人，十三喪父母，二十年鹽酢不入口。〔註508〕
均出《孝子傳》，不著撰名。
草堂傳箋引則忽欲分異。

〔註506〕孝感通傳：應為孝子感通傳，金批孝下脫子字，誤。
〔註507〕《隋志》。點校本作「徐廣」無誤，此金批與四庫本合。
〔註508〕金批以硃筆將陳遺母條、王虛之條用引號包括起來。

頁 18-1（無）

頁 18-2

〔兩〕《唐志》同。

《舊唐志》同。 《曾參傳》一卷。 梁元帝撰。〔註 509〕

頁 19-1

《魏書·張始均傳》:「著冠帶錄。」

《〔舊〕唐志》同。

《忠孝圖傳讚》二十卷,李襲譽撰。〔註 510〕

頁 19-2

邵武侯新注。〔註 511〕 《列藩正論》三十卷,章懷太子撰。〔註 512〕

三卷。〔註 513〕

《〔舊〕唐志》作劉畫。〔註 514〕

《金樓子》序文同。

頁 20-1

《晉書》:葛洪撰「神仙、良吏、隱逸、集異等傳各十卷。」

《梁書》:鍾岏撰《良史傳》十卷。此稱「良吏」,誤。〔註 515〕

「天監十五年,敕學士撰《徧略》。」無卷數。

《梁書·柳惔傳》:「著仁政傳。」

《海內名士傳》一卷。〔註 516〕

《〔新〕唐志》同。

〔註 509〕梁元帝撰:係《舊唐書》作。

〔註 510〕《舊唐志》。

〔註 511〕《隋志》。

〔註 512〕《舊唐志》。

〔註 513〕《英藩可錄事》,《舊唐志》作二卷,《新唐志》作三卷。章書自注「原注一云『張萬賢撰』」,係出《新唐志》,故為三卷。

〔註 514〕唐志作劉畫:點校本亦作劉畫,金批與四庫本合。

〔註 515〕此稱良吏誤:四庫本作「良史傳」,點校本改良作吏,出校記云:「『吏』各本譌『史』,據《南史》及《隋書·經籍志》改」,與金批意見相左。

〔註 516〕《隋志》。

《舊唐志》：「《名士傳》三卷，袁宏撰。」

頁 20-2（無）

頁 21-1

《淮水注》引蔣濟《三州論》。

蔣濟《萬機論》。見《龐統傳》注。〔註 517〕

《水經・穀水注》引《竹林七賢論》有王戎觀虎事。

《文選》王僧達和琅邪王依古一首詩注引桓範《世要論》。

晉太子中庶子。〔註 518〕

頁 21-2

《三國志》注引張衡《文士傳》，《荀彧傳》注。〔註 519〕

《曹休傳》注作「張隱」。

《水經・穀水注》引文士傳劉楨磨石事。

張璠《漢紀》：劉「表與同郡人張隱、薛郁、王訪、宣靖、公褚恭〔註 520〕、劉祇、田林為八交，或謂之八顧。」

頁 22-1（無）

頁 22-2

《〔舊〕唐志》：《雜傳》六十五卷。又九卷。又四十卷。未知即任昉所撰出。

頁 23-1（無）

頁 23-2

劉昭《五行志》注引《梁冀別傳》。

《續漢・百官志》引同。〔註 521〕

〔註 517〕《三國志・蜀志》。
〔註 518〕金批注於「《竹林七賢論》二卷。戴逵撰。」之下，用以表作者爵里。
〔註 519〕荀彧傳注：金批又刪除此四字，未考何故。
〔註 520〕公褚恭：漢籍出校記云應從陳景雲、錢大昭說改為「公緒恭」。
〔註 521〕《後漢書》中，作「梁冀別傳」者計五筆，作「梁冀傳」者計四筆。

《隋志》有何顒《使君家傳》一卷。

《〔舊〕唐志》：「吳人作。」

頁 24-1

《東方朔傳》有上林獻棗一事，見《齊民要術》十卷，與漢書別，當輯入。〔註 522〕

《史記·武帝紀》索隱引：「褚顗家傳褚少孫，梁相褚大弟之孫，宣帝代為博士，寓居于沛，事大儒王式，號為『先生』，續太史公書。」

《管輅別傳》。　弟辰所撰。〔註 523〕

《水經·穀水》注引《管輅別傳》曰輅嘗隨軍西征過母丘興墓一事。

《諸葛恪別傳》。〔註 524〕

外孫夏侯湛為辛憲英傳。〔註 525〕

《太平廣記》引《趙雲別傳》：「蜀趙雲字子龍，身長八尺，姿容雄偉，居劉備前鋒，為曹公所圍，乃大開門，偃旗鼓，曹公引去，疑有伏兵，雲於後射之，公軍大駭，死者甚多，備明日自來，視昨日戰處曰：子龍一身都〔是〕膽也。」

《袁紹傳》注引：「嵩夏侯氏子惇之叔父魏太祖於惇為從父兄弟。」「公聞許攸來跣出迎之。……割〔得〕將軍淳于仲簡鼻殺士卒千餘人皆取（其）鼻牛馬割唇舌。」〔註 526〕

《呂布傳》注引：「時人語曰：人中有呂布，馬中有赤兔。」〔註 527〕

《晉書·何曾傳》：子劭「撰荀粲、王弼傳。」

《平原禰衡傳》。　《鄭玄別傳》。　《王朗家傳》。〔註 528〕

何劭為荀粲傳。〔註 529〕　《曹志別傳》。〔註 530〕　《劉廙別傳》。〔註 531〕

〔註 522〕《齊民要術校釋》於此條出校記曰：「《隋書》及《舊唐書·經籍志》均著錄有《東方朔傳》八卷，無作者姓名，書已佚，《要術》所引即此書，不是《漢書》上的《東方朔傳》。」與金批意見相同。

〔註 523〕《三國志·魏志》注：「辰撰輅傳」。

〔註 524〕已見於章書卷十三頁 25-2。

〔註 525〕清·湯球《九家舊晉書輯本》，可能為《史學叢書》本。

〔註 526〕《後漢書》。

〔註 527〕《三國志》。

〔註 528〕《巢林筆談》。

〔註 529〕《三國志·魏志》注：「何劭為粲傳」。

〔註 530〕《九家舊晉書輯本·晉諸公別傳》「曹志」條。

〔註 531〕已見於章書卷十三頁 24-1。

頁 24-2

《張陵別傳》。《珠林》六十九卷引。

《劉向別傳》。《文昌新錄》卷三引。

云：「燕地谷羑而〔寒〕不生五穀，鄒子吹律召，溫氣至，五穀生。」

《鍾離意傳》注引《意別傳》。一百六十七字。〔註532〕

《禮儀志》注引《卓別傳》云「發成帝陵，解金縷，探含珠」事。〔註533〕

《董卓傳》注引《卓別傳》曰：「卓父君雅為潁川輪氏尉，生卓及弟旻，故卓字仲潁，旻字叔潁。」〔註534〕

《剡錄》引：「羲之……導從子也……未嘗以風塵經懷。」

《剡錄》引：「王濛字仲祖……神氣清韶〔註535〕……檢尚雅正……辟司徒掾中書郎。」

頁 25-1

《剡錄》引《阮裕別傳》云：「淹通有理識，居會稽剡縣，志尚肥遁。」

頁 25-2

王曼潁云：「康泓專紀單開，王季但稱高座。」〔註536〕

《法苑珠林》卷四十九：澄以鉢燒見蓮華。〔註537〕

《剡錄》著《支遁傳》一卷。

《高僧傳》：遁善草隸，郗超為之序傳。

《剡錄》引《支遁傳》云「幼有神理、聰明透澈。」

又引《支遁別傳》云：「沈思道行，泠然獨暢。」

<u>《水經注》：孫綽作登傳。</u>

亦見《古樂府》引云：「武常牧羊，諸家牧豎有知歌謠者，武遂學〈行路難〉。」

《法苑珠林》卷四十九引《許邁別傳》云：「邁少名映。」

〔註532〕《後漢書》。注文作：「意別傳曰：意為魯相……果服焉。」計一百六十四字，疑金批重複計算「意別傳」三字，故為一百六十七字。

〔註533〕《後漢書》。珠應作璣。

〔註534〕《後漢書》。

〔註535〕韶：四庫本作超。

〔註536〕《廣弘明集》。

〔註537〕原文作：澄以鉢盛水，燒香咒之，須臾生青蓮華。

頁 26-1

《太平廣記》引《胡綜別傳》得銅匣、玉如意事。

《剡錄》卷五：《戴逵別傳》一卷。　《阮裕別傳》一卷。

《葛仙翁別傳》一卷。　《葛仙翁神仙傳》十卷。　《支遁傳》一卷。

《王羲之別傳》一卷。　《王氏世家》五卷。　《王氏家牒》十五卷。

《王氏家譜》二十卷。　《謝氏家譜》一卷。　《阮氏譜》一卷。

《謝靈運游山志》一卷。　《山居志》一卷。　《戴氏譜》一卷。

顧歡《政綱》一卷。　吳筠《元綱》一卷。

邵思《姓解》卷一引：「《陶侃別傳》有江夏郴寶。」

《雲仙散錄》引《淵明別傳》云：「淵明嘗聞田水聲，倚杖久聽，歎曰：禾〔註538〕稻已秀，翠色染人，時剖胸襟一洗荊棘，此水過吾師丈人矣。」又云：「淵明得太守送酒，多以春秫水雜投之曰：少延清歡數日。」

《雲仙散錄》引《葛洪外傳》〔註539〕云：「左慈明六甲能役鬼神坐致行廚。」

<u>《孔融家傳》曰：「兄弟七人，融第六，……共食梨，〔融〕輒引小者。」</u>

<u>又引：「聞漢中李公清節直亮。」</u>

<u>又引：「褒字文禮。」</u>

<u>又引：文舉「譬諸物類，猶眾星之有北辰。」</u>〔註540〕

《齊民要術》卷十引《杜蘭香傳》：「神女降張碩。常食粟飯，并有非時果。」

《太平廣記》引《邕別傳》云：「東國宗敬邕，不言名，咸稱蔡君。兗州陳留，並圖畫〔蔡〕邕形像。」

頁 26-2

《齊民要術》卷十引《夏統別傳》注。

《漢皇德傳》二十五卷，已見前。〔註541〕

《趙歐傳并甲寅元歷》一卷。見《北涼錄》。〔註542〕

〔註538〕禾：應作秫。
〔註539〕葛洪外傳：應作《葛洪傳》。
〔註540〕《後漢書》。
〔註541〕卷三頁 19-1。
〔註542〕《十六國春秋》卷九十五。

頁 27-1

《丹鉛錄》卷十二引《衝波傳》云：「孔子相魯，齊人懼而欲敗其政，選齊國好女八十人，皆衣文衣而舞容璣，季桓子語魯君：為周道游館，孔子乃行，覩雉之飛鳴，嘆曰：山梁雌雉」云云。「因為雉噫之歌。」

頁 27-2

任昉《雜傳》一百二十卷。　《荊揚二州遷代記》四卷。
元暉等《祕錄》二百七十卷。　王孝恭《集記》一百卷。
《漢明帝畫讚》五十卷。　姚澹《四科傳讚》四卷。
七國敘讚十卷。　荀伯子《荀氏家傳》十卷。
《諸葛傳》五卷。　《韋氏家傳》三卷。
陸煦《陸史》十五卷。　《何妥家傳》二卷。
鄭忱文林館記十卷。　裴懷貴兄弟傳三卷。
孫敏《春秋列國名臣傳》九卷。〔註 543〕

頁 28-1

永和五年〔註 544〕茂虔獻《四科傳》四卷、《乘丘先生傳》三卷、《趙歐傳》、《孔子讚》一卷、《時務論》十五卷、《魏駁》九卷、《亡典》七卷、《周生子》十三卷、《俗問》十一卷。〔註 545〕

頁 28-2

《水經‧鮑邱水注》引《陽氏譜敘》。亡見。〔註 546〕
《桂氏世傳》七卷，桂顏撰。　《韋氏家傳》三卷，皇甫謐撰。
見《〔舊〕唐志》。
《陸氏世頌》，見《陸遜傳》注。〔註 547〕
《杜氏新書》，見《杜畿傳》注。〔註 548〕

〔註 543〕均出《新唐志》，唯順序與原書不同，應為隨機抄錄。
〔註 544〕西元四三七年。
〔註 545〕出《宋書‧胡大且渠蒙遜傳》，次序完全不同，似節引。
〔註 546〕《水經注疏》云：「《陽氏譜敘》，《隋志》不著錄，《御覽》引之。」
〔註 547〕《三國志》。
〔註 548〕《三國志》。

頁 29-1

王昶《家誡》，見《魏志》注。

李秉《家誡》曰：「昔侍坐於先帝，時有三長吏俱見。臨辭出，上曰：『為官長當清，當慎，當勤，修此三者，何患不治乎？』」云云，見《李通傳》注。〔註 549〕

郭頒《世語》，《魏志》注。　作《魏晉世語》十卷，見前。〔註 550〕

《清水注》引：「《世語》曰：張繡反，公與戰敗，子昂不能騎進馬于公，而昂遇害。」

《渠水注》引《世語》：「中牟縣故魏任城王臺〔下〕池中，有〔漢時〕鐵錐，長六尺，入地三尺，頭西南指不可動，至月朔自正，以為晉氏中興之瑞。」

頁 29-2

《廣記》四百四十四卷引《續江氏傳》：歐陽紇妻生子，為江惚養，知名于時。

《茶經》引：「《宋江氏家傳》：江統字應遷，愍懷太子洗馬，常上疏諫云：今西園賣醯、麪、藍子、菜、茶之屬，虧敗國體。」

頁 30-1

《梁書》：裴子野撰《續裴氏家傳》二卷。此誤為三。〔註 551〕

《劉善經傳》：「著《酬德傳》三十卷，《諸劉譜》三十卷。」〔註 552〕

《晉書》：虞預《諸虞傳》十二篇。

《裴氏家牒》二十卷，裴守貞撰。　《裴若弼家傳》一卷。〔註 553〕

《范氏家傳》一卷，范汪撰。　《紀氏家紀》一卷紀友撰。

《韋氏家傳》一卷。　何顒《使君家傳》一卷。

《明氏家訓》一卷，偽燕衞尉明岌撰。〔註 554〕

〔註 549〕《三國志》。
〔註 550〕卷三頁 13-1。
〔註 551〕章書云：「《梁書·裴子野傳》：子野續裴氏家傳三卷。」與點校本、四庫本均不合。僅《通志·裴子野傳》云「三卷」，則從正史說。
〔註 552〕《隋書》、《北史》俱有。
〔註 553〕《舊唐志》。
〔註 554〕《隋志》。

頁 30-2

《太平廣記・名賢》引《李膺家錄》。〔註 555〕

《〔新〕唐志》：崔鴻《崔氏世傳》七卷。

頁 31-1〔註 556〕

《周、齊王家傳》一卷，姚氏撰。

《周氏家傳》一卷。

《漢南家傳》三卷。〔註 557〕

頁 31-2（無）

頁 32-1（無）

頁 32-2（無）

頁 33-1（無）

頁 33-2（無）

頁 34-1（無）

頁 34-2

鍾嶸《詩品》引：「《謝氏家錄》云：康樂每對惠連，輒得佳語。後在永嘉西堂思詩，竟日不就。寤寐間，忽見惠連，即成池塘生春草。」

《文選》謝朓〈八公山詩〉注引：「《群謝錄》曰：玄領徐州，苻堅傾國大出，玄為前鋒，射傷苻堅，陣殺苻融。」

頁 35-1

《梁書・簡文紀》：「著《昭明太子傳》五卷，《諸王傳》三十卷。」

〔註 555〕章宗源於「李氏家傳一卷」條下亦有引之。

〔註 556〕本面金批均出《隋志》。

〔註 557〕點校本出校記云：「原脫『庾氏』二字，據《舊唐志》上、《新唐志》二補。《舊唐志》作『庾氏家傳三卷，庾守業撰。』」

頁 35-2〔註 558〕

《高僧傳》六卷，虞孝敬撰。　　《交遊傳》二卷，鄭世翼撰。

《祕錄》二百七十卷，元暉等撰。　　《畫讚》五十卷，漢明帝撰。

《春秋列國名臣傳》九卷，孫敏撰。　　《四科傳讚》四卷，姚澹撰。

《七國敘讚》十卷。　　《孔子弟子傳》五卷。

《先儒傳》五卷。　　《集記》一百卷，王孝恭撰。

均見《〔舊〕唐志》。

頁 36-1〔註 559〕

〔兩〕《唐志》同。

《金樓子》：「《懷舊志》一秩一卷。」

頁 36-2

《魏書·劉劭傳》注：撰「法論、人物志之類百餘篇。」

《名族人物志》，隋·張覽作。〔註 560〕

宋·吳坰《五總志》云：「時人以為舊姓要錄，隋張覽作名族人物志，蓋以此為祖述云。」

頁 37-1

《〔舊〕唐志》：劉向撰二卷。

頁 37-2

「列女後傳，琰字昭姬也。」《後漢》注。

《列女傳》八卷，高氏撰。〔註 561〕

《列女傳頌》一卷，劉歆撰。　　《列女傳讚》一卷，繆襲撰。〔註 562〕

《志》著繆襲《列女傳贊》一卷。〔註 563〕

《舊唐志》作顏原。

〔註 558〕數位典藏檔無此頁。

〔註 559〕數位典藏檔無此頁。

〔註 560〕出宋·吳坰《五總志》。

〔註 561〕《隋志》。

〔註 562〕均出《隋志》。

〔註 563〕《通志·藝文略》卷六十五。

《晉書》王接「撰《列女後傳》七十二人，……喪亂盡失，……子愆期，……又集《列女後傳》云。」

頁 38-1

《梁書‧庾仲容傳》有《列女傳》三卷。

頁 38-2 〔註 564〕

《文昌新錄》引：「賈充李夫人典誡曰：每見時人月旦花勝交相遺與謂正月旦也。」 《晉書‧賈充傳》：「李氏作女訓行於世。」

《列女傳要錄》三卷。〔註 565〕

《美婦人傳》六卷。〔註 566〕

頁 39-1

《高僧傳》引：「齊竟陵……王三寶記〔傳〕。」

「沙門僧祐〔撰〕《三藏記》。」 「中書〔郎〕郤景興東山僧傳。」

「治中張孝秀廬山僧傳。」 「中書陸明霞沙門傳。」

「郎邪王巾〔所〕撰僧史。」 釋僧宗著《僧傳》五卷。

王微為竺道生立傳。 「竺法濟，幼有才藻，作《高逸沙門傳》。」

康泓為單道開傳。 齊諧作《杯渡傳》。

《道人善道開傳》一卷，康泓撰。〔註 567〕

《高僧傳》十四卷，釋僧祐撰。

《江東名德傳》三卷釋法進撰。

《法師傳》十卷王巾撰。〔註 568〕

釋道宣撰《續高僧傳》云：「梁‧沙門金陵釋寶唱撰《名僧傳》，會稽釋惠皎撰《高僧傳》，創發異部品藻恒流，詳覈可觀華質有據。而緝裒吳越敘略魏

〔註 564〕 此頁「后妃記四卷虞通之撰」，金批改為「虞道之」，與《舊唐書》四庫本合，
　　　　　金批與四庫本合。

〔註 565〕 《隋志》。

〔註 566〕 《隋志》。

〔註 567〕 《隋志》。

〔註 568〕 均出《隋志》。又「釋僧祐」，點校本改作「釋慧皎」，出校記云：「原作『釋
　　　　　僧祐』，據開元釋教錄及舊唐志上、新唐志三改。」四庫本作祐為祐，金批與
　　　　　四庫本合。

燕，良以博觀未周，故得隨文〔註569〕成采。加以有梁之盛明德云繁，薄傳三五〔註570〕數非通敏，斯則同世相侮，事積由來，中原隱括未傳簡錄，時無雅贍誰為譜之，致使歷代高風颯焉終古。」

頁 39-2

《四庫》收《宋高僧傳》，贊寧撰。　《僧寶傳》。〔註571〕

《茶經》引：「《續名僧傳》：宋釋法瑤，姓楊氏，河東人，永嘉中過江……武康小山寺年垂懸車飯所飲茶，永明中勑吳興禮致。」

又引：「藝術傳：燉煌人單道開……常服小石子……所餘茶蘇而已。」

《西域求法〔註572〕高僧傳》二卷，釋義淨撰。　《名僧錄》十五卷，裴子野撰。　《稠禪師傳》一卷。　見《舊唐志》。

《舍利感應記》二十卷，隋著作郎〔註573〕王邵撰。見《法苑珠林》五十三卷。

梁·慧皎〈高僧傳序〉云：齊竟陵王三寶記傳。　郎邪王巾撰《僧史》。

《金樓子·聚書篇》：「張豫章緝經飽書如《高僧傳》之例是也。」

《太平廣記》引《高僧傳》數十條。

今《海山仙館叢書》有其書。〔註574〕

《舊唐志》有《續高僧傳》二十卷。又三十卷，釋道宣撰。

道宣《續高僧傳》四十卷，宋刊本，見《訪書志》，然《〔舊〕唐志》少十卷。〔註575〕

頁 40-1〔註576〕

《梁書·顏協傳》：撰〈晉仙傳〉五篇，《日月災異圖》兩卷，遇火湮滅。

〔註569〕文：大正藏本作閒。
〔註570〕三五：大正藏本作五三。
〔註571〕《日本訪書志》卷十六「續高僧傳四十卷宋刊摺子本」條目云：「按《四庫》書目，僅載釋贊寧《宋高僧傳》及《僧寶傳》，近時潘氏海山仙館刻釋慧皎《高僧傳》，而此書仍沈霾于釋藏中，未經表彰。此本亦宋嘉熙三年安吉州資福寺刊本，即南北藏本所從出也」
〔註572〕永法：點校本改為求法，出校記云：「『求』字各本原作『永』，據新志改。」
〔註573〕隋著作郎：大正藏本無郎字，金批與四庫本合。
〔註574〕《日本訪書志》有相同記載，疑金批抄《訪書志》文。
〔註575〕見《日本訪書志》卷十六「續高僧傳四十卷宋刊摺子本」條。
〔註576〕此頁「《神仙傳》十卷，葛洪撰」條，金批改為「列仙傳」，金批與四庫本合。

《廣記》四百二卷引《列仙傳》朱仲販珠事。又「明珠出館陶。」

《水經·耒水注》引《桂陽列仙傳》蘇耽事。

四百六十六引《神仙傳》介象得鯔魚事。

《肥水注》云:「左吳與王春、傅生等尋安,同詣玄洲,還為著記,號曰《八公記》。」

《宋祕省續編四庫闕書目》有張道凌撰《神仙通靈藥》一卷。

《法苑珠林》卷二十六引《漢法本內傳》。

四十九卷引:《真人關尹傳》曰:老子曰:真人遊時各各坐蓮華之上,徑十丈,有返生靈香,逆風聞十里。〔註577〕

董仲舒撰《李少君家錄》。《抱朴子·內篇·論仙》。

魏軍督王圖撰《道機經》。同上。 《孔安國秘記》。 《荊山經》。 《龍首記》。 《彭祖經》。 《黃石公記》。

《法顯傳》二卷。 《法顯行傳》一卷。 《梁武皇帝大捨》三卷,嚴曷撰。〔註578〕

《抱朴子》內篇引《列仙傳》。

又二卷,晉·郭元祖讚。〔註579〕

《法苑珠林》卷六十三引《列仙傳》:「宋〔吳〕子英春者。」

《洛水注》引劉向《列仙傳》。

《廣記》四百六十一引《列仙傳》祝雞公事。

四百七十三引《列仙傳》園客得繭事。

《矯慎傳》注引《列仙傳》蕭史事。〔註580〕

《西南夷傳》注引:「劉向《列仙傳》曰:『山圖,隴西人。好乘馬,馬蹋折腳,山中道士教服地黃、當歸、羌活、玄參。』」〔註581〕

《說仙傳》一卷,朱思祖撰。〔註582〕

張華《博物志》引《神仙傳》云云。華終于孫秀,然洪宦於東晉,或先有

〔註577〕徑十丈,有返生靈香,逆風聞十里:應作「華徑十丈,有反生靈香,逆風聞三十里」。

〔註578〕俱《隋志》。

〔註579〕《隋志》。

〔註580〕《後漢書》。點校本蕭作簫,金批與四庫本合。然四庫本作喬慎,非金批、點校本所作之矯慎。

〔註581〕《後漢書》。

〔註582〕《隋志》。

成書為華所見，與或別為一書。〔註583〕

《水經・渭水注》引《抱朴子・神仙傳》老子西出關一事。

《〔新〕唐志》作《神仙傳》。

《吳志》注引葛洪《神仙傳》介象蔽形事。「松之以為葛洪所記，近為惑眾，其書文頗行世，故撮取數事，載之篇末。」

《齊民要術》卷十引《神仙傳》沈羲事。

又引《列仙傳》「務光服蒲韰根」。

《法苑珠林》卷四十一引《神仙傳》老子彭祖事。

《廣記》四百六十六引《神仙傳》葛玄以丹書投魚寄河伯事。

〔兩〕《唐志》有《漢武帝傳》二卷。

頁 40-2

《史記・秦始皇紀》集解引：「《太原真人茅盈內紀》曰：『始皇三十一年九月庚子，盈曾祖父濛，乃於華山之中，乘雲駕龍，白日升天』」云云。

又《正義》引：「《道書福地記》云：『泰山高四千九百丈二尺，周迴二千里。多芝草玉石，長津甘泉，仙人室。又有地獄六，曰鬼神之府，從西上，下有洞天，周迴三千里，鬼神考譴之府。』」

弟子李遵撰。〔註584〕

〔兩〕《唐志》作《茅君內傳》一卷。

《〔舊〕唐志》：「呂先生注。」

頁 41-1

《高士老君內傳》三卷，尹喜、張林亭撰。　《九華真妃內記》一卷。〔註585〕

《洞仙傳》十卷，見素子撰。〔註586〕

陶弘景《真靈位業圖》云：范邈「字度世，曾名永，漢桓帝侍郎，撰《魏夫人傳》。」

〔註583〕張華、孫秀俱三國末期人，時代不及葛洪所仕之東晉，張華書卻能引《神仙傳》，故金批疑其所引《神仙傳》別為一書。

〔註584〕《隋志》有，章書漏，用以補之。

〔註585〕《舊唐志》。

〔註586〕《舊唐志》。

　　鬼谷先生撰。〔註587〕

　　《舊志》題關令尹喜內傳。〔註588〕

頁 41-2

　　《劉君內記》一卷，王珍撰。　《陸先生傳》一卷，孔稚珪撰。　《列仙讚序》一卷，郭元祖撰。　見《隋志》名補入。

　　《〔舊〕唐志》入雜傳，辛玄子撰。

頁 42-1

　　雜傳。〔註589〕

　　《太上真人內記》一卷，李氏撰。〔註590〕

頁 42-2

　　《太平廣記》感應類引《宣驗記》「唐鄭鮮字道子，善相法」一事，非劉書。〔註591〕

　　《觀音義疏》云：「晉〔世〕謝敷作《觀世音應驗記》〔註592〕，齊・陸杲（之）又續之。」

　　《舊唐志》有陸果《繫應驗記》一卷，當即陸杲續者也。

　　《周氏冥通記》一卷，陶宏〔註593〕景撰，見《舊志》。

　　《應驗記》一卷，宋光祿大夫傅亮撰。〔註594〕

　　《廣弘明集》卷十二引《宋宣驗記》謝晦毀五層寺。

　　《廣記》三百八十二卷引《冥祥記》云楊師操貞觀中任藍田縣尉一事。涉唐事，恐是後人補緝，候攷。

　　《法苑珠林》十二引《冥祥記》趙泰等三事。

〔註587〕《隋志》有，章書漏，用以補之。

〔註588〕《舊唐志》作「關令尹喜傳」，無內字。「關令尹喜內傳」係出《太平御覽》。

〔註589〕《蘇君記》一卷，周季通撰，《隋志》、《舊唐志》入史部雜傳類，《新唐志》入子部道家類。

〔註590〕《隋志》。

〔註591〕《太平廣記》記該事標題為鄭鮮，故唐字非姓氏應為朝代，涉唐事，故非劉書。

〔註592〕觀世音應驗記：大正藏、徑山藏本均作「觀世音應驗傳」。

〔註593〕宏：應作弘，避弘曆諱。

〔註594〕《隋志》。

卷八引《冥祥記》史世光、宋餘氏二女事。

《〔舊〕唐志》作「王廷秀〔註595〕」。

《高僧傳》引朱君台《徵應傳》。

【夾籤】〔註596〕

【夾籤大張】

一百十卷引真子融還冤事。　高洋。　梁元暉。　陳霸先事。

八十九卷引《冥祥記》□驗支遁雞雛出殼事。

一百三卷引慧遠事。

一百八卷引曇典、智達入冥事。

百九卷引郭銓詣女婿事。孫稚轉生、王四娘入冥事。

一百十六卷引晉唐遵入冥見叔事。　黃遷得道。

八十二卷引晉王懿見青牛事。　張崇念觀世音破械。　徐榮念觀音濟渡事。　呂竦念觀音□行。　道冏見佛螺髻。　竺慧慶。　曇無竭遇象。

八十卷引阮稚宗事。　八十四卷引劉赤斧夢蔣侯事。

九十五卷引《冥祥記》十驗。

九十二卷引琅邪王奐深妬事。

九十四卷引張善苛酷事。

《法苑珠林》卷廿一引南齊王琰《冥祥記》云漢明帝夢神人事。

又云「齊建元初太原王琰者，年在幼稚，於交阯賢法師所受五戒，以觀音金像令供養，遂奉還楊都寄南澗寺。琰晝寢夢像立于座隅，意甚異之，即馳迎還。……後……寄多寶寺。琰適荊楚垂將十載，不知像處，及還楊都夢在殿東。……故琰《冥祥記・自序》云：『此像常自供養，庶必永作津梁，循復其事有感深懷，沿此徵覿綴成斯記。』」

卷一百十三引竺慧熾、蔣小德、庾紹之三事。

一百十四卷引宋李清見阮敬託子事。　慧進誦法華愈病事。

一百七一卷晉唐遵入冥見從叔事。

唐隴西李大安造像救難事。

廿三卷引宋葛濟之見如來真形。　宋沙門曇遠歸心淨土。

廿四卷宋尼慧玉得金像。

〔註595〕王廷秀：點校本改為王延秀，出校記云：「『延』字各本原作『廷』，《隋志》、《新志》均作『延』。慧皎〈高僧傳序〉云：『太原王延秀撰《感應傳》』，據改。」

〔註596〕有大小各一張，大張 23.8*13.1(cm)，小張 23.8*9.5(cm)，夾於原件卷十三頁 42-2 處，內容用於批校《冥祥記》。

廿五卷引十四驗。　　又二驗。

卅七卷引六驗。　　卅八卷引六驗。

四十八引劉琛之事。

七十九卷引于法蘭、潯陽廬山、孫策〔註597〕、羅江霍山事。又僧瑜事。

六十九卷引程道慧一事。　　卷七十引李恒一事。

七十八卷引張應、陳安居、齊僧欽三事。　　又劉齡一事。

宋尼慧木者夢往安養國。　　宋魏世子者奉法精進。

四十八卷引劉琛之一事。　　六十五卷引袁廓、杜願、董青建、卞悅之四事。

宋路昭太后造普賢像。

宋統法師道遇造像。

宋沙門釋道冏作普賢齋。

廿六卷引丁德慎〔註598〕、周閔、董吉、周璫、謝敷五事。

又慧嚴、智通二事。

四十四卷引陳秀遠一事。

四十五卷引桓溫、王凝之□二事。

五十五卷引何充、道容、滕並、仇那跋摩、闕公則五事。

五十九卷引周宣帝一事。

【夾籤小張】

「晉・謝敷，字慶緒。會稽山陰人也。鎮軍將軍輅之兄子也。少有高操，隱于東山。篤信大法，精勤不倦。手寫《首〔註599〕楞嚴經》。當在都白馬寺中。寺為災所延。什物餘經並成煨燼。而此經正燒紙頭界外而已。文字悉存無所毀失。敷死時，友人疑其得道。」〔註600〕

楊守敬《訪書志》卷八引唐臨〈冥報記序〉云：「高士謝敷、宋尚書令傅亮、太子中書舍人張演、齊司徒從事中郎陸果……並錄《觀世音應驗記》……齊竟陵王蕭子良作《冥驗記》，王琰作《冥祥記》。」

楊守敬云：「《珠林》、《廣記》往往以《冥報記》誤作《冥祥記》。……據萬歲通天帖，琰為齊太子舍人，《隋志》有《宋春秋》二十卷，梁吳興令王琰撰。」

郎餘令作《冥報拾遺》。〔註601〕

《弘決外典鈔》引葛洪《兼名苑》。〔註602〕

〔註597〕此非出自《冥祥記》，應為誤引。

〔註598〕慎：大正藏本作真。

〔註599〕首：文淵閣四庫本無首字，徑山藏本有之。

〔註600〕《法苑珠林》卷二十六。

〔註601〕《法苑珠林》卷一百十九。

〔註602〕《日本訪書志》卷四。

頁 43-1〔註603〕

《齊民要術》卷十引《甄異傳》：「譙郡夏侯規亡後，見形還家，經庭前桃樹邊。」

任昉《述異記》二卷刊入商氏《稗海》，多述物異，凡不見任書者，疑祖沖之書。《太平廣記》引《述異記》皆及神怪。

曹宗之再生事，三百七十七卷。

《珠林》卷卅七引《述異記》云南康雩都沿江夢口神雞事，凡二百五字。四十三卷引宮亭廟化雄鴨事。

四十九卷引廬山採松見異華。

五十九卷引胡庇之、張……（接下頁天頭處）

《廣記》四百二十六卷引《甄異記》歷陽謝允事。

又四百六十一引《甄異記》太元五年吳清雞鳴盤中事。

四百六十八引《甄異志》楊醜奴訪章安湖見女子化為獺。

《廣記》四百十一卷引《述異記》〔註604〕隋煬帝大業末改茄子為崑崙紫瓜。下涉隋事，宜是祖沖之書。

頁 43-2

（續上頁天頭處）……乙二事。

張華《博物志》。〔註605〕　　《拾遺記》：張華「造《博物志》四百卷奏於武帝，……今……芟截浮疑，分為十卷」。

劉遴之《神異錄》。〔註606〕

《仙異傳》三卷，梁元帝撰。《晉仙傳》五卷，顏協撰。劉緩《繁華傳》三卷。見《金樓子》著書篇。

《法苑珠林》卷十引《列異傳》宋定伯賣鬼得錢事。

〔註603〕此頁「《古異傳》三卷，宋永嘉太守袁王壽撰」條，金批硃筆「石」字於「古」字左方，補「袁」字於「守」、「王」字之間。按四庫本《舊唐書》作「《石異傳》三卷，袁仁壽撰」，《隋書》作「《古異傳》三卷，宋永嘉太守袁王壽撰」。金批未改「王」字為「仁」字，亦未逕改「古」字，而記「石」字於左，或金批從《隋書》，而備《舊唐書》為一說耳。

〔註604〕述異記：漢籍作述異錄，金批與四庫本同。

〔註605〕《隋志》。

〔註606〕《太平寰宇記》卷九十二。

《續異苑》十卷。〔註607〕

《太平廣記》引《述異記》極多，不詳撰名。

三百七卷樊宗訓遊硤石縣聖女祠。如涉唐事，自別一書。

《法苑珠林》卷四十三引《續搜神記》。

四十九卷引《續搜神記》〔合〕泚口曹公載妓船、劉廣見西王母所養女。

五十九卷引《續搜神記》胡同茂、吳詳、阿登、句章人阿香五事。又李賾。

七十八卷引吳望子遇蔣侯事，亦稱《續搜神記》。

八十卷引《續搜神記》周子文事。吳末臨海人事。

八十七卷引《搜神異記》〔註608〕十二驗。

一百十二卷引《續搜神記》。

《廣記》四百四十二卷引陶潛《搜神記》車生獲鹿事。

梁・慧皎〈高僧傳序〉云陶淵明《搜神錄》。

《茶經》引：「《續搜神記》：秦精常入武昌山採茗，遇〔一〕毛人……示以藂茗。」

《〔新〕唐志》有張華《列異傳》。

公孫達，甘露中，陳郡卒，五歲兒作靈語事。〔註609〕

《廣記》三百七十五卷蔡支再生事。〔註610〕出《列異傳》，不具撰名。

四百六十卷引《列異傳》：魏公子無忌捕鵁事。

四百六十一引《列異傳》云秦穆獲陳寶，文公立祠事，今南陽雉飛縣即其地。

四百六十九引《列異傳》彭城男子……（接下頁地腳處）

頁 44-1

（續上頁地腳處）……娶婦得鯉魚事。

又費長房作札敕葛陂君變老鼉事。〔註611〕

《齊民要術》卷十引《列異傳》：「袁本初時，有神出河東，號『度索君』。」

《文昌雜錄》卷二引：「魏文帝《列異傳》曰：秦文公時，梓樹化為牛，

〔註607〕《隋志》。

〔註608〕搜神異記：四庫本作搜神記。

〔註609〕《太平廣記》卷三百一十六。

〔註610〕原故事中再生者為蔡支妻，非蔡支。

〔註611〕《太平廣記》卷四百六十八。

以騎擊之，騎不勝，或墮地髻解被髮，牛畏之，入水，〔故〕秦因是置旄頭騎使先驅。」

　　《茶經》引《神異記》云餘姚虞洪入山採茗，遇丹邱子事。

　　又引：「華佗食論苦茶久食益意思。」

　　又「壺居士食忌苦茶，久食羽化，與韭同食，令人體重。」

　　《水經》渭水注引《列異傳》有怒特祠。

　　《史記》索隱引《列異傳》陳倉人得異物事。

　　<u>唐有《錄異記》，多載鬼神事，《太平廣記》多引之。</u>

頁 44-2

　　<u>《廣記》三百十七卷引《靈鬼志》稽康彈琴於月華亭遇鬼事。</u>

　　<u>又周子長於咸康三年遇鬼誦經唄事。</u>〔註612〕

　　<u>又三百二十卷蔡謨事。</u>〔註613〕　<u>又姚元起事。</u>　<u>又吳興閭勤栅船事。</u>

　　<u>三百廿二卷鬼侯事。</u>　<u>陳皋能禁氣事。</u>

　　<u>三百五十九卷榮陽</u>〔註614〕<u>廖氏累世為蠱。</u>

　　<u>四百七十二引《靈鬼志》郗世子</u>〔註615〕<u>在會稽得石龜事。</u>

　　《法苑珠林》卷七十六引《靈鬼志》太元十二年外國道擔籠事。

　　八十二卷引周子長遇鬼事。

　　<u>《廣記》三百十六卷劉照婦亡遺萎蕤鎖事。</u>

　　<u>又三百十八卷謝邈之見女子辭墓事。</u>

　　<u>又三百十六卷韓重婚吳王小女事。</u>

　　<u>三百十七卷吳左中郎胡熙女有身事。</u>〔註616〕

頁 45-1 〔註617〕

　　《廣記》二百九十四卷引《志怪》溫嶠平蘇峻之難於溢口，乃試照焉，見

〔註612〕《太平廣記》三百一十八卷。

〔註613〕應出《靈異志》，非《靈鬼志》。

〔註614〕榮陽：應作滎陽。

〔註615〕郗世子：應作郗世了。

〔註616〕《太平廣記》均云出《錄異傳》。

〔註617〕此頁「《志怪》二卷，祖台之撰」條下云「《唐志》四卷，入子部小說」，金批改「子部」為「雜傳」。唯兩《唐志》俱有此條而歸類不同，《舊唐志》入史部雜傳類，《新唐志》入子部小說家類，金批係據《舊唐志》耳。

官寺赫奕事。　　顧邵遇盧君事。

三百十八卷永嘉中張禹遇任城縣家女傳語舊婢承貴事。

三百廿二卷袁無忌□鬼婦銀釵象梳。　　以上二事云出《志怪錄》〔註618〕，未知是此書否，俟攷。　　又謝道欣防風鬼。

又三百廿六卷長孫紹祖聞箜篌事。

三百廿九卷周司禮卿張希望移居事，云出《志怪》，事及周時，恐是唐人補續之書，俟攷。

《法苑珠林》卷六十二引祖台《志怪》云：吳中書郎咸沖至孝，母食蠐螬目開。

《廣記》二百七十六卷，晉明時獻馬者夢河神請之，及至，與帝夢同。云出孔約《志怪》，則慎言名約，補章書所遺。

頁 45-2

《法苑珠林》八十四卷引《志怪傳》劉赤斧夢蔣侯事。

九十二卷引《志怪傳》劉耽子遊蔣山夢蔣侯事。

《酉陽雜俎》引《于氏志怪》南方落民，其頭能飛，其俗所祠名曰蟲落。未知何時人書，俟攷。

《廣記》四百六十八引《志怪》竺僧瑤治廣陵王女邪。

又會稽王國吏謝宗赴假，經吳皋橋，有女子坿載留宿，掩之得物如枕，又獲二物並小如拳，乃是三龜。

頁 46-1

《法苑珠林》卷十引《幽冥錄》云：「魏孫恩作逆時吳興紛亂，一男子避急突入蔣侯廟，始入門木像彎弓射之即死，行人及守廟者，無不必見。」

《廣記》引《幽明錄》甚多，未及與《晉書》比對。

四百六十卷引作《幽冥錄》。

《法苑珠林》卷四十九引作《幽冥錄》：陳相子學昇霞之術。

頁 46-2

《宋書·符瑞志》開元占經引晉中興徵祥記。

〔註618〕三百十八卷張禹事云出《志怪》，非《志怪錄》，或金批誤。

　　《南齊書·祥瑞志》云：「黃門郎蘇侃撰《聖皇瑞應記》，永明中庾溫撰《瑞應圖》。」　又引《金雄記》。

　　孫柔之《瑞圖》〔註619〕曰：「鸞鳥者，赤神之精，鳳皇之佐。雞身赤尾，色亦被五彩，鳴中五音。人君進退有度，親疏有序，則至也。」見《漢章帝紀》注。〔註620〕

　　《瑞應圖》，葉煥彬〔註621〕有輯本。

　　《法苑珠林》四十九卷引《孫氏瑞應圖》云：「葳蕤者，王禮備至則生。」

　　八十七卷瑞《瑞應圖》云：「異根同體，謂之連理，異畝〔註622〕同類，謂之嘉禾。」《宋書·五行志》亦引之。

　　《匡謬正俗》引顧野王撰《符瑞圖》：據子顯《齊書》錫一條具寫子顯書，語但易趺字為玦字。

　　《宋書·五行志》引《瑞應圖》：「大鳥似鳳而為孽者非一。」

　　《齊書·祥瑞志》引《瑞應圖》：「浪井不鑿自成，王者清靜，則仙人主之」又「天子萬福允集，則一角獸至。」　又「王者不暴白虎仁。」

　　《魏書·張淵傳》引《瑞應圖》：「景星大如半月，生於晦朔，助月光明，當堯之時，有此星見。〔註623〕」

　　<u>《〔舊〕唐志》有郭憲撰《漢別國洞冥記》四卷。</u>

　　晁公武《讀書志》引張柬之《洞冥記》跋，謂出於王儉。〔註624〕

　　《雲谷雜記》引郭子《洞冥記》。

　　《陳書》：顧野王《續洞冥記》〔註625〕一卷。

　　《隋志》五行家載《瑞應圖》三卷。

　　《瑞圖讚》二卷，注云：「梁有孫柔之《瑞應圖記》、《孫氏瑞應圖贊》各三卷，亡。」今長沙葉德輝輯《瑞應圖記》佚文，多至一百四十餘事。〔註626〕

〔註619〕瑞圖：應作瑞應圖，點校本出校記云：「《御覽》九百十六及《廣韻》二十六桓鸞字注引並作『瑞應圖』。」
〔註620〕《後漢書》。
〔註621〕即葉德輝（1864～1937）。
〔註622〕金批以硃筆於「畝」字右方批一「苗」字。
〔註623〕當堯之時有此星見：點校本並未將此八字劃分為《瑞應圖》之引文中。
〔註624〕金批此注又見章書卷九頁1-1「漢武帝故事二卷」條。
〔註625〕記：點校本作紀。
〔註626〕《瑞應圖記》一卷，有清光緒壬寅（二十八）年（1902）長沙葉氏刊本。

《廣記》三百八十九卷引《祥瑞記》云孫鍾葬地在縣城東。

洪芻《香譜》引:「《瑞應圖》:大漢二年,月支國貢神香,武帝〔取〕看之狀若燕卵。」又云:「瑞香〔註627〕曰一名威蕤,王者禮備,則生於殿前,又云王者愛人命則生。」

《史記‧封禪書》索隱引《符瑞圖》云:「旗星之極,芒豔如旗。」

《北齊‧崔昂傳》引《符瑞圖》:「王者德致於天,則甘露降。」

張華注《禽經》引顧野王《符瑞圖》云:「雞趣王者,有德則見。」

《靈異錄》十卷。〔註628〕

頁 47-1

〈上林賦〉注引:「晉徵祥記云:『白鹿色若霜,不與他鹿為羣。』」

《酉陽雜俎》卷十三引:「侯白《旌異記》曰:盜發白茅冢棺,內大吼……野雉悉雛穿內火起飛焰,赫然盜被燒死。」

《法苑珠林》卷廿一引《旌異記》建業獲金像事、孫敬造金像事。〔註629〕

廿六卷引《旌異記》閹官禮〔註630〕懺得丈夫相。

一百九卷引侯君素《旌異記》南齊〔註631〕沙門實公遇靈芝〔註632〕寺神僧事。

梁‧僧慧皎〈高僧傳序〉云:「太原王延秀感應傳,朱君台徵應傳。」

《金樓子‧著書》篇:「《研神記》一秩一卷,金樓自為序,付劉瑴纂次。」則非元帝自作,只止一卷。

《〔舊〕唐志》作「侯君集撰」,誤。君集唐人,不應入《隋志》。〔註633〕

《法苑珠林》一百二卷引《侯君素集》晉亭湖神事。 釋志湛事。 誦華嚴現丈夫相。

《珠林》一百九卷引《晉文雜錄》法顯訪吳蒼鷹事。

〔註627〕瑞香:應作瑞草。

〔註628〕《隋志》。

〔註629〕原書作「見《齊志》及《旌異》等記」。

〔註630〕禮:大正藏本無禮字。

〔註631〕南齊:應作高齊。

〔註632〕靈芝:大正藏本作靈隱。

〔註633〕點校本《隋志》、《舊唐志》、《新唐志》三者均作「侯君素」無異,僅四庫本《舊唐志》與金批所云合。又《隋書‧侯白傳》云:「侯白,字君素,……著《旌異記》十五卷。」則做「侯君素」確耳。

《珠林》一百十九卷：《旌異傳》廿卷，隋相州秀才儒林郎侯君素奉文皇敕撰。

頁 47-2

《陸氏異林》，見《鍾繇傳》注。〔註634〕

《廣記》四百七十二引陳仲弓《異聞記》張廣定遭亂棄女得存事。

《廣記》四百六十七引《神鬼傳》子英春得赤鯉上昇事。

四百六十六引《神鬼傳》長水縣陷沒為湖事。

四百七十一引《神鬼傳》漢靈時江夏黃氏母浴化為黿。

《舍利感應記》三卷，王劭撰。　《真應記》十卷。〔註635〕

《舊唐志》：陶宏景撰。

陶宏景《冥通記》云常以二十七日月生日三日伺之其形異餘者爾。

《宋・藝文志》小說類：周子良《冥通記》。

《宋秘省續編四庫闕書目》作四卷，《崇文目》作《冥通錄》三卷。今汲古閣刊四卷。〔註636〕

頁 48-1

《廣記》四百七十三引：「《玄中記》：蜮以氣射人。」

四百五十六卷引《玄中記》：崑崙巨蛇繞之長九萬里。

四百六十一卷引《玄中記》千歲之龜戶向北〔註637〕。

六十四〔註638〕引《玄中記》「東海魚」。

《水經・夷水注》引《玄中記》曰：「蝙蝠百歲者倒懸，得而服之，使人神仙。」

《耒水注》引蘇耽辭母事。

《江水注》引《玄中記》陽新男子于水次得女鳥事。

《異苑》引：「《玄中記》：山精如人一足長三四尺，食山蟹。」

〔註634〕《三國志・魏志》。此亦見於《四庫提要》：「《鍾繇傳》中乃引《陸氏異林》一條，載繇與鬼婦狎昵事」，金批或有機會見《四庫提要》。

〔註635〕俱出《隋志》。

〔註636〕國家圖書館藏有明崇禎庚午（三年，1630）虞山毛氏汲古閣刊本。

〔註637〕向北：應作北向。

〔註638〕六十四：應作四百六十四。

《廣記》三百九十九卷引《郭氏玄中記》云：「東方有柴都焉，在齊國之山。」

又四百四十七卷引《玄中記》：「狐五十歲……化為婦人，百歲為美女。」

四百五十六卷引《玄中記》東海〔有〕蛇邱。〔註639〕

《法苑珠林》卷卅六引《冤魂志》云晉明帝殺力士含玄一事。

四十四卷引諸葛覆冤報事。

四十一卷引徐光報孫琳事。

五十七卷引「趙王如意為祟」事。

七十八卷引夏侯玄事。

八十卷引齊彭生事。

葛洪〈序〉云：秦大夫阮倉所記有數百人。

又有「阮研使清溪〔註640〕」事。見董逌《畫跋》。

頁 48-2

《成應元事統》，見《廣記》四百二十二卷〔註641〕《獨異志》新引。

《華歆傳》注引《列異傳》云：「歆為諸生時，嘗宿人門外。主人婦夜產。有頃，兩吏詣門，便辟易卻，相謂曰：公在此」云云。

又蔣濟兒為泰山伍伯事一事。〔註642〕

《廣記》二百七十七卷引《夢記》云：「齊宜都王鏗年七歲，出閣，陶弘景為侍讀。……鏗遇害，時弘景隱山中，夢鏗來，慘然言別曰：某今命過，無罪，後三年，當生某家。……及覺，即使人至都參訪，果與夢符，弘景因此著《夢記》。」

又後魏盧元明夢王由携酒就之言別一事，亦出《夢記》。

《廣記》三百十八卷王恭伯到吳閶門遇劉惠基亡女事。引邢子才《山河別記》。

《廣記》四百七卷引《抱朴子》云《玉策記》云云。

《廣記》四百七卷引《酉陽雜俎》云「嘗見《栽植經》三卷」。

四百九卷引《雜俎》云隋〔朝〕種植法七十餘卷，不說牡丹。

〔註639〕此條引自《方中記》，非《玄中記》。

〔註640〕清溪：四庫本作青谿。

〔註641〕四百二十二：誤，應為四百三十三。

〔註642〕俱出《三國志・魏志》。

　　《八廟窮經錄》〔註643〕。《廣記》三百九十六卷引後魏正光中事。

　　「晉哀帝著《丹青符經》五卷、《丹臺錄》三卷，青符子即神丘先生也。」見《龍城錄》。

　　《列異傳》三卷，張華撰。《唐志》。

　　《甄異傳》三卷，戴異〔註644〕撰。《唐志》。

　　《徵應集》二卷。　《雜傳》十卷。

　　《繫應驗記》一卷，陸果撰。

　　《因果記》十卷，劉泳撰。　《冥報記》二卷唐臨撰。

　　均見《舊唐志》。

　　《東方朔神異經》二卷，張華注。

　　又《十洲記》一卷。見《新唐志》子部神仙。

　　癸卯閏五月〔註645〕銷夏梧桐街，賃宅讀訖記此。金蓉鏡。

　　《水經・穀水注》引《語林》。

　　《太平廣記》引《錄異記》。《錄異記》記唐事。　又引《洞林記》。　《宋明帝自序》。　《三國典略》。

　　三百廿七卷引《三國典略》崔武子〔註646〕遇龍女事。　又任胄謀殺高歡事。

　　《廣記》二百七十六卷蔣濟兒為泰山伍伯事。

　　《搜神記》載晉太祖兒為泰山伍伯事，與此同。

　　二百九十二卷欒侯食蝗事。　費長房敕葛陂君事。〔註647〕

　　三百十六卷公孫達五歲兒作靈語事。　又談生遇睢陽王女生兒事。

　　三百廿一卷宋定伯賣鬼事。

　　廣記三百廿一卷引《甄異錄》庾亮登廁擊方相事。　又司馬義妾碧玉事。又張闓遇鬼事。

　　又三百廿二卷王思規為海鹽令事。　華逸事。　張林〔註648〕鬼來助役事。

〔註643〕八廟窮經錄：漢籍作八朝窮經錄，四庫本作入廟窮經錄。

〔註644〕戴異：點校本作戴祚，金批與四庫本合。

〔註645〕癸卯閏五月：光緒二十九年，西曆1903年7月25日至8月23日。

〔註646〕崔武子：應作崔子武。

〔註647〕二百九十三卷。

〔註648〕張林：應作張君林。

三百廿五卷引《甄異記》夏侯文規言鬼憎蒜畏桃。

《太平廣記》引《冥報記》大業客僧寫法華經脫罪一事。

又唐李大安佛像救創一事。

又韋知十煮羊得像一事。

又有《冥報拾遺》，見《法苑珠林》卷廿一引。

《冥報記》、《冥報拾遺》皆唐臨撰，見楊守敬《訪書志》。〔註649〕《冥報拾遺》郎餘令撰。

《廣記》四百七十四引《神異秘經法》，又引《妖異記》。

四百七十二引陳仲弓《異聞記》。

《抱朴子》內篇：陳仲弓撰《異聞記》。

【扉頁】

《齊民要術》卷十引《神仙服食經》曰：「『七禽〔方〕』，十一月采旁勃。旁勃，白蒿也。白兔食之，壽八百年。」　「地榆，一名『玉札』。北方難得，故尹公度曰：『寧得一斤地榆，不用明月珠。』」

《法苑珠林》廿一卷引唐西明寺僧道宣《感通記》云：迦葉佛第三會說法度人於高四土臺，至穆王時文殊目連來化，穆王從之，即列子所謂化人也。周穆身遊大夏，佛告彼土見有古塔可返禮事。西天竺國具有別傳。　「此土〔常〕傳，有佛是殷時周昭莊王等造，互說不同。……答曰：……弟子夏桀時生天，具見佛之垂化，且佛有三身，法報二身則非凡見。……惟〔註650〕有化身被該三千。百億釋迦隨人所感。前後不定。」

廿三卷引《西域傳記》。

五十八卷引《白澤圖》。

六十三卷引《李歸心錄》王彥偉、何君平二事。

六十八卷引：「漢……史官傅毅……造法本內傳……五卷。……有人疑此傳近出。本無挩力之事。案吳書明費叔才有感死。故……傳為實錄。」

六十九卷〈破邪篇〉：「漢時王褒造《洞玄經》。後漢時張陵造《靈寶經》及章醮等道書二十四卷。吳時葛孝先造《上清經》。晉時道士王浮造《明威化胡經》，又飽靜造《三皇經》。齊時道士陳顯明造六十四《真步虛品經》。梁時

〔註649〕見楊守敬《訪書志》：金批又刪除此七字。

〔註650〕惟：應作唯。

陶弘景造《太清經》及《眾醮儀》十卷。後周武帝滅二教時，有華州前道士張賓詔授本州刺史。長安前道士焦子順，一名道抗，選得開府，扶風前道士馬翼，雍州別駕李通等四人，以天和五年於……守真寺，挑攬佛經造道家偽經一千餘卷。時萬年縣人索皎裝潢，但見甄鸞笑道之處，並改除之。近如大業末年，有五通觀道士輔慧祥，三年不言，因改《涅槃經》為《長安經》。……麟德元年……郭行真等……總集古今道士所作偽經……私竊佛經簡取要略。」……後取《長安經》為《太上靈寶元陽經》，更改餘佛經，號勝《牟尼經》，或云《太平經》。

《周書異記》。

《尚書故實》云：陶貞白著太清經，一名劍經。

《珠林》一百十九卷：《歷遊天竺記傳》一卷。法顯撰。

《高逸沙門傳》一卷，釋法濟撰。

《馬鳴菩薩傳》、《龍樹菩薩傳》、《提婆菩薩傳》，鳩摩羅什譯撰。

《三寶記》廿卷、《宣明驗》三卷、《淨住子》廿卷、《褋義記》二十卷，蕭子良撰。

《承天達性論》、《誡殺訓》一卷，顏之推撰。

《述僧中食論》一卷，沈休文撰。

《名僧傳并序目》卅一卷，梁釋寶唱撰。

《京師塔寺記》廿卷，梁尚書兵部郎中兼史學士劉璆奉敕撰。

《釋老子化胡傳》一卷，周釋僧勔撰。

《開皇三寶錄》十五卷，隋翻經學士費長房撰。

《梁書·簡文紀》有《法寶連璧》三百卷。

《世祖紀》有《內典博要》一百卷。

《寰宇記》一百十五卷引《卓異記》鮫魚化人事。

《梁書·徐勉傳》：「以孔釋二教殊途同歸，撰《會林》五十卷。」

第四冊完。